KB129743

공자의 정치론

항백

상박항백 · 치의 · 곽점초간

1. 異體字

이체자는 '**같은 뜻**'을 가진 다른 모양의 한자를 말한다. 예를 들자면, 罪와 辠, 爾와 尒의 관계와 같은 것이다. 그러나 오늘날은 이처럼 간단한 정의는 아닌 듯하다.

이체 현상을 개념화한 때가 1954~55년 중국에서 시작하여, 呂永進이 '비교적 주목할 만한 정의를 종합적으로 정리'한 것 같다.[1] 아마도 고대의 簡帛들이 많이 발견되면서부터 오늘날의 통행본과 비교·검토하는 과정에서 태동하고 발전했을 것이다. 즉 통행본의 문장과 비교하여, 簡帛에 전혀 뜻이 맞지 않은 한자가 쓰여 있다 보니 중국측 경학자들이 이체자를 더 풍성하게 개념화하고 체계화하여 발견된 간백의 글들을 통행본에 맞추어 해석하기 시작하면서 발전한 것이다.

이것을 최남규 교수는 광의와 협의적 차이, 외부적 형식과 내부적 조건으로 나누어 설명하면서,[2] 많은 한자를 이체자로 소개하고 있다. 그 속에는 通假字와 假借字[3]를 구분하여, 통가자도 이체자의 일부로 소개한다. 문제는 그의 '곽점초간'과 '상박초간'의 이체자 설명을 봤을 때, '뜻이 전혀 다른 한자를 이체자로 포함하고 있다'는 것이다.

---

1 상박(치의), p17 참조

2 같은 책, p17~p37 참조.

3 假借란 일반적으로 본래 그 자가 없어 음이 비슷한 자를 빌려와 사용하는 현상을 말한다.··· 通假란 이미 자신의 문자가 있음에도 불구하고, 음이 같거나 비슷하기 때문에, 서로 호환하여 쓰는 것을 의미한다. 하지만···모두 假借라 칭하기도 한다.(상박(치의),p54,55). 저자는 혼용한다.

만약 뜻이 다른 한자라면 그것은 내용을 번역하는데 실로 엄청난 문제점을 야기한다. 뜻글자인 한자의 특성상 내용이 바뀌게 됨을 의미하기 때문이다. 그가 이체자로 설명하고 있는 상당히 많은 예시문 속에 몇 개만 소개하면 다음과 같다.

• 止와 之 그리고 {之止}

'同形을 중첩한 경우'의 예시문 중 하나로 止와 {之止}를 소개하고 있다. {之止}를 '止'가 중첩된 글자로 본 것이다. 하지만 두 글자는 다른 漢字다.

止	止	『郭』: '止'를 重疊

* 상박(치의)p23

위와 같이 앞 고문자를 {止止}로 보고 止로 해독한다. 그러나, 고문자는 {之止}로 석문 해야 옳다. 즉 止의 중첩 글자가 아니며, 止와도 다른 글자다. 중국측이 이같이 석문 해서 오류로 봤는데, 최교수가 이를 따르고 있다. 이 고문자는 유사 꼴 다른 字도 있어 같이 올렸다.

구분(상·곽)					
저자 석문	{之止}	止	之	出	此
뜻(훈)	멈춘 것	그치다	것, 가다	나(낳)다	이

• 丕와 不

'점이나 필획을 추가한 것'의 예시문 중 하나로 들고 있다. 즉, 丕는 不인데, 가로 획(一)을 하나 더했다는 뜻이다.

不	不	『郭』: 修飾符號 추가 點과 횡획이 다름

* 상박(치의)p24

이 역시 중국측이 모두 不로 석문했기 때문이다. 즉, 중국측은 어떤 경우도 모두 不로 석문한다. 그런데, 지금 상용하는 자전만 찾아봐도 丕가 나온다. 그럼 역으로 묻자. '가로 획'이 그어진 것이 丕가 아니라면, 그 많은 簡帛에서 丕가 나온 문장은 어디에 있는가?

이것이 중요한 것은 문장이 정반대로 되기 때문이다. 즉 '커지다'로 해야할 문장을 '아니다'로 해버리면, 문장이 전혀 반대의 결과를 가져와 왜곡의 문장일 경우는, 석문한 고문자 그대로 번역할 수 없다. 문맥이 되지 않기 때문이다. 다시 말해, 이것만 바로 잡아도 古文章의 진위여부를 쉽게 판별할 수 있다. 하나의 예로, '곽점 노자'는 丕靜인데, '백서노자·을'부터 不(无)爭으로 나온다. ('백서노자·갑'은 无靜이다) 이에 중국측은 통행본을 定本으로 보는 까닭에, 옛날 楚簡體는 爭을 대신해 靜을 가차자로 썼다고 주장한다. 하지만 '고요함'과 '다툼'은 전혀 반대의 한자로 앞 자가 혹 丕가 될 수 있는지를 살폈어야 했고, 내용이 왜곡되었을 수도 있다는 것을 생각했어야 했다.

• 好와 {丑子}

六書의 用法이 서로 다른 異體字중 會意字와 形聲字중 '이체자가 동일한 字件을 포함하지 않는 경우'의 예시문의 하나로 들고 있다.

好	{丑子}(好)	『郭』:會意字(从女, 从子) 『上』:形聲字(从子, 丑聲)

* 상박(치의) p27

역시 저자는 전혀 다른 뜻으로 번역한 漢字인데, 중국측은 好의 자리에 {丑子}자가 있어, 뜻을 생각하기 전에 이미 결론을 好로 내려버렸다. {丑子}는 '상박 치의' 제1장부터 등장하여 꽤 많이 쓰였다. 즉, 공자의 정치철학으로 중요한 의미를 차지하는 글자인데, '곽점 치의'가 모두 好로 고쳤다. 그런데 이것을 가지고 중국측이 『상박(一)』에서, 好의 이체자로 위와 같이 설명을 하고 있다.(《상박(치의)》,각주 28 참조)

묻자. 好의 뜻이다면, 당시에 널리 쓰인 好를 놔두고, {丑子}을 쓴 이유가 무엇인가? 계속 好를 쓰다가 어쩌다 한번 {丑子}을 썼다면 '그래'할 것이나, 모두 {丑子}로 쓴 漢字를 好의 이체자라고 풀이하는 것은 난센스 아닌가?!

• '놈 者'의 이체자

'形體가 변형된 것이거나 혹은 形體가 유사하나 실제는 다른 경우'의 예시문 중 하나로 중국측이 '놈 者'자를 들고 있다.

者	者	『郭』과『上』의 아래 부분이 다름

* 상박(치의) p24

왼쪽은 郭店이고 오른쪽은 上博이라는 뜻인데, 오른쪽의 한자도 곽점(왼쪽)에 넘칠 만큼 많다. 반대로 왼쪽 한자도 상박에 넘칠 것이나, 저자는 '상박 치의' 및 '공자시론'의 일부만 보았기 때문에, 딱 1자만 보았다. 그것도 합문 {者心}(⾙)이다.

즉 양쪽의 글자는 양쪽에 모두 쓰여 있다. '상박 치의'나, '곽점 五行'은 양쪽 漢字가 같이 나온다. 이는 곧, 둘은 각기 다른 한자일 확률이 높다는 것을 뜻한다. 모양을 봐도, 양쪽은 위와 아래가 모두 다른, 전혀 다른 글자다. 유사점을 찾을 수 없다. 책은 '각주 16', 『說文』을 들어, 아랫부분만 다른 꼴로 보는 듯, ⺕ 만 譌變한 형태로 설명할 뿐이나, 위 또한 같다거나 유사하다고 볼 만한 어떤 기준이나 근거도 없다. 결론적으로 두 글자는 뜻이 전혀 다른 글자다. 오른쪽 글자가 들어간 문장을 하나 예시문으로 소개한다.

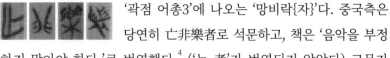 '곽점 어총3'에 나오는 '망비락{자}'다. 중국측은 당연히 亡非樂者로 석문하고, 책은 '음악을 부정하지 말아야 한다.'로 번역했다.[4] ('놈 者'가 번역되지 않았다) 고문자 {자}가 '놈 者'의 뜻이 아니다 보니 이렇게 어색한 번역이 나온 것이다. 반면 저자는 亡非樂{以勿𠆢}로 석문하고 '非理를 잊으면 즐거움이 넘친다.'로 번역했다. 즉, 고문자 {자}는 오늘날 전하지 않는 새로운 한자다. 중국측은 이를 인정하기가 불가하니까 고문을 읽기가 어렵다.

이 고문자는 '넉넉하다'는 뜻을 나타내기 때문에 한문 문장에 많이 등장할 만한 글자다. 특히 정치론을 이야기할 때는 나올만한 한자다. 관료를 포함한 治者가 유리알처럼 깨끗할 때 백성들의 삶은 더없이 평화롭고 행복하기 때문이다. 까닭에 당연히 '곽점'에 많이 쓰였다. 정말 많은 편에 쓰였는데, 모두 '놈 者'로 풀이하고 있다. 문장이 되는 경우도 있지만, 여기처럼 문장이 매끄럽지 못한 경우도 발생한다. 심지어 번역하지 못한 문장도 있다. 이는 다 중국측의 잘못된 석문 때문이다.

책은 오직 2가지 형태만을 소개하고 있으나, 중국측이 '놈 자'로 석문한 고문자는 이 밖에도 몇 자 더 있다. 하나만 더 소개한다.

곽점 노자	설명
𤔔	통행본에 '놈 者'로 나와 중국측이 '놈 자'로 석문한 한자다. 하지만 이 한자는 '가지런할 竫'로, 齊의 古字다.

이밖에도 많은 이체자 설명이 있지만, 저자는 이상 4가지만 올렸다. 최교수가 최선을 다하여 이체자를 설명한 것은 높이 살 것이나, 저자가 보기로는 번역에 더 집중하여 중국측의 석문·주석에 '왜?'를 물었어야 했다고 생각한다. 특히 語叢에서 중국측의 방식으로 고문자를 모두 석문·

---

4 곽점초묘죽간, p521. '어총 3' 竹簡번호 66簡 下에 나오는 문장이다.

해독했음에도 일부 속담 문장을 번역할 수 없었다면, 더욱 '왜?'를 가슴에 품었어야 했다고 본다.

 고작 2자로 써진 고문자는 '어총1'(竹簡 111簡)에 나오는 문장이다. 중국측은 당연히 {之止}를 止로 해독하는 까닭에, 해독문이 '止之'다. 이것으로는 문장을 나타낼 수 없다. 그래서 최고수는 '……止之'로 해독하고, '해석할 수 없음'(p482)이라 했다. 반면, 저자의 석문은 {之止}之로 되어 '멈추는 것이 감이다.'로 번역되고, 이는 곧 '멈추는 것이 가는 것'과 같다. 우리가 흔히 말하는 '2보 전진을 위한 1보 후퇴', '지는 것이 이기는 것이다.' 등등과 유사한 뜻이다. (나머지는 본문에 실었다.)

결론적으로, 그가 분류한 내용을 분석해보면, 뜻이 다른 글자를 이체자로 설명하는 경우가 너무 많다. 물론 모두 중국측이 그렇게 석문·해독한 것을 가지고 설명하는 것이기는 하다.

이렇게는 고문을 바르게 읽을 수 없다. 어떤 이유에서인지는 모르겠으나, 중국측이 통행본을 따라 고문을 석문·주석한 것은 큰 오류다. 정말 큰 잘못이다. 이렇게 출판된 책을 가지고 시작하는 세상의 동양철학자들은 출발선을 잘못 선 것이다. 중국측이 석문·주석한 책에서 출발하는 것은 중국학자의 나팔수, 그 이상도 그 이하도 아니다. 더더욱 노자, 공자의 말도 아니다.

합리적인 이유를 대면 이해할 수 있다. 한자가 통일되지 않았고, 甲骨文·金文 등으로 써진 필사본의 특성상 획이 하나 있고 없고 등은 충분히 가능한 이야기이다. 즉 중심 모양이 틀어지지 않은 채 곁가지가 있고 없고는 충분히 가능하다. 그러나 가지가 아닌 줄기가 다른데도 이를 이체자로 번역하는 것은 아니다. 또, 많은 簡文 등을 통한 상식적인 이체자는 누구나 인정할 것이다. 하지만 중국측이 이체자로 보는 많은 古字들은 대부분 통행본에 끼워 맞춘 것에 지나지 않는다. 즉 통행본과 상호비교를 통해 다른 漢字일 경우, 이체자로 해독하는 것이 오늘날 중국측이 古字를 석문·해독하는 방법이다. 뜻이 다를 거라는 생각은 손톱만큼도 없다. 체제상 의도적인 것이라면 안쓰럽고 몰랐다면 애잔하다.

저자는 이 책에서 중국측이 많은 고문을 석문·주석하는 데 있어 이체자로 해독하고 설명하는 것에 대해 오류를 증명했다. 즉, '노목공문자사' 편에서 중국측이 '나 吾'로 해독한 고문자 {虍壬}를 가지고 문장이 될 수 없음을 증명해 보였다. 이는 중국측이 이체자로 해독하고, 최교수가 설명한 수많은 이체자 이야기가 틀릴 수 있다는 객관적 자료다. 더 나아가, 이 漢字는 많은 古文에 들어있어, 오늘날 '나 吾'로 바뀌어 전해지는 공자의 저서들이 사실 진실이 아닐 수 있다는 증거이기도 하다. 저자가 분명히 논증해 보였으니, 이후 길을 잘 잡아갔으면 한다.

그들의 논리대로라면, 고문에 차고 넘치는 이체자들, 정말 이상하지 않은가? 하지만 古人 특히 나름의 깨우침을 가진 학자라면, 다른 글자를 의미없이 다르게 쓸 리는 없는 것이다.

2. 왜곡본

저자는 이미 책《초간노자와 그 밖의 노자》에서, 오늘날까지 전하는 제81장으로 구분된 통행본 '노자'나, 백서본 '노자'는 가짜, 즉 왜곡본이다고 말했다. 당시 그 이유는 알지도 못했고 생각지도 않았는데, '노목공문자사'를 읽고, '곽점초간'과 '상박 항백(치의)'을 접하면서 나름의 생각과 판단을 내릴 수 있었다.

戰國時代는 대륙적인 특징과 다종족 그리고 인구가 많아서인지는 몰라도 잦은 전쟁 속에서, 나와 내 가족의 목숨까지도 자신의 것이 아닌, 모든 것이 오직 권력자에 속한 세상이었던 때다. 이에 왜곡은 살아남고자 몸부림쳤던 당시 지배층 지식인들의 시대적 산물로 보인다. 이는 자연스럽게 진나라 통일 이후 사회, 경제, 문화, 역사 등 모든 것을 정치적으로 판단하는 中華주의 문화로 자리하게 되었고, 그 흐름은 漢唐을 거쳐 오늘날까지 이어져 와 한족의 삶으로 스며들었다고 본다.[5]

諸子百家가 동시대에 나와 중국의 문화를 부흥했다고는 하나 이는 좋게 말했을 때 이야기고, 부정적인 관점에서 보자면 정치에 빌붙어 살아남고자 곡학아세하는 온갖 학문들이 서로 물어뜯는 야생의 시대였다. 그것을 아름답게 표현한 말이 百家爭鳴이다. 이에 따라 백성을 사랑한 노자나 공자의 사상이라는 것도, 나오자마자 나라나 시대에 따라, 철저하게 군주 1인에 맞춰져 편집되고 각색되었다고 본다. 즉 왜곡해서라도 짓밟고 이겨 살아남는 것이 최고였을 것이다. 그렇게 짜깁기된 그것이 마치 노자나 공자가 한 말인 양 포장되어, 전해져 온 것이 오늘날의 통행본이다.

저자는 이미《초간노자와 그 밖의 노자》로 그것을 증명해 보였다. 이번은 공자의 글이라는 '치의'도 증명했다. 한번은 우연이라고 무시하고 넘길 수 있을 것이다. 그러나, 또 나왔다면 확실하다. 필연인 것이다. 전국시대에는 쉴 수 없는 딸랑이들이 넘쳐났다. 그들에게는 공자나 노자의 글을 보존하고 후세에 전해야 한다는 사명감이라는 것은 쓰레기에 지나지 않았다. 오직 1인을 위해 (또는 자신을 위해) 각색하고 고치고 위조하여 이쁨을 받는 것이 최고였을 뿐이다. (물론 子思와 같은 인물도 있다) 이제 학계는 중국 쪽의 석문주석을 가지고 변론할 것이 아니라, 새로운

---

5 중국은 옛날부터 중화땅을 天下로 표현한다. 이는 나라를 분류하다 보니 그렇기도 했겠지만, 은연중에 한족 우월주의가 있음이다. 그들 외에 4方의 민족을 오랑캐로 표현한 것도 같은 맥락이다. 오늘날 미국 야구의 양대리그 우승자가 치르는 경기를 월드시리즈라고 표현하는 것도 이와 비슷하다.

패러다임으로 공자와 노자에 접근해야 할 것이다.

결론적으로, 중국측이 이체자로 석문·해독한 많은 고문자는 사실 지금까지 전하지 않는 새로운 뜻의 새로운 글자다. 즉 오늘날 전해오는 어떤 한자의 이체자가 아니라, 다른 뜻의 글자며 사라진 글자다. 그리고 이렇게 써진 죽간은 전혀 다른 내용이다.

죽간을 석문·주석한 중국 쪽 경학자나 그것을 경전인 양 모시고 譯註에 열중했던 학계의 입장에서는, 과거에는 상용한자의 수가 적어 가차자(통가자)를 사용하였다는 것 등등, 이미 정설처럼 되어 온 많은 이론들을 버려야 할지도 모른다. 더 나아가, 전해오는 모든 경전이 가짜일 수 있다는, 중국 역사의 치부를 드러내야 하는 상황도 맞이해야 할지 모른다. 이런 여러 가지 사정 등으로 인해 오류를 인정하기가 어려울 수 있다. 혹, 이런 속 깊은 뜻으로 후손들이 '곽점초간'이나 '상박 치의'를 그처럼 엉뚱한 석문·주석으로 세상에 내놓았는지도 모르겠다. 하지만 덮고 넘어갈 것이 아니라, 털고 넘어가야 할 것이다. 학자적 양심으로 노자나 공자를 군주의 딸랑이로 만들면 되겠는가?! 다시 시작하더라도 인정할 것은 인정해야 할 것이다.

[上海博物館藏戰國楚竹書]

도굴꾼에 의해 발굴되어 홍콩의 골동품 시장에 팔린 것을, 상해박물관이 1994년에 사적으로 사들인 것이다. 죽간은 대략 1,300매며 약 35,000 여자가 쓰여 있다. 馬承源主編으로 上海古籍出版社에서 2001년도에 '上海博物館藏戰國楚竹書(一)'이 출간된 후 2011까지 해서 '上海博物館藏戰國楚竹書(八)'이 나왔고, 앞으로도 계속 출간될 예정이다. 죽간의 내용은 모두 80종에 달하며, 전국시대의 古籍으로 儒家·道家·兵家·雜家 등이 포함되어 있고, 일부 통행본도 있으나, 대부분 이미 전해 내려오지 않는 佚書들이다. '상박 치의'는 '상해박물관장전국초죽서(一)'에 있다.

[郭店楚墓竹簡]

郭店楚墓竹簡은 中國 호북성 형문시 사양구 사방향 郭店村에서 戰國時代 초(楚)나라 귀족들의 부넘군락 中, 楚墓 1에서 1993년 10월에 발견되었다. 죽간은 807매며, 내용은 노자, 치의 등 총 13편이 약 13,000여 자로 수록되어 있다. 세상에 공개한 것은 1995년이며, 그 후 1998년 형문시박물관에서 《곽점초묘죽간(郭店楚墓竹簡)》한 권에 13편 모두 수록하여 출간하였다.

※ 戰國時代 : 晉나라의 내분으로 晉나라 大夫인 한건·위사·조적三氏가 晉나라를 분할하여 제후로 독립한 BC 453년, 또는 周 威烈王이 공식적으로 諸侯로 인정한 BC 403년부터 秦나라가 중국을 통일한 BC 221년까지 약 200여 년간이다. 이 시기는 영토를 빼앗는 전쟁으로 날이 새고

전쟁으로 날이 지는, 이론도 난무한 百家爭鳴의 시기다. 周 나라를 무시한 채 대부분의 나라가 왕의 직위를 사용하기 시작한, 약육강식의 시대다. (이상 인터넷 및 최남규 교수의 책 요약 편집)

일러두기

가. 저자의 책은 최남규의 《상해박물관장전국초죽서(치의)》와 《곽점초묘죽간》을 비교한 것이다. 이는 중국에서 나온 책을 접하지 못했기 때문에 대한민국에서 유일하게 譯註된 그의 책을 선택한 것이다. 한편 그의 책은 많은 중국 책을 참고하여, '종합서'의 역할을 하고 있다. 책은 다음과 같다.

- 『郭店楚墓竹簡(곽점초묘죽간)』, 荊州市博物館 편저, 최남규 역주, (學古房, 2016년, 초판)
- 『상해박물관장전국초죽서(치의)』, 최남규 역, (소명출판, 2012년, 초판)

나. 저자의 책은 저자가 직접 고문자를 보고 석문 및 해독한 것이다. 물론 중국측의 고문자 석문·해독도 참고하였다.

다. 저자의 책은 최교수의 번역을 비교문으로 올렸다. 이는 釋文된 古文字 그대로의 번역 방식인 저자와 달리, 중국측의 고문 해석 방식인 석문 후 이체자[6]로 가공된 해독을 따라 최교수가 번역했기 때문이다. 즉, 두 문장의 번역이 현격히 차이가 있어, 비교문으로 쓴 것이다.

라. 古文字 中 현재에 없는 글자는, { }로 표현하였고[예: {虍壬}], 현재 우리가 쓰고 있는 글자의 古字일 경우 또는 해독 한자는 ( )로 나타냈다[예: {幺匕}(絶)]. '음'은 상박만 달았으며, 없는 고문자의 '음'은 자의적이다.

마. 본문(해독)은 현재에 없는 글자만 { }로 표기하고, 모두 오늘날 쓰는

---

6 가차자 및 통가자를 포함한다. 이하 같다.

漢字로만 표현했다. 원래의 고문자는 '라'처럼 하여 고문자 해독에서 설명하였다.

바. 죽간의 글자를 통용되는 글자·부수의 조합으로 나타낼 수 없는 경우는, 최대한 글자를 만들었으며,(예: 散) 이는 고문자 해독에서 글로 설명하였다.

사. 고문자의 해독은 字典의 字源을 중심으로, 없는 글자는 破字 등의 방법으로 풀었다. {'고문자류편(高明편, 동문선)'과 '한한대자전(제3판, 민중서림)'을 참고했다}.

아. 문장의 순서는 1. 장별로, 2. (원본) 상박과 (왜곡본) 곽점 이하 비교로 구분했고(곽점 이하는 곽점 치의와 예기 치의다), 3. 원문, 석문 및 번역, 참고 : 중국측 석문(해독) 및 번역, 고문자 해독, 해설 순이 기본이다. 사이사이 쉬어가기 및 참고의 글도 있다.
   · 원문은 '상박 치의'만 가로로 전체를 올렸고, '곽점 치의'는 선명도가 낮아 3장까지만 소개했다.
   · 내용상 '항백'이 편명이어야 마땅하나, 중국측이 '치의'로 편명을 정해, 제목만 고치고 모두 '치의'로 썼다.
   · 쉬어가기에는 '곽점초간'의 다른 편을 소개한 곳도 있다.

자. 저자의 번역문은 직역이 주며, 의역은 일부 별도로 넣었다.

차. 인용문은 (책 제목, 저자, 출판사, 출판일 등, 000쪽 참조) 등으로 표시하는 것이 기본이나, 이미 언급하여 다음과 같이 정리한다. 최남규의 《곽점초묘죽간》은 '곽점,p00' 또는 'p00'으로, 최남규의 《상해박물관장전국초죽서(치의)》는 '상박(치의),p00'으로, 중국의 『상해박물관장전국초죽서(一)』은 '상박(一)'로 한다.

카. 죽간과 죽간의 편명 및 책 이름과 책 속의 편명은 혼용했다.

일러두기

· 모두 '풀 네임', '상박초간', '곽점초간' 그리고 '상박', '곽점'을 사용
했고, 편명은 '상박 치의', '곽점 ○○' 또는 '성자명출'(편)처럼 표
현했다.

타. [원문]은 선명한 글자로 바꾼 수정문이다. 단 외자나 중요글자는 그
대로 두었다. 다만, 상박의 파손된 글자는 곽점에서 취하여 상박의
문자로 고쳐 넣었다.

파. 최남규 교수의 책은 釋文한 모든 고문자를 조합하여 한(一) 자로 표
현했으나, 저자는 조합된 漢字 대신 {漢字나 부수의 合}으로 썼다.
이것도 어려운 경우, 표({ })를 하여 {遊}(失), {}처럼 사진으로 올
렸다. 다만, [설명]에서는 失처럼 해독된 한자만 썼다.
· 중국측 석문·해독의 경우, '상박 치의'는 사진으로 올렸다. 반면
'곽점'은 최대한 한자로 썼다. 다만, 나타내기 어려운 한자는 사진
으로 대체했다.

하. 고문자 중 저자가 석문하지 못한 것, 석문했으나 나타내지 못한 것
그리고 일부만 석문한 것은 {?}, {?}(臧), {旬?}처럼 표현했다.

들어가며

1.

저자가 책《초간노자와 그 밖의 노자》를 출간하고 나서 많은 이들에게 받은 냉소적 질문이, 소위 중국의 유명한 經學者나 한국의 저명한 동양철학 고수들이 펴낸 수많은 통행본《노자》또는《도덕경》은 왜곡본이며, 기존 '곽점초간 노자'의 古文을 석문·주석한 책도 '틀리다'고 한 저자의 글을 어떻게 증명할 수 있느냐는 것이었다. 특히, 번역의 기초가 되는 古文字의 석문·해독에 있어, 모두가 '가'라고 한 것을 저자만 '나'라고 석문·해독한 글자를 과연 누가 믿을 것이며 받아줄 것인가? 하는 문제였다.

사실 이 부분이 염려되어 기출판한《초간노자와 그 밖의 노자》속에 이성의 눈이라면 충분히 판별할 수 있는 합리적인 글을 올렸지만, 그것만으로는 거대한 집단의 오류를 독자에게 설득하기는 역부족이었다. (처음에는 충분하다고 생각했었다. 그러나 책을 출판한 후 이 생각이 틀렸다는 것을 절실히 느꼈다) 그들은 백서본이나 통행본을 기준으로 '곽점노자'를 석문·해독·해석(주석)하고 있어서, 합리적이지는 못하다고 해도 나름의 설득력은 가지고 있었다. 까닭에 그들의 고문해독 방식- 1차 석문 후 이체자에 의한 2차 해독 방식 (대부분 통행본 문장과 유사)-이 잘못이라는 것을 증명하지 않고서는 저자의 호소는 아무 소용이 없다는 것을 알았다. 어떻게 증명할 것인가? 백서본이나 통행본이 僞書라는 것을 어떻게 증명할 것인가? 방법은 오직 하나, 스모킹 건처럼 누구도 부정할 수 없는 완벽한 증거가 필요했다.

그즈음 저자는 지금은 없어진 고문자 {虍壬}(호)가, '노자가 만든 글자가 아니다'는 것을 알았다.[7] 오래전에 인쇄해 놓았던 알 수 없는 내용의 죽간에서 {호}가 여러 번 쓰인 것을 발견했기 때문이다. 저자는 이것을 여차여차하여 《곽점초묘죽간》 속 내용으로 보고 최남규의 책을 구입하게 되었고, 비교를 통해 인쇄물은 '상박초간'의 '孔子詩論'과 '緇衣'편의 일부 자료임을 알게 되었다. 즉 {호}는 '상박'에도 있는, 竹簡시절에는 글자 좀 쓰는 지배층이면 누구나 아는 일상의 글자라는 사실을 알았다. 이를 증명이라도 하듯 《곽점초묘죽간》의 여러 편 속에도 {호}는 꽤 많이 들어 있었다. (이때 上博楚簡을 알았다. 그리고, 1차 작업 후 《상박(치의)》도 구했다.)

중국측은 '상박초간'이나 '곽점초간'에 나온 {虎壬}를 '나 吾'로 해독한다. 吾의 古字는 이 글자가 아니기에 그들은 '이체자'로 풀이한다. 물론 무턱대고는 아니다. {虎壬}에서 虍가 '음성학'으로 吾와 같기 때문이다. (하지만 솔직히 말하자면, 그것보다는 통행본 문장이 {호}가 쓰인 자리에 吾가 쓰였기 때문일 것이다). 이에 우리 학자도, 세계의 동양철학자들도 모두 吾로 번역하여 문장을 譯解한다. 반면 오직 저자만 다르게 해석하고 있다. 저자는 그것을 증명해 보기로 마음 먹었다. 그러나 곧 회의감이 몰려왔다. '그들이 다르게 해석될 만한 문장이 있음에도 '나 吾'로 해독을 했을까?' 하는 생각이 들었기 때문이다. 즉 문맥상 '나 吾'로 해도 문장이 통하기 때문에 '나 오'로 해독을 했을 것이지, 완벽히 다르게 번역될 문장을 그렇게 했겠나 하는 의구심이었다.

 悉(虎)'자는 '壬'과 소리부 '虍'로 이루어진 형성자로 '虎'자의 이체자이며 초간에서는 일반적으로 '吾'의 의미로 쓰인다.

* 곽점초묘죽간, p295

---

7   저자는 '초간노자와 그 밖의 노자'에서 {虎壬}호와 {龍心}용을 노자가 만든 글자라고 주장했었다. 그러나 {龍心}은 맞지만, {호}는 상당히 많은 편에 쓰여 있었다. 저자의 주장이 일부 틀린 것이다.

천천히《곽점초묘죽간》을 눈번역으로 훑어보았다. 많은 編에서 저자가 생각하는 번역의 느낌과는 달랐다. 저자는 가능성이 있겠다고 생각했다. 하지만 생소한 고문자가 많고 고문의 선명도도 떨어져 모두를 번역하기보다는, {호}가 있는 문장을 중심으로 보아 나갔다. 그 결과 놀랍게도 찾았다. {호}가 '나 오'가 아니라는 결정적인 문장을,《곽점초묘죽간》13개 편 13,000여 자 중에서 문장이 가장 짧은 '노목공문자사'편에서 찾은 것이다. 누구도 토를 달 수 없는 스모킹 건을 '노목공문자사'에 쓰인 2개의 {호} 중에서 찾게 된 것이다. 그래서 또다시 책을 내야겠다는 생각을 했다. 저자를 제외한 세상의 모든 이들이 잘 못 알고 있는 사실을 알려주어야 했기 때문이다.

처음에는 '노목공문자사'만 번역하여 '초간노자 2'로 다시 출간하려 했다. 儒家 쪽은 깊이가 얕아 괜히 천박한 지식만 드러낼까 조심스러웠기 때문이다. 그런데, 자비출판이 또 발목을 잡았다. 해서 이왕 낼 거면 새로운 책을 만들기로 마음먹고,《곽점초묘죽간》의 다른 편들도 꽤 깊이 들여다본 것이다.

그런데 또다시 놀라지 않을 수 없었다. 저자가 번역한 것과 책의 내용이 상당히 달랐기 때문이다. '性自命出'편은 제목부터가 오류였다. 性은 잘못 해독한 한자이기 때문이다. 내용은 같은 고문자를 번역한 것인가 할 정도로 전혀 달랐다. 굳이 닮은 구석을 찾자면 집게 발가락이 길다는 정도였다. 즉 다른 글이었다. 유사하게 판단한 '궁달이시', '성지문지' 등 다른 편들도 주제 즉 방향이 유사할 뿐, 세세한 각론들은 대부분 달랐다. 너무 놀라지 않을 수 없었다. 그 이유를 살펴보니, 그것은 최초 죽간을 석문·주석하여 책을 낸 중국 교수들에게 있었다. 그들은 상당히 높은 수준의 석문을 했음에도, 그 석문대로 문장을 만들어내지 못했다. 즉 오늘날 전해져 오는 경전을 완벽한 내용으로 이해하는 듯, 이것을 기반으로 고문을 다시 풀어, 상당한 석문을 했음에도 불구하고 전혀 엉뚱한 글자로 해독하여, 문장을 오늘날의 문장과 유사하게 만들어 버리는 참사를 비진 것이다. 까닭에 석문 후 해독이 많은 편일수록 내용이 엇나가 있었다.

《곽점초묘죽간》에서 중국측이 석문한 한자로는 글이 되지 않는 문장들이 간간이 보였다. 특히 속담과 격언의 단문형식으로 되어있는 語叢에는 더 많았다. 長文의 글이 아니다 보니 한두 자의 석문 오류에도 번역이 되지 않거나 말이 되지 않는 문장이 발생하기 때문이다. 그 결과 '어총1, 2'의 속담 문장 중에는 최교수가 중국측 석문으로는 '해석할 수 없음', '의미 확실하지 않음' 그리고 '문맥을 이해할 수 없어 잠시 임의적으로 해석한다'고 쓴 문장도 몇 개 있었다. 죽간이 파손된 1문장 외에 모두 석문·해독이 된 것이었는데, 중국측의 이체자 석문·해독 방식으로는 번역이 되지 못했다. 이것들도 저자에게는 '노목공문자사'와 함께 소중한 반증 자료다. 저자의 석문방식이 맞다는 것을 증명 해주는 또 하나의 귀중한 문장이기 때문이다. (본문 속 '쉬어가기'에서 소개했다.)

결국, 중국의 경학자들이 古文字를 석문하는 데는 최선을 다하였을지라도 그것을 해독하는 데는 너무 많은 오류를 범하고 있는 것이 오늘날의 죽간 경전의 해석 방식이다. 음성학을 이유로 이체자로 해독하는 방식은 再考되어야 한다. 같은 글자는 같은 뜻이어야 하고, 다른 글자는 다른 뜻이어야 한다. 이것은 변할 수 없는 기본원칙이다. 상용한자 수가 적어 이체자를 사용하여 글을 썼다는 것이 가당한 이야기인가?! 어떻게 같은 고문자가 어느 編에서는 '가'로 해독되고, 또 어느 편에서는 '나'로, '다'로 해독될 수 있겠는가! 노자나 공자가, 뜻하는 한자가 없다고 이체자를 사용하여 그렇게 써서 표현했겠는가?! 심지어는 1개 문장에서 다른 글자를 음성이 같다는 이유만으로 같은 글자로 번역하기도 한다.[8]

---

8 '성지문지'편에서 是古亡{虍壬}其身而民虓其訶를 是故亡乎其身而民乎其詞로 해독한다.(p394) 고문자 {虍壬}와 虓를 乎로 해독한 것이다. (중국측은 {虍壬}를 吾로 해독하나, 가끔은 乎로 했다.)

전혀 논리적이지도 못하고 상식적이지도 않는 이런 해독을 단순히 중국의 학자들이 했다는 것만으로 우리는 거리낌 없이 받아들이고 있다. 그러나 단언하지만, 이렇게 해독된 문장은 옛사람의 글이 아니다. '상박초간' '곽점초간'의 내용은 모든 것을 원점에서 다시 검토해보아야 한다고 저자는 생각한다.

'곽점초묘죽간'은 형주시박물관 정리팀에서 내용을 기준으로, 총 13개 편으로 정리해 나누었다. <老子(甲乙丙)><太一生水>(老子系列)//<緇衣><魯穆公問子思><窮達以時><五行><唐虞之道><忠信之道><性自命出><成之聞之><尊德義><六德><語叢(一二三四)>(儒家系列) 등이다.

이 중 저자는 이미 '노자'를 책으로 세상에 내놓았다. 이번에는 스모킹 건을 찾고자 유가계열 총11편을 검토했다. 전체는 아닐지라도 일부분은 모두 번역해 보았다. 내용은 앞서 말했듯 놀라움 그 자체였다. 이에, 이 체자의 오류를 증명할 자료로는 '노목공문자사'와 최교수가 번역하지 못한 문장을, 그리고 왜곡을 증명할 자료로는 '상박', '곽점'에도 있고 통행본 예기의 한 편으로 전해오는 '치의'를 선택하여 시시비비를 분명히 했다. 나머지 편은 여러모로 책에 싣기가 어려웠지만, 내용 전달이 중요한 사안이라 '차례'에 나온 데로 일부라도 소개했다.

2.

'상박 치의', '곽점 치의', 그리고 '예기의 치의'는 사용된 한자들이 각기 달라, 번역을 통해 저자의 방식이 바르다는 것을 증명하고 싶었다. 즉 저자의 번역 방식으로 바르게 번역이 되는 本이 나오면 다른 한자를 사용한 다른 것은 곧 왜곡본일 수 있어, 왜곡을 증명하기 위해 선택한 것이다. 그렇게 시작한 작업이었는데, 뜻하지 않게 큰 것을 얻을 수 있었다.

즉 '치의'는 전체 내용이 오로지 공자의 정치 이야기였다. 생각지도 못한 수확이었다. 지금까지 공자의 정치사상 하면, 王道의 德을 들먹이며 正名論[9]을 말하고 仁과 禮를 말한다. 하지만 이런 것들은 論語 등에 나온 글귀들을 모아 후학들이 연구하여 공자의 정치사상이라 논한 것이다. 그에 반해 '치의'는 모두 공자가 스스로 자신의 정치사상을 편 글이다. 대강의 내용은 王道政治이면서, 백성에 대한 통치론보다는 군주의 덕목을 더 강조한 군주론에 가깝다. 자신의 주장에 논리성을 더하고자 모든 장에서 詩經 등의 문장들을 인용하고 있다. 다만, 저자는 이 책에서 나름 분석은 하였으나 공자의 정치사상을 종합하여 깊게 드러내지는 못했다. 그것은 論語 등도 포함하여야 하는 것이어서, 저자에게 어려운 문제일 뿐더러, 급한 것이 지금껏 잘못 전해오는 '치의'의 진면목을 드러내 보여주는 것만으로도 책은 꽉 차기 때문이다. 이에 정치사상의 깊은 뜻은 접고 저자는 '치의'를 올곧게 읽어내는 것에 집중했다. 그 결과 그동안 알 수 없었던 공자의 진실한 마음을 알 수 있었다고 생각한다.

처음은 '곽점 치의'로 번역의 중심을 잡았었다. '상박'과 달리 잔손된 글자 하나 없고, 확대하면 충분히 알아볼 수 있을 정도로 古文도 선명했기 때문이다. 하지만, 몇 장을 번역하면서 '곽점'은 왜곡본임을 알았다. 번역이 맞지 않고 문장도 매끄럽게 이어지지 않았기 때문이다. 반면, '상박'은 석문만 반듯하게 풀리면 번역은 막히지 않았다. '상박'이 진본에 가까운 원본임을 직감했다. 해서 다시 '상박' 중심으로 문장을 정리하여 글을 마칠 수 있었다. 다행히도 '곽점'이 표점이나 중요 한자가 바뀌었지만, 통행본처럼 문장 자체가 바뀐 것이 아니고, 군주나 관료에게 껄끄러운 문장의 한자를 바꾸는 정도에 머물러 있어, '상박'의 파손된 한자를 찾는 데 많은 도움을 주었다. 즉 '상박'의 문장을 완성하는데 지대한 공

---

9 정명론은 정말 중요한 개념인데, 저자는 공자보다는 (or 공자에 앞서) 노자의 정치사상으로 보는 입장이다. 이에 관해서는 후에 어떤 식으로든 정리하고픈 마음이다.

을 했다. 참 아이러니가 아닐 수 없었다. 저자의 '치의'는 이렇게 완성되었다. 물론 이는 저자의 관점이다. 중국측의 경우, 두 죽간이나 예기 속 '치의'는 모두 기본적으로 내용이 같다고 단정해버려, 어느 것이 원본이고 어느 것이 왜곡본인지 하는 것은 생각할 수 없는 문제다.

'노목공문자사'는 전체 문장이 8簡 밖에 되지 않는 단문이면서도, 저자가 상당한 시간을 할애한바, 많은 것을 알려드릴 수 있는 좋은 자료가 될 것 같아 전체를 여러 각도로 해석해 올렸다. 특히 중국측이 {虍壬}를 吾의 이체자로 해독하여 '나'로 해석하는데, 그렇게는 도저히 번역될 수 없는 문장을 상세히 설명하였다.

저자는 석문한 고문자대로 번역하기 때문에, 석문 후 다시 이체자로 가공하여 번역하는 중국측 번역과는 내용이 상당히 다르다. 이에 비교 고찰을 할 수 있도록 중국측 석문·해독 및 그것을 기준으로 번역한 최남규 교수 글도 실었다. 이는 같은 고문자를 두고 서로 다른 번역이 발생한 것에 의문을 품는 독자가 많아져 직접 해석해보기를 바라는 마음에서다. 자료는 이미 무궁무진하다. 벌써 상박 약 35,000여 자와 곽점 13,000여 자가 기다리고 있다. 또 길라잡이로 저자가 이미 석문한 '곽점 노자'와 '노목공문자사' 그리고 '상박 치의'가 있어 도전해볼 만한 작업이 될 것이라 생각한다.

죽간은 전체적으로 생소한 글자가 많았다. '치의'편도 꽤 있었다. '곽점 노자' 1,751자를 연구하여, 《초간노자와 그 밖의 노자》를 출간했음에도, 솔직히 말해 두 죽간에는 저자가 처음 접하는 고문자가 차고 넘칠 만큼 많았다. (이는 죽간이 발견될 때마다 진행형일 수 있다) 어떤 글자는 長考의 시간으로 풀리는 것도 있었지만, 글자가 희미하거나 석문이 불가능한 경우 등으로 풀리지 않는 고문자도 많았다. 시간과 노력이 정말 무한대로 필요함을 느꼈다. 또 중국측의 석문·해독이 틀리다고 생각되는 고문자는, 한 자를 풀이하는 것에도 많은 자료를 뒤져야 했다. 그처럼 고문자는 다양했다. 또 있다. 생소한 고문자이다 보니 그것들을 한문으로 표현하는데도 많은 애를 먹었고, 적지 않은 시간이 들어갔다.

물론 중국측 해독처럼 통행본을 따라 쉽게 이체자로 번역을 하면 어려울 것도 없이, 이미 끝났을 것이다. 그러나 저자가 보기에 전혀 다른 글자임에도 음성이 비슷하여 이체자를 썼다는 식의 석문·해독이나, 통행본에 나온 글자를 따라 유사자로 취급하는 해석을 마냥 따를 수는 없다. 그것은 학문하는 자세가 아니며, 독자를 대하는 태도도 또한 아니라고 생각했다.

실재 죽간에 쓰인 고문자에는 지금은 사라진 많은 한자가 사용되었고, '치의'만 해도 '상박'과 '곽점'에 써진 고문자는 많이 달랐다. 당연히 뜻도 달랐다. 그럼에도 중국측은 음성이 비슷하여 이체자를 썼다는 식의 석문·해독으로, 서로 다른 글자를 같은 글자로 보는 경우가 다반사였다. 그래서 결론은 '상박', '곽점' 그리고 '예기'의 '치의'편은 내용이 모두 같다는 것이었다. 이는 정말 문제가 많은 고문자 석문방식이다. 이에 저자는 오직 중국측 석문·해독의 문제점을 알리고, 죽간과 같이 갑골문·금문 등이 혼재하여 써진 경전은 오늘날의 한자나 통행본을 따라 해석하는 것이 위험함을 드러내 보여줌으로써, 독자에게는 공자의 진면목을, 후학들에게는 직접 고문자를 석문·주석하는데 도움을 주고자 이 작업을 하였다. 문장을 비교해서 읽다보면, 이 책이 이미 나온 주석서나 예기 속 緇衣와는 엄청난 차이가 있음을 느낄 것이다.

3.

책을 들어가기에 앞서, -앞선 책을 읽었다면- 저자가 중국이나 우리의 학자들과 달리 적지 않은 고문자를 合體文字로 보아 고문자를 字源에 근거하여 해석한 것에 의문을 품은 독자도 있을 것 같아, 언급하고자 한다. 고문자를 해독하면서 참고한, 高明이 쓴 책《古文字類編》의 凡例에 나온 글이다.

"3. 제2편은 합체문자이다. 합체자는 상주시대의 갑골·금문과 전국시대의 기타 문서에서 볼 수 있으나, 진전秦篆에 이르러 기본적으로 도태되었다. 이 편에서는 세 개의 난으로 나누었다.(p8)"

정리하면 전국시대를 마감시킨 진시왕 때부터 漢字가 篆文으로 통일된 이후 합체문자는 사라졌다는 말이다. 이는 반대로, 진나라 시왕 이전에 쓰인 것이 명백한 '곽점초간'과 '상박초간'에는 글자의 合體가 흔하게(?) 사용되었다는 것을 뜻한다. 이 얼마나 중요한 말인가! 우리가 죽간과 같은 고문을 접할 때, 반드시 지금 전하는 한(一) 자의 漢字로 고집해서는 안 되는 이유다. (중국측이 왜 오늘날의 한자로 고문을 석문하려 하는지 이해가 안 되었다.)

저자가 고문을 釋文해보니, 서로 다른 경전(편)이라고 해도, 원칙적으로 같은 글자는 같은 뜻이어야 바른 번역이 되었다. 즉 '노자'에서 쓰인 고문자가 '상박초간'에도 쓰였고, '노목공문자사'에도 쓰였고 또 다른 편에도 쓰였다면, 그 모든 곳에 쓰인 같은 글자는 같은 뜻이어야 한다. 다른 글자로 해독하는 순간, 그 古文은 전혀 다른 글이 되었다. 중국측의 해독 글이 이에 해당한다. 그들이 의도적으로 曲學 하려 한 것이 아니라고 굳게 믿지만, 결론적으로는 죽간의 글자가 왜곡되어 전혀 다른 뜻의 글로 만들어져 버렸다. 저자가 스모킹 건에 해당하는 문장을 찾은 것도, 원문장은 그러한 뜻이 아닌데, 그들의 입맛에 맞게 해독되고, 문법에 맞지 않게 번역되었기 때문에 가능했던 것이다. 즉 문법에 맞추어 직역을 할 수 있었기에 가능했다.

거듭 저자의 책이 노자나 공자의 진의를 알고자 하는 이들에게 조금이

나마 역할을 하기를, 죽간과 같은 고문을 직접 번역·해석해보고자 하는 독자에게는 좋은 자료가 되기를, 기원해 본다. 저자도 이 정도에 오기까지 정말 많은 세월이 들어갔다.

'곽점' 및 '상박(치의)'는 오직 하나뿐(?)이어서 저자의 책에 비교 글이 되어준 최남규 교수에게도 미리 감사의 말을 전하며, 이번 작업을 하는 중에 《초간노자와 그 밖의 노자》의 몇몇 오류도 보여, 그간 올리고 싶었던 내용과 함께, 간략히 정리하여 별지로 넣었다.

차례

《魯穆公問子思》는 모두 8개의 죽간으로 이루어진 단문이다. 죽간의 길이는 26.4㎝이며, 양쪽 끝은 사다리꼴로 다듬어졌다. 표점은 마지막에 편장부호와 마치 점처럼 찍혀 있는 句讀부호 그리고 중문부호 '=' 등 3가지다. 전체 글자 수는 152자이며, 여기에는 파손된 글자 8자, 흔적만 있는 글자 1자, 그리고 중문부호 글자 2자가 포함된 것이다.

인물은 총 3명이 나온다. 노목공은, 주나라 왕실의 권위가 땅에 떨어진, 전국시대 때 노나라의 군주로, 이름은 顯이며 33년간 재위했다. 자사는 孔子의 손자이며, 《子思子》23편이 있다고 하였으나 전하지 않는다. 『곽점초묘죽간』에서, 중국측 학자들은 곽점 13편 중 5~8편을 자사의 글로 보고 있으나, 어떤 근거인지는 언급이 없다. 성손익은 문헌에 보이지 않으나, 글의 내용으로 보아 상당한 지식의 소유자였던 것 같다.

《魯穆公問子思》는 魯穆公이 賓客인 子思[1]와 충신에 대해 논한 것과 그것에 대한 신하 성손익의 설명을 기록한 대담 글이다.

삼자대면의 글이 아니고, 목공이 어떤 인연으로 자사를 만나, 많은 대담을 한 것 중에서 특히 충신에 대해 논쟁한 글과 그에 대한 신하의 설명 글이다. 즉 노목공이 주장하는 충신의 정의에 대해 자사가 반론을 편 충신의 개념을 목공이 이해하지 못한 까닭에, 머리만 혼란스러워 자사를 물리친 후 신하인 성손익이 목공을 알현하러 왔을 때, 그에게 충신에 대한 자사의 대답을 전해주었고, 이에 성손익이 자사의 대답을 목공의 수준에 맞추어 설명해주고 있는 내용이다.

---

1 班固는 子思를 "이름이 伋(급)이고 공자의 손자이며 노나라 繆公의 스승이다."라고 하였다.(p279)

특히 어떤 주제를 1인이 풀어낸 일방적인 논문 글이 아니라, 忠臣이라는 주제를 가지고 군주와 賓客, 그리고 군주의 신하가 주고받은 글로, 계급과 상하가 있는 대상들 간의 대담 형식의 글이다 보니 어투도 느낄 수 있는 흔치 않은 문장이다. 더욱이 여기는 고문자 해독의 방식에 종지부를 찍을 수 있는 문장이 들어있다.

앞서 언급한 고문자 {虍壬}호로, 저자는 이 글자를 '호랑이 가면을 쓰고 다스리는 자' 또는 '호랑이 가면을 쓰고 서 있는 자'로 釋文하여, '호전적인 장수(수괴)'로 해석[2]하는데, 저자를 제외한 모든 학자가 '나 吾'의 假借字로 석문·해독하고 있기 때문이다. 물론 이 같은 현상은 중국 학자에서부터 시작된 것이기는 하나, 저자를 제외한 모두가 '나 오'로 해석해 이에 대한 스모킹 건을 찾다가 이곳에서 찾은 것이다.[3]

이것 외에도 이편은 竹簡과 같은 고문을 번역함에 있어, 중국처럼 假借字를 취하지 않고, 석문한 고문자로만 번역하는 방식이 옳았음을 증명할 수 있는 많은 것들이 들어있다. 즉, 초간노자에서도 서술어로 쓰인 女(계집)와 胃(밥통), 그리고 중국측이 거의 대부분 惡으로 해독한 亞(다음, 버금)와 '물을 問'과 '들을 聞'으로 해독한 昏과 같은 단어들이다. 또 파손되어 시리진 글지도 몇 자가 있어, 어떤 자로 몇 자를 넣을 것인지 등, 전체적으로 직역 방식의 번역을 해야 하는 이유를 피부로 느낄 수 있는 곳이며, 그동안 저자가 古文을 역해할 때 직역에 몰입한 결과물이 되는 편이기도 하다.

---

2   저자의 책 『초간노자와 그 밖의 노자』에서는, 무력으로 왕이 되려는 '폭군, 거짓왕'으로 해석했었다.

3   만약 대담 글이 아니었다면, 영원히 찾을 수 없었을 것이다. 왜냐하면 '나 吾'나 '{虍壬}호' 모두 1,3인칭의 사람을 뜻하는 체언이기 때문이다.

노목공이 자사에게 물었다.

"어떠한 사람을 충신이라 말할 수 있습니까?"[1]

자사가 말하였다.

"항상 임금의 죄와 허물을 지적하는 사람을 충신이라 할 수 있습니다."[2]

노목공은 기분이 좋지 않았고, 자사는 예를 갖추어 물러났다.

성손익이 노목공을 알현(謁見)하러 왔을 때,[3] 노목공이 말하였다.

"내가 조금 전에 자사에서 어떠한 사람을 충신이라 할 수 있는가?고 물었더니,[4] 자사가 대답하기를 '항상 임금의 죄와 허물을 지적하는 사람을 충신이라 할 수 있습니다'라 했소이다.[5] 나는 이해할 수 없고, 지금까지도 이해가 되지 않소이다."[6]

성손익이 말하였다.

"아! 이 말은 정말 훌륭합니다!"[7]

성손익이 계속해서 말했다.

"임금을 위한다는 이유로 생명을 바치는 자는 있었지만,[8] 임금의 죄와 과실을 지적하는 자는 일찍이 없었습니다.[9] 임금을 위한다는 이유로 생명을 바치는 자는 직위와 봉록을 탐내고자 하는 것이고, 임금의 죄와 과실을 지적하는 자는 직위와 봉록을 탐내는 사람이 아닙니다. 道義를 지키면서 지위와 봉록에 뜻이 없는 자는[11] 子思 이외에는 나는 다른 사람을 알지 못합니다."[12]

이 문장 번역은 의역이다. 많은 곳에서 漢文(法)과 맞지 않게 번역되었기 때문이다. 다만 의역이 본의를 훼손하지 않는 범위에서 이루어져야 한다고 볼 때, 이 번역은 문제가 있다. 물론 그럴 의도는 아니었겠지만, 중국측이 꽤 많은 고문자를 석문 후 다른 漢字로 해독하다 보니, 번역도 본의 아니게 원문의 내용과는 상당한 거리가 생겨버렸을 것이다. (저자의 전문 번역은 편 마지막에 있다)

내용 해설에 앞서, 이 번역문을 읽어보았을 때 논리적으로 이상한 점을 발견하지 못했는가? 크게 2가지가 보이는데, 그중 하나를 말하자면, 子思가 노목공의 질문에 답한 말, 즉 '임금의 죄와 허물(과실)을 지적하는 사람이 충신'이다는 말을 노목공이 '이해할 수 없다'고 하는 대목은 정말 비논리적이고 이상한 문장이다. 이것은 이성만 있다면 一字無識한 자도 알 수 있는 말이다. 죄와 허물이 비유적이거나 반어적인 표현도 아니요,

---

4   최남규의 [곽점초묘죽간], p281. 인용문장 속 숫자는 저자가 번역을 위해 임의로 나눈 단락번호이다.

에둘러 표현한 말도 아닌데, 이 말을 이해할 수 없다는 노목공의 말은, 어딘가 문제 있어 보인다. 만약 이 번역이 사실이어서, 군주에게 잘한다고 칭찬만 해야 하는데, 지적질로 이해할 수 없다는 의미라면, 노목공은 군주 '깜'이 아닌 자로 벌써 역사 속에서 사라졌을 것이다.

지금부터 저자가 편의상 12단락으로 나눈 문장별로 석문과 해독 그리고 번역을 세세히 살펴보자.

원문 1

책 석문	魯穆公昏於子思曰 可女而可胃忠臣.
해독	魯穆公問於子思曰 何如而可謂忠臣. (이후 합침)

책 번역	노목공이 자사에게 물었다. "어떠한 사람을 충신이라 말할 수 있습니까?"

저자 석문	魯穆公昏(婚)於子思曰 可女而可胃忠臣.

번역	노나라 군주인 목공이 자사와 맺어졌을 때, "여인처럼 말없이 지시를 따를(女) 수 있을 뿐이면 충신을 소화했다고 할 수 있다."고 말했다.

원문은 의문사나 의문조사가 없는데, 책은 의문문으로 번역했다. 석문·해독에 이유가 있었다. 즉, 두 개의 可자 중 앞글자를 何로 해독했기 때문에 의문문이 가능했다. 이는 단순하게만 봐도 문제가 있다. 두 번 쓰인 可에서 하나만 何로 고쳤기 때문이다.

可를 何로 고쳐도 되는 근거가 있는가? 字典과 고명의 [고문자류편](p120可,p13何)을 보면, 何와 可는 어원이 전혀 같지 않은 별개의 한자다. 즉 태생이 다른 것이다. 그럼 고집할 것은 '다른 글자인데도 빌려 썼다'는 가차자 논리밖에 없다. 즉 글쓴이가 何를 쓸 자리에 여차여차한 이유로 可를 썼다는 것이다. 이러한 논리로 이하 중국측이 해독한, 問, 如, 謂 등도 만들어졌다. 다만 그러한 논리도 2개의 可 중 하나만 何로 고친 것에는 답이 되지 못한다. 즉, 음성학을 따라서 可를 何로 고쳤다고 이해를 해도, 2개의 可에서 하나만 何로 고치고 하나는 고치지 않은 것은 설명이 될 수 없기 때문이다.

이제 해독이 완료된 중국측 문장으로 한자에 맞춰 직역으로 번역을 맞춰보자.
"노목공이 자사에게 물었다.(魯穆公問於子思) 가로되(曰), 무엇이 같으면 충신이라고 일컬을 수 있나요?(何如而可謂忠臣)"다. 이것을 의역한 것이 책의 번역문인데, '어떠한 사람을'로 번역할만한 문장이 보이지 않는다. 아마 何如를 그렇게 번역한 것 같은데, 저자의 번역으로는 불가능하다. (이러한 오류는 이체자 해독으로 발생한 것이다)

다음은 저자가 釋文한 그대로 직역한 번역을 보자. 어둡다는 昏자만 '혼인하다, 맺다'는 婚으로 봤다. 이는 어원에 근거한 것으로 同字다. 즉 저자는 모두 釋文한 그대로다. 책은 의문문으로 번역했지만, 문장은 노목공과 자사의 조용한 논쟁으로, 의문조사나 의문사가 없어 의문문이 아닌 목공(군주)의 주장 글이다. 번역상 주의할 점은, 한자가 오늘날에 쓰이고 있어도 훈이 다른 경우다. 즉 여기의 女(여자), 胃(밥통)는 오늘날 서술어로 쓰이는 경우를 찾아보기 어렵지만, 위 문장을 보듯 모두 서술어의 위치에 놓여 있어, 반드시 서술어의 뜻으로 번역해주어야 한다. 女는 성품이 내적이어서 '말이 없고 순종적이며 조용하다'는 뜻으로, (양성차별적이지만 당시에는 그러한 의미다) 胃는 소화기관으로써 모든 것을 '소화하다'는 뜻이다.

이렇게 해서 저자의 번역처럼 나온 것이다. 이 문장에서 목공은 可女(여인처럼 나서지 않고, 말없이 지시를 따르며, 얌전할 수 있다)를 可胃忠臣(충신을 소화했다고 할 수 있다)과 같다고 보고 있다. 다시 말해 목공은, 군주의 지시에 '말없이 무조건적으로 순종'하는 것을 충신의 절대적

덕목으로 주장하고 있다.

원문 2

책 석문·해독   子思曰 恒偁(稱)其君之亞(惡)者 可胃(謂)忠臣矣

책 번역   자사는 말하였다. "항상 임금의 죄와 허물을 지적하는 사람을 충신이라 할 수 있습니다."

저자 석문   子思曰 恒偁其君之亞者 可胃忠臣矣

번역   (이에) 자사는, "(그보다) 영원히 그의 군주를 다음으로 들(偁) 수 있는 자가 충신을 소화했다고 할 수 있지 않을까요?" 라고 말했다.

노목공의 말에 대한 자사의 반론이다.

자사는 직답을 피했다. 원문의 마지막 字가 의문조사 矣(아닌가?)이기 때문이다. 그런데 책은 평서문으로 번역했다. 문체로 보자면, 첫 문장이 평서문에 가깝고, 여기가 의문문인데 거꾸로 번역한 꼴이다.

의역이라 할 말은 없으나, 의역은 직역에서 오는 딱딱함이나, 내용상 이해가 어려운 경우, 그리고 나라마다 가지는 언어의 차이를 해소해주는 차원에서의 역할을 해야지, 이처럼 反意的인 의문문 형식의 문장을 전혀 다른 느낌의 문장으로 번역하는 것은 차라리 직역이 더 낫지 않을까 싶다.

내용 중, 子思의 답변 글 속에는 '임금의 죄와 허물'에 해당하는 한자가 없다. 그것을 유도하기 위해 중국측은 亞를 惡으로 바꾸어 其君之惡者로 해독했는데, 책의 번역과 묶으면, 恒(항상)稱(지적하는)其君之(임금의)惡(죄와 허물을)者(사람을)가 된다.

먼저, 이 전체를 목적절로 하여 다음에 오는 可謂忠臣矣 문장의 목적어로 번역했는데, 문법적으로 앞에 쓸 수 있는지 의문이다. 다음은, 한자와 매치되는 훈의 문제다. 즉 稱을 '지적하다'로 번역하는데, 이 훈도 찾

노목공문자사

아보기 어렵고, 더 큰 문제는 惡을 '죄와 허물'로 번역한 것이다. 자전 속 訓 약 30여 가지 중에 '죄와 허물'로 연결될만한 풀이는 없었다. 책이 문맥을 따라 말이 되게 만든 것에 불과할 뿐, 어딘지 거리감이 있고 껄끄러운 해독이며 번역이다. 결론적으로 '임금의 죄와 허물'을 지적하는 이를 충신이라고 한다는 번역은 답이 될 수 없다. 한편 여기서는 可를 何로 고치지 않고 그대로 두었다. 문맥상 何는 맞지 않기 때문이다. 끝으로, 저자는 '기군지아'를 도치문장으로 번역했다.

원문 3

책 석문·해독 　公不敓(悅),昏(揖)而退之. 成孫弋見,

책 번역 　　　노목공은 기분이 좋지 않았고, 자사는 예를 갖추어 물러났다.
　　　　　　성손익이 노목공을 알현(謁見)하러 왔을 때,

저자 석문 　公不敓{昏二} 而退之. 城孫弋見,

번역 　　　　목공은 둘의 은밀한 말에 (정신을) 뺏기지 않으려고 (자사를) 물
　　　　　　리쳤다. (후에) 성손익이 (공을) 알현하러 왔다.

　　　　　　* [한자] : 빼앗을 敓탈 / 소곤거릴 昏집 / 읍할 揖읍(모을 집·즙)
　　　　　　　 / 향할 嚮향(접때)

노목공이 충신에 대해 던진 말과, 그에 대한 자사의 답변 다음에 '면담이 끝나 헤어졌다는' 이 문장이 나왔다.
그럼 묻자. 그들은 각기 한 문장만 問答하고 헤어졌을까? 아니다. 당연히 많은 대담이 있었을 것이다. 기록으로 남길만한 내용이 이것이었기에 그 많은 것은 다 생략하고 이 문장만을 기록으로 남긴 것이다. 그것도 문장을 축약해서 핵심 내용만을 기술한 것이다. 昏을 問으로 고쳐서는 안 되는 이유다. (昏은 問이 될 수 없다.)

이곳은 한자의 석문과 해독 그리고 띄어 읽기에서 살펴볼 만한 문장이다. 해독 글자 중 '억지로 빼앗을 敓'을 '기쁠 悅'로 바꾼 것은 너무 억지다.

정반대의 뜻을 가진 글자인데, 문맥상 기쁘지 않을 거라는 생각에 논리적 근거없이 悅로 바꾼 것은 너무나 자의적이다. 만약 처음부터 저자처럼 직역을 했더라면, 글자를 悅로 고치지 않고도 문장을 풀었을 것이다. 이어진 고문자는 중국측과 저자의 석문·해독이 조금 다르다. 고문은 聑 옆에 二가 있는 合文으로 보이는데, 중국측은 '소곤거릴 聑'을 '읍할 揖'으로 고쳐 '읍이퇴지'처럼 뒤로 붙는 문구를 만들었다. 하지만 문장은 저자처럼 석문한 다음 {聑二}을 앞으로 붙이는 것으로 띄어 읽어야 바르다.

원문 4

공왈, {구}자{호}혼충신어자사, (자사)

책 석문·해독 公曰 向(嚮)者{虍壬}(吾)昏(問)忠臣於子思

책 번역 노목공이 말하였다. "내가 조금 전에 자사에게 어떠한 사람을 충신이라 할 수 있는가?고 물었더니,

저자 석문 公曰 {M口}者{虍壬}昏(婚)忠臣於子思

번역 목공이 자사에게, "입을 닫은(⬡) 者인 {호}는 충신을 맺었다"고 말했더니,
＊{虍壬}≠吾인 결정적 증거

노목공이 성손익에게 한 말이자, 原文에 저자가 찾고자 하는 {호}가 들어있는 문장이다. (이 문장만큼은 '원문'도 직접 보고 '정독'을 부탁한다.)

원문은 의문사나 의문 조사가 없는 평서문인데, 원문 1의 문장처럼 중국측은 의문문으로 번역했다. 하지만 1번과 달리 여기는 可(何)가 없어 평서문에 말꼬리를 올리면 모를까 의문문으로 번역할 수 없는 경우다. 1번처럼 昏을 問으로 해독했지만, 이것은 문장형식과는 무관하기 때문이다. 이것도 의역이니까 그렇다고 넘어가자.

내용으로 들어가서, 문장의 흐름으로 보면, 이 문장은 노목공이 성손익

노목공문자사

에게 자사와 주고받은 대담을 재생하는 것이기에 첫 문장(1번)과 같아야 한다. (책도 같다) 그런데 글자가 첫 문장과 다르다. 두 문장의 공통어 忠臣이 있고, 글의 흐름상 분명 1번 문장과 같아야 하는데 다르게 쓰여 있는 것이다. 이는 두 문장에 써진, "{씨口}者{虍壬}"와 "可女"가, "可胃忠臣"과 "婚忠臣"이 서로 같거나 유사한 뜻이다는 것을 의미한다. (반면, 책은 이곳이나 처음이나 목공이 묘사한 충신의 개념 정의를 전혀 읽어내지 못하고 있다, 이는 잘못된 석문·해독에서 비롯된 것이다.)

먼저, 중국측이 해독한 문장 嚮者吾問忠臣於子思를 보자.
이 문장은 서술어가 하나(問)뿐인 까닭에 한 개의 문장으로 번역되어야 한다. 만약 한 개의 문장에 들어오지 않는 漢字가 발생하거나 문법적으로 어긋난다면, 그 석문·해독은 '틀렸다'는 뜻이다.

책 번역에 맞추어 漢字에 훈과 순서를 매겨보면, '嚮2(조금 전에) 者4(어떠한 사람을) 吾1(내가) 問6(물었다) 忠臣5(충신이라고 할 수 있는가? 고) 於子思3(자사에게)' 가 된다.

도해한 번역의 문제점을 보자면, '내가(吾)'는 주어로 문장의 맨 처음에 위치해야 바르다. 따라서 부사로 해독한 '嚮(접때)'은 주어 앞에 위치할 수 있지만, 다음의 者(어떠한 사람을)는 목적어로 번역했기 때문에 절대 주어인 吾 앞에 위치할 수 없다. (問은 의문사도 아니며, 도치문의 형식으로도 볼 수 없다) 즉 者를 '어떠한 사람을'로 번역해서도 안 되지만, 목적어라면 주어인 吾 앞에 위치해서도 안 되는 것이다. **'이 번역은 오류가 있다.'** 하지만 중국측 해독으로는 이렇게 할 수밖에 없다. 중국측이 {호}를 吾로 해독한 이상, 전후 문맥을 생각해서 번역하자면 이것이 가장 이상적인 문장인 까닭이다.

계속해서, 중국측이 해독한 嚮者吾問忠臣於子思가 맞다는 전제하에, 이를 '문법'에 맞춰 '문맥상' 번역을 해보자. '조금 전에(의) 사람(놈)인

내가 충신인지를 자사에게 묻다'가 가장 무난한 번역이다. 이 경우, 군주인 '내가'를 수식하는 '조금 전의 사람인'이 어떤 의미인지 알 수 없다. 즉 문맥과 어울리지 않는다. 결정적으로 말이 안 되는 것은, 군주인 목공 자신(내가)이 '충신인지를' 물어보는 형태가 된 것이다. 즉, '군주가 곧 신하'가 되는 문장으로 만들어져 버렸다.

이번에는 '문법에만' 맞춰 번역을 해보자. '접때 놈인 내가 자사에게 충신을 물었다'가 가장 무난하다. 이 경우, 원래의 古文은 {호}라는 대상이 충신인지를 묻는 것인데, 군주인 목공(내)이 '어떤 자가 충신인지'를 묻는 꼴로 되어버렸다. 이 역시 전후 문맥과는 연결되지 않는다. 이와 같은 결과는 '대상'에 해당하는 {호}를 '나 오'로 해독한 까닭이다. 즉, 중국측의 '잘못된 해독'으로 말미암아 이런 얼토당토않은 번역이 탄생한 것이다.

그럼, '나 吾'를 3인칭 {호}의 의미로 번역하면 문장이 되는가? '조금 전에 놈인 {호}가 子思에게 충신을 묻다'가 된다. 이 경우도 역시, 군주인 목공이 {호}가 충신인지를 묻는 것인데, '{호}가 충신을 물어보는 꼴'이 되어 전후 문맥과 이어지지 않는다. 이는 {호}뿐만이 아니라 중국측이 잘못 해독한 고문자 '접 때 嚮'이나 '물을 問'으로 인해 발생한 것이다. 즉 이 한자도 석문 · 해독이 틀렸다는 것을 의미한다. 이것은 생각하지 못한 수확이었다. 이런 결과가 도출된 것은 이 글이 흔하지 않은 대담 글이기 때문에 가능했다.

최교수는 문맥을 따라 의역을 하다 보니, 이처럼 중요한 문장을 놓쳤다고 본다. 만일 그가 중국측의 석문 · 해독으로 한문법에 따라 직역만 했다면, 전체 문장이 제대로 번역되지 않아, {호}는 '나 오'가 될 수 없음을 알 수도 있었을 것이다.

이제부터는 원문을 직접 석문해보자. 중국측은 지금은 전하지 않는 글

노목공문자사

자 {从口}를 向으로 석문한 다음 嚮(조금 전에)으로 해독하고, {虍壬}를 吾(나)로 해독했다. '향'은 可女와 연결되는 중요한 한자이기 때문에 문맥상 向이 아니라는 것을 찾아야했다. 向(嚮)자를 자전 등에서 찾아보면, 책 속의 고문자와는 전혀 다른 꼴이다. ([고문자류편,p122,向]). 즉 다른 글자[5]요, 새로운 고문자다. '입 口'는 확실해 볼 것이 없고, 주름 모양의 '从'표가 어떠한 뜻을 내포하고 있는가가 글자 해독의 관건이었다. 시간을 두고, 저자는 이와 비슷한 표식으로 된 고문자를 검토하여 마침내 결론을 얻을 수 있었다. 곧 '접어져 있다'는 의미를 나타낸다. 단, '二'가 위·아래로 없는 까닭에 '가지런하다'의 뜻은 포함하지 않는다.

구분	고문자	의미	중국측	횟수
상박초간 치의		앎(知)이 가지런히 차곡차곡 쌓(이)다	智	3회
곽점초간 노자		(장작이 쌓이듯) 가지런히 쌓(이)다	者	4회
노목공문자사 상박초간 치의	구	닫힌(접어진) 입, 입을 접다 (닫다) (= '말이 없다'와 비슷한 개념이다)	向	1회

이 뜻을 문장에 대입하여 번역하니, 굳이 {호}의 의미를 찾을 필요도 없이 반듯하게 풀어졌다. 첫 문장과도 잘 맞아떨어졌다. {호}가 '나 오'가 될 수 없음이 증명되는 순간이었다.

당연히 중국측이 {从口}를 向으로 석문하고 嚮으로 해독한 것은 틀리다.

---

5 고명의 [고문자류편] 序에는 다음과 같은 글이 있다. "《고문자표》에는 이미 정확하게 식별된 자만을 수록하였으며, 조금이라도 의심스러운 자는 실지 않았었다. 《고문자유편》에서도 마찬가지로 이 방법을 고수하면서, 《자표》를 크게 삼 편으로 분류하였다.p3" 즉 고문자류편에 써진 글자들은 명확히 자형과 뜻이 그 글자들이라는 뜻이다. 만약 이 글자를 向 字로 고집한다면 이체자일 가능성만 남는데, 이는 문장 속에서 검증이 되어야 할 것으로, 이곳에서 저자가 검증을 하였다. (※이 글에도 불구하고 고명도 실수는 있다.)

{써ㅁ}는 向이 아니며, {호} 또한 절대 '나 오'가 아니다. 될 수 없는 글자다. 단언한다. 그렇게 고쳐진 노자 백서본이나 통행본은 僞書다. 노자의 글이 아니다. 그것은 음흉한 족속의 왜곡본일 뿐이다.

그럼 {호}는 무슨 뜻인가? 군주의 입장에서는 충신으로 볼 수 있는 자다. 그리고 성손익이 말한 것을 음미하면, 생사를 넘나드는 전쟁터의 장수다. 또 자형이 '호랑이 가면을 쓰고 서 있는 또는 다스리는 자'를 뜻해, 글을 종합하면, '군주의 命을 두말없이 따르는 전쟁터의 장수'를 의미한다. 그들은 안다거나 지혜롭다고 하는 자(智)다. (左,友)將軍이 계급적 의미의 무관을 지칭한다면, {호}는 '好戰的인 장수(수괴)'다. 더 핵심만 집자면 모든 문제를 전쟁으로 해결하려는 '전쟁광'이다.

드디어 이 문장도, {호}도 정확히 풀리는 순간이었다. {호}는 군주의 입장에서는 명령을 따라 전쟁을 수행하는 장수요, 노자의 입장에서는 무력으로 나라를 취하고자 하는 수괴요, 전쟁광이라는 뜻이다. 어찌 되었든 이 문장의 {호}는 '나 吾'가 될 수 없다는 것을 증명하는 스모킹 건이다.

{호}는 당시 일상의 漢字인 듯, '곽점초묘죽간'에도 여러 편에 정말 많이 쓰였다. 저자가 '초간 노자'를 해석할 당시에는 그 사실을 몰랐다. 그렇게 많이 쓰였던 글자가 언제, 어디에서, 어떤 이유로, 누구에 의해 '나 吾'로 바뀌었을까? 중국측에서 {호}를 '나'로 해독한 이후 지금까지 세계의 모든 동양 철학자들은 모두 '나'로 해독한다. 오직 저자만 외로이 다르게 해독했었다. 처음 시작은 '찾을 수 있을까'하는 회의감도 있었지만, '노목공문자사'에서 '충신'의 정의를 두고 임금과 신하 그리고 子思가 문답하며 논쟁한 까닭에 뜻이 분명하게 남게 되었다. 문답의 글이 아닌 개인의 논문형식의 글이라면 이 글자는 영영 찾을 수 없었을 것이다. 왜냐하면, 중국측(1인칭, 나 吾)이나 저자(3인칭, 호전적인 전쟁광)나 모두

노목공문자사

체언(인칭 명사)인 까닭에 문법적으로나 내용적으로 오류를 찾기 힘들기 때문이다. 아무튼, 이것 하나만으로도 중국측에서 석문·주석한 『곽점 초묘죽간』은 많은 편에서 오류가 있다.

다음으로 넘어가기 전에 혹 '놈 者'를 두고, 이어지는 {호}와 명사의 중복인 까닭에 '2회 쓸 필요가 없는 글자다'라고 주장할 수 있을 것 같아 말하자면, 이 문장이 한 나라의 절대자인 군주의 말이기 때문에 下待의 의미로 '놈 자'가 들어갈 수 있다.

▍쉬어가기

중국측이 해독한 嚮者吾問忠臣於子思는 서술어(동사)가 問 하나뿐인 문장이면서, 問은 영문법으로 보자면 4형식의 수여동사다. 즉 수식어인 嚮者를 빼면, '나는 자사에게 충신을 묻다'로 나와야 한다. 이는 그것 자체로 완전한 문장이다. 따라서, 목적어 '충신을'을 '충신이라 할 수 있는가'로 번역해서도 안 되고, 문장의 밖에 있는 '놈 者'를 목적어 '어떠한 사람을'로 번역해서도 안 된다.

공자의 정치론 하면 십중팔구가 떠올리는 문장이 《논어》안연편에 나오는 君君臣臣父父子子이다. 이 문장은 제나라 군주의 질문에 대해 공자가 한 답변으로, 그 문장이 '齊景公問政於孔子, 孔子對曰'이다. 이때 齊景公問政於孔子(제경공이 공자에게 정치를 묻다)의 문장이 바로 영문법 4형식의 문장으로 중국이 잘못 釋文한 吾問忠臣於子思꼴과 같다. 이러한 꼴은, 한문 문장구조의 기본 중의 기본인 까닭에 고등학교 한문교재[6]에도 설명되어 있다. 한문을 조금만 읽을 줄 알면 누구나 하는 문장인데, 왜 중국측을 따라 엉뚱하게 했는지….

지금이라도 고문을 해석하고 싶은 독자는 직역할 수 있는 역량을 길러야 한다. 직역을 할 수 있어야 만이 뜻은 물론 진본의 여부를 명확히 알 수 있고, 의역도

---

6   (4) 주술목보 구조 : 주어, 서술어, 목적어, 보어로 이루어진 구조로 '〜이〜에(게)〜을 〜하다'로 해석한다. ▶ 기본 : 孔子‖問‖禮/於老子 → 공자가 노자에게 예를 묻다.(漢文, 이희목외3, ㈜천재교육,p14,2002년)

풍부하게 할 수 있다. 즉 새로 발견되는 簡帛이 매끄럽지 않거나 문법에 어긋나는 문장이 더러 있는 경우, 그 고문은 왜곡본이다. 즉, 문맥상 직역이 不可하고 가차자에 의한 해독을 해야 하는 경우는 일단 왜곡을 의심해야 한다. (판별할 수 있는 전제조건은 직역 능력이다) 이편만 보아도 중국측의 해독된 문장으로는 문법에 어긋나는 문장이 있다. (저자가 이상하게 생각하는 부분이다. 우리말로 하자면 중국측의 번역은 중국 문법으로는 바르게 번역되지 않는, 즉 외계어 화법인데, 이렇게 해독하는 이유를 이해하지 못하겠다) 특히 치의처럼 통행본이 있는 경우, 통행본의 진위여부도 판별할 수 있는 행운을 안을 수 있다. 한문은 무조건 외우는 글자가 아니다. 지금은 그렇게 변질이 되었지만, 과거에는 뜻에 충실한 글자였다. 그게 表意文字다.

이 글자가 해독됨으로써 연관된 다른 글자에서도 자연스럽게 저자의 해독이 맞다는 것을 증명해 준다. 이편만 해도 첫 문장에서 女는 중국측의 해독처럼 '같을 如'가 아닌 그 자체로 서술어의 의미를 가지며, 可 역시 何가 아님이 명백하다. 당연히 노자에 나오는 서술어 女도 같다.

아무리 고대인을 무시해도 그렇지, 돌대가리가 아니고서야 같은 뜻으로 다른 글자를 같은 문장에 사용한다는 것이 말이나 되는가?

예를 들어, 초간노자에 이미 道와 守가 쓰여 있음에도, 중국측은 {彳人亍}을 道로, 獸를 守로 해독한다. 상식적으로 다른 뜻이니까 다른 글자를 썼을 거라 생각해야 함에도, 그들은 전혀 이해가 되지 않는 해독을 하고 있다. 노자가 아무 이유없이 다른 글자를 썼겠는가? 하지만 중국측은 오직 백서본과 통행본이 道와 守로 쓰여 있기 때문에 그렇게 해독할 뿐이다. 이는 명백한 오류다. 또 노자가 이미 '고요할 靜'을 썼는데, 다른 문장에서 이 글자 대신 다른 글자로 쓸 이유가 있는가? 이 또한 백서본이나 통행본이 靜으로 쓰여 있어 그렇게 해독할 뿐이다.

쉬어가기 : 고문자 {ㅆㅁ}

‘곽점초묘죽간’ 전체 13,000여 자 중에서도 이 고문자는 치의, 어총4, 육덕, 존덕의 그리고 이편 해서 고작 5번 쓰였다. 중국측은 이 글자를 向으로 석문하고 向,郷,嚮 3가지로 해독하고 있으나, 아니다. ‘어총4’에 고문자가 들어있는 문장이다.

* p531, 어총4, 10,11簡

석문 및 번역

佁婦禹夫 不智 其{ㅆㅁ}之{小人}君子-
점잖은 부인과 허수아비 같은 남편도, 그들의 닫힌 입으로 인해 小人인지 君子인 것인지는 지혜로운 자도 모른다. (입 다물고 있으면 중간은 간다.)

중국측 석문(해독) 및 번역

佁婦禹夫 不智(知)其向(郷)之小人·君子 : 필부필부는 무지하고 우매하여 마을의 소인과 군자도 가리지 못하며,(p540) (※ 중국측은 佁婦禹夫를 평범한 남녀라는 匹夫匹婦로 해독한다.(p541) / 佁 : 괜찮다, 점잖을 필(匹로 해독), 禹 : 긴꼬리 원숭이, 허수아비 우)

원문 5 자사

책 석문·해독 子思曰 恒偁(稱)其君之亞(惡)者 可胃(謂)忠臣矣

책 번역 자사가 대답하기를 ‘항상 임금의 죄와 허물을 지적하는 사람을 충신이라 할 수 있습니다’라 했소이다.

저자 석문　　子思曰 恒侢其君之亞者 可胃忠臣矣

번역　　　　자사는, '영원토록 그의 임금을 버금으로 들 수 있는(侢) 자가
　　　　　　충신을 소화했다고 할 수 있지 않을까요?'라고 말했었다.

앞(4번) 문장에 이어 노목공이 성손익에게 자사와의 대담 상황을 그대로
리바이벌하는 내용이다.

이미 앞(2번)에 나와 그곳에서 설명한 까닭에, 古字 위주로 보자. 먼저
恒자다. 앞에서는 恒으로 나왔는데, 여기서는 恒의 고자인 亘으로 쓰였
다. 문맥상 자사의 말을 그대로 옮긴 것이기 때문에 같은 字여야 맞는데,
글자가 다른 꼴이다. 이는 당시에 이미 亘과 恒이 같은 뜻으로 통용되는
시기였다는 것을 말해준다. 까닭에 誤字라고 하기도 어렵다.

중국측이 惡로 해독한 亞는 중요한 글자다. 亞는 훈이 '다음, 2등, 버금'
의 뜻이지만, 문장에서는 '후 순위, 뒤로 둔다'는 의미고, 내용으로는 '무
시한다'는 뜻이다.

참고로 이 글자처럼, 原字(亘)에 또 다른 한자가 더해져(心) 통용되는 자
(恒)가 만들어졌지만, 훈이 같은 경우나, 智나 女처럼 과거부터 통용되
는 글자이지만 의미가 변천된 글자는 번역에 주의를 기울일 필요가 있
다. 언젠가는 바뀌었다는 것을 의미하기 때문이다. 아마도 그 기준시점
은 한자를 통일시킨 진시왕 전후가 되지 않을까 싶다.

원문 6

책 석문·해독　寡人惑安(焉), 而未之得也

책 번역　　　나는 이해할 수 없고, 지금까지도 이해가 되지 않소이다.

저자 석문　　寡人惑安, 而未之得也

번역　　　　(그의 반론에) 과인이 어찌어찌 迷惑되었을 뿐, 아직도 이해한
　　　　　　것이 아니다 함이라.

노목공문자사

노목공의 말로, 자사가 말한 충신의 의미를 이해할 수 없다는 말이다.

이미 말했듯이 자사의 말을 이해할 수 없다는 목공의 말은, 저자가 도리어 이해할 수 없는 말이다. 에둘러 표현한 말도 아니고, '항상 임금의 죄와 허물을 말하는 자가 충신'이라는 자사의 말이 이해되지 않는다는 게 이해가 되는가? 반대로 직역한 저자의 말은 쉽게 이해하기 어렵다. 곱씹고 곱씹어도 포도시 이해가 될 듯 말 듯 한 말이다.

자신의 말 한마디면 일방통행이었을 목공의 정신사고 체계상 당연히 이런 식의 답변에는 惑(정신이 헷갈리고, 미혹)되었을 것이다.

원문 7

책 석문·해독   成孫弋曰{忄矣}(噫), 善在(哉),言{虎口}(乎)!

책 번역   성손익이 말하였다. "아! 이 말은 정말 훌륭합니다!"

저자 석문   城孫弋曰 {矣心}(疑)善在言 {虎口}(虓)!

번역   성손익이 (公의 말을 듣고) 가로되, '(주군을) 의심함이 완벽히 말(답변)에 있구나.'하고, 깜짝 놀라워했다.

성손익이 목공의 말을 다 듣고서, 자사의 답변을 설명하는 글이 시작되는 첫 절이다.

이 절은 전체적으로 성손익의 놀라움을 표현한 문장이다. 저자는 글자를 따라 마지막 글자 '{虎口}(호랑이 포효소리에) 깜짝 놀라다'만 감탄사로 번역한 반면, 중국측은 두 글자를 더 감탄사(조사)로 해독했다.

성손익은 목공과 자사의 '충신의 정의'에 대한 대담 내용을 자초지종 듣고서, 자사의 답변 의중을 바로 알아차린다. 즉, 자사가 즉답을 피하고, 목공이 다른 이의 해독을 통하지 않고는 바로 알아차릴 수 없도록, 머리 골치 아프게 에둘러 표현한 것은, 학자로서 거짓을 말할 수는 없으면서, 사실대로 말하자니 자신의 말에 해코지할 수도 있어 말을 꼬고 꼬아서

했다는 것이다.

그 내심을 반문의 글로 애매하게 만들어 목공에게 답하니, 목공이 이해할 수 없는 것은 당연한 이치다. 결국, 자사는 무사히 목공에게 물리침을 당하여 퇴궐할 수 있었으나, 목공으로서는 자사의 답변이 못내 머리를 뱅뱅 돌렸음은 불문가지다. 이에 목공의 책사쯤 되어 보이는 성손익에게 자존심을 접고 속마음을 털어 보인 것이다.

이에 성손익은 놀라움을 금치 못한다. 그것이 '疑善在言 {虎口}!'다. (못미더워함이 완벽히 그의 답변 속에 들어 있구나! 놀랍도다!)

원문 8

책 석문·해독 夫爲其君之古(故)殺其身者, 嘗又(有)之矣

책 번역 성손익이 계속하여 말했다. "임금을 위한다는 이유로 생명을 바치는 자는 있었지만,

저자 석문 夫爲其君之古殺其身者, 嘗又之矣

번역 대저 그의 군주를 위한 것으로, 옛날 그의 몸을 죽였던 자는, 일찍이 (당신에게) 틀어 쥐어졌던 것은 아닐까요?

이제부터 끝까지는 성손익이 자사의 대답을, 풀어 설명하는 부분이다. 그런데 문장을 보면, 성손익도 의문조사 矣를 사용하여, 직답을 피하고 의견을 개진하는 문장으로 답변을 한다. 자신의 목숨도 트집으로 죽일 수 있는 戰國시대 절대왕권을 지닌 군주이기 때문이다. 이러한 미세함을 버려버리면 바른 번역이 나올 수 없다. 당연히 해석도 바르기는 어렵다. 바른 번역이 나오지 않았는데, 해석이 바르게 나온다면 그것이 더 이상하다.

옛날 당신을 위해 목숨을 바친 이도 사실 당신이 그의 생사여탈권을 쥔 군주이기에 선택의 여지없이 당신의 말 한마디에 그러했다는 뜻이다.

마치 충견이 죽음을 무릅쓰고 멧돼지에 달려들 듯. 그러나 당신이 그들을 충신이라고 생각하기에 나 역시 에둘러 이렇게 말하는 것이다.

최교수의 번역은 문장을 종결하지 않았다. 이는 甞又之矣를 '있었지만'으로 번역해 又를 저자처럼 소유개념(틀어쥐다)으로 번역하지 않았기 때문에, 종결짓기 어려웠을 것이다. 이와 관련해 한자 이야기를 하자면, 위에 在(才)가 나와 있고 여기에 又(有)가 있다는 것은 똑같이 '있다'는 뜻이 아니다. 지금은 有가 '있을 유'처럼 되어, 在와 큰 차이를 보이지 않지만, 당시에는 분명 두 글자는 구분하여 써야 맞다. 옛날은 글자마다 뜻이 명확했다.

원문 9

책 석문·해독   互(恒)侢(稱)其君之亞(惡)者, 未之又(有)也

책 번역   임금의 죄와 과실을 지적하는 자는 일찍이 없었습니다.

저자 석문   恒侢其君之亞者, 未之又也

번역   (반면) 영원히 그의 군주를 다음으로 드는(侢) 자는 아직 틀어쥔 것이 아니다 함이라.

반대로 한 나라의 모든 것을 쥐락펴락하는 군주를 자신보다는 다음으로 여기는 자는 당연히 군주가 틀어쥔 것이 아니다. 여차하면 미련없이 그 자리를 떠날 것이기 때문이다. 그자가 子思라고 성손익은 말하고 있다.

책 번역은 상당히 빗나가 있다. 원문으로는 도저히 이런 번역이 나올 수 없다. 이 문장의 앞부분 '항칭기군지아자'는 이곳까지 3차례 쓰인 문장이다. 당연히 문장의 번역은 저자처럼 3회 모두 같은 형태로 되어야 맞다. 그러나 책은 1,2회와 3회가 다르다. '놈 者'를 기준으로 1,2회에서는 '~사람을'처럼 목적어(구)로, 뒷부분을 서술어(구)로 하여, 한문법에 어긋나게 번역한 반면, 이곳은 '~자는'처럼 주어(구)로 번역하였다. 또, 뒷부분이 저자하고 많이 다른 것은 책은 소유의 뜻인 又(有)를 존재의 의미인 在로 풀었기 때문이다. 그러다 보니, 없는 의미인 '일찍이'라는 부사를 넣게 된 것이다.

내용상으로도 문제가 있다. (이것이 2번째 비논리적인 부분이다) 노나라 목공의 전국시대 이전까지 임금의 죄와 과실을 지적한 이가 없었겠는가! 절영지연(絶纓之宴)의 고사성어를 낳은 춘추시대 초나라 莊王의 이야기만 들어도 이런 충신은 있다. 이는 기록에 남아 있어 전국시대의 책사인 성손익도 그런 내용을 알고 있었을 것이다. 당연히 죄와 허물을 지적하는 신하는 열 손가락도 넘었을 것이다.

다만 그의 오류는 그의 잘못만은 아니다. 애초에 중국측이 내용을 반듯하게 이해하지 못하고 亞를 惡으로 고쳐 주해서를 내놓으니, 우리를 비롯한 전 세계가 그것을 기준 삼아 註解했기 때문에 어쩔 수 없이 이러한 번역이 발생하게 된 것이다.

원문 10   夫□天 ○ 上古□元□□ □□□□□

책 석문·해독   夫爲其君之古(故)殺其身者 交(效)祿爵也[7]

책 번역   임금을 위한다는 이유로 생명을 바치는 자는 직위와 봉록을 탐내고자 하는 것이고,

저자 석문   夫爲其君之古殺其身者 交祿爵者也

번역   대저 그의 군주를 위하는 것으로, 옛날 그의 몸을 죽였던 자는, 직위와 봉록을 주고받은 자다 함이라.

성손익이 앞서 말한 '틀어줬었다'는 것에 대해 구체적인 설명이다.

저자가 보기에 이 또한 군주를 위한 충신으로 보이는데, 성손익은 자사

---

[7] 원문은 也 앞에 者가 있으나 책은 없다. '놈 자'가 번역되어 실수로 보이지만 그대로 둔다.

의 답변을 풀이하는 과정에서 군주를 위하는 것으로, 군주를 위해 목숨을 바치는 것은 진정한 충신은 아니라고 말한다. 아마도 이 뜻은 전쟁을 미리 예방하지 못하고 일이 터진 후 전쟁터에서 군주를 위해 목숨을 걸고 싸우는 것은, 진정한 충신으로는 문제가 있다는 뜻으로 해석된다. 그들은 군주와 거래 즉 祿(녹봉)과 爵(벼슬)을 받았기에 그와 같은 행동을 할 수 있다는 것으로 이미 출발이 충신은 아니라는 말이다.

없는 글자는 원문에서 위가 살짝 보인다. 전후 문맥상 君자다.

원문 11

책 석문·해독	(恒)偁(稱)其君之亞(惡)者 遠(祿)(爵)者也 爲義而遠(祿)(爵), * 칭기군, 자원, 야위
책 번역	임금의 죄와 과실을 지적하는 자는 직위와 봉록을 탐내는 사람이 아닙니다. 道義를 지키면서 지위와 봉록에 뜻이 없는 자는
저자 석문	恒偁其君之亞者 非交祿爵者 近仁義而遠祿爵, * 칭기군,자비교,근인
번역	(반면) 영원히 그의 군주를 다음으로 드는(偁) 자는, 직위와 봉록을 주고받는 사이가 아닌 자로, 仁義만을 가까이할 뿐 직위와 봉록을 멀리하니, (충언을 할 수 있다.)

반대로 군주를 자신보다 다음으로 높이 사는 자는 당연히 봉록을 주고받은 사이가 아니다. 맺어질 끈이 없는 까닭에 달콤한 말만 할 리 없다. 물론 잘한 일에는 칭찬도 마다하지 않을 것이다. 눈치 볼 일도 없어 말에 거침이 없을 것이다. 오직 하늘이 주신 자신의 목숨만을 소중히 할 뿐이다. 여기는 파손된 글자가 상당히 많다. 그러나 천천히 살펴보면, 그렇게 어렵지 않게 글자를 찾을 수 있다. 문장이 대칭적으로 되어있기 때문이다. 내용을 따지기 전에 먼저 파손된 자수를 살펴보면 [원문 사진 보기], 이웃하는 죽간과 비교하여 8자가 파손되었다고 보는 것이 가장 합리적이다. 중국측의 7자는 적어도 글자 한 칸을 띄어야 가능한 글자 수다. 죽간

의 字數로도 그렇다. 전체가 써진 죽간 7개에서 파손된 죽간을 제한 6개 죽간은 모두 20~22자로 구성되어 있다. 파손된 죽간의 글자 수가 중국 측의 주장처럼 7자라면 이 죽간만 18자가 되어 차이가 너무 난다.

未之又(有)也. 夫爲其君之古(故)殺其身者, 交㮍(祿)舊(爵)者也. 亙(恒) 【≪魯穆公問子思≫6】
[稱其君]之亞(惡)[者], 遠㮍(祿)舊(爵)者[也, 爲]義而遠㮍(祿)舊(爵), 非 【≪魯穆公問子思≫7】

* 곽점초묘죽간, p559, 釋文

파손된 글자를 유추하면, 내용상 이곳은 당연히 앞 문장과 대구로, 군주를 버금으로 드는 자에 대한 글임을 알 수 있다. 이 문장은 이미 앞에 나와 '칭기군, 자'는 자연스럽게 나온다. 여기까지는 중국측과 같다. 문제는 다음이다. '녹봉자'가 있으니, 훼손되지 않은 앞 문장과 대구의 문장으로 만들자면, 저자처럼 非交가 와야 하는데, 중국측은 遠 한 자를 넣었다. 그리고 세 번째 파손된 글자를 저자는 뒤 遠과 대구로 近 자를 선택하고 유가의 덕목 중 하나인 仁을 넣었다. 반면 중국측은 '也 爲'를 넣었다. 그런데 也는 문장의 종결형 어미로 보통 단정의 의미로 많이 사용된다. 즉 우리말로는 '~함이다(함이니, 함은)'로 번역이 가능해, 번역처럼 이곳에 위치할 글자가 아니다. 또 爲 자는 뒷글자 遠과는 대구 字로는 거리가 있다. 결정적으로 원문을 보듯, 파손된 글자 자리를 옆 죽간과 비교하여 대략적인 크기로 그려보면 8자가 가장 합리적이다. 다만, 파손되지 않은 끊어진 죽간 之亞의 위치가 조금 위로 올려 져야 했는데, 중국측이 거기까지는 알 수 없었다. 이는 번역자가 찾으면 되는 문제다.

결론으로, 저자는 파손된 글자를 ○○○/○○○/○○(8자)로, 중국측은 ○○○/○○/○○(7자)로 판단했다. 이제 옳고 그름의 평가는 독자의 몫이다. 확답은 어렵겠지만 논리적으로 볼 때 저자의 판단이 바르다고 본다. 저자가 이처럼 거리낌 없이 파손된 글자를 찾을 수 있는 것은 앞서 언급했듯 직역을 할 수 있기 때문이다. 모르면 풀릴 때까지 잠시 멈추고 쉬어야 한다. 그래도 머리는 그 문장을 쉼 없이 그리고 있다, 풀릴 때까지.

노목공문자사

책 석문·해독 非子思{虍壬}(吾)亞(惡)昏(聞)之矣. = 非子思吾惡聞之矣.

책 번역 子思 이외에는 나는 다른 사람을 알지 못합니다.

저자 석문 非子思{虍壬}亞婚之矣

번역 자사야말로, (당신이 충신이라고 말한) {호}에 버금으로 맺어진 것은 아니지 않을까요?

성손익의 결론에 해당하는 말이다.

성손익의 답변 문장이 비비 꼬여 있다. 평서문으로 풀어보면, '자사는 당신이 충신이라고 말한 호랑이 가면을 쓰고 서 있는 {호}의 다음으로 맺어진 것이 아니다'로 번역할 수 있고, 이는 곧 '자사는 {호}와 비등하거나 앞이야'란 말이다. 즉, 문장이 '{호} 다음이 아니다'라고 했기 때문에, '같거나 앞이다'는 뜻이다.

이를 성손익이 앞서 했던 말들과 연결 지어 풀어보면, '당신이 충신이라고 생각하는 {호}는 당신이 틀어쥔 자인 까닭에 봉록을 받고 입을 틀어막고 사는 자인 반면에, 子思는 仁義만을 가까이하는 자로 당신이 틀어쥔 자가 아니다. 따라서 입이 자유로운 자다' 그리고 이 문장인 까닭에 표면적인 해석으로는 '子思야말로, {호}가 옆에도 올 수 없는, 진정 당신이 찾는 충신이다'는 말이다.

여기까지가 '노목공문자사'편의 표면적인 문장 해석이다.

이제 좀 더 깊이 자사나 성손익의 답변을 음미해보자.

성손익은 일단, 군주가 틀어쥔 자는 충신의 자격요건 미달로 심사에서 제외한다. 까닭에 죽음과 봉록을 주고받은 거래의 사이인 {호}는 일단 충신이 아니다. 반면, 자사와 같이 틀어쥔 자가 아닌 자는 군주를 다음으로 여기는 까닭에 봉록을 주고받는 거래의 관계가 아니어서 당신을 위해 살아간다면 이는 충신일 수 있다. 즉, 진짜 충신은 봉록으로 틀어쥐지 못한 자사와 같은 자가 될 수는 있으나, 仁義만을 가까이하여, 자사는 당신이 생각하는 입을 닫은 채 말없이 명령을 수행하는 신하인 {호}처럼 말을 아끼는 자는 아니나, 군주를 다음으로 여기는 까닭에 백성을 위한 군주가 아닌 자에게 목숨 걸고 충언을 할 리는 없을 것이다.

즉, 성손익의 결론적인 말은, 자사는 충신이 될 수 있는 여건은 갖추었다. 다만 군주가 미리 위험을 예비하는 조언을 했을 때 그를 받아들일 만큼의 인물이 아니면, 누가 목숨걸고 충신을 할 것인가? 봉록을 주고받은 사이도 아닌데 말이다. 그러니 '충신을 옆에 두려거든 군주의 그릇부터 점검해 보아라'는 뜻이 함축되었다고 본다. 이는 더 나아가 당시에도 이미 전설에 가까웠을, '요'가 자식이 아닌 '순'에게 나라를 물려준 것[8]처럼, '너도 백성을 위해 최상의 인물에게 나라를 물려줄 수 있는 그릇이 되어야 진정한 충신이 즐비할 것이다' 정도로 해석할 수 있을 것이다.

이렇게 볼 때, 이미 자사는 2번에서 자신과 같은 자가 곧 충신'깜'이라는 말을 뱉었다. 이를 목공이 이해하지 못하고 머리를 동여 맬 뿐이다.

원문장인 古文도 해석하기가 상당히 어려운데, 과연 목공이 자사의 답변을 풀이한 성손익의 뜻을 잘 헤아렸을지 모르겠다. 이미 풀이한 바와 같이, 이것에 대한 목공의 답변이 '노목공문자사'편에는 없기 때문이다. 한편 성손익도 자사의 답변처럼 의문조사 矣를 사용하여 마지막까지 직답을 피했다. 이렇게 풀어져야, 목공이 머리를 싸매고 애를 먹었다는 뜻을 이해할 수 있다. 죄와 허물을 지적하는 자가 충신이다는 말을 이해 못할 병신이 어떻게 33년을 군주로 앉을 수 있겠는가? 그런 자는 전국시대에 쥐도 새도 몰래 죽임을 당했을 것이다.

마지막으로, 昏(婚)과 관련한 이야기다.

---

8   요가 자식이 아닌 순에게 왕위를 선양했다는 것이 정설이나, 내용이 조작되었다는 입장도 있다

이 글자는 총 3번 나오는데, 중국측은 2회는 問(묻다)으로, 여기서는 聞(듣다)으로 해독했다. 이미 4번에서 증명했듯이 이 해독은 잘못이다. 저자가 판단컨대 이편을 큰 맥락으로 보지 못하기 때문에 이런 오류가 생긴 것 같다. 잠깐 언급도 했지만, 자사와 목공이 만나 주고받은 문장이 몇 자인가? 둘이서 만나 고작 이 말만 주고받고 헤어졌겠는가? 문장의 흐름상 자사는 목공의 신하가 아니다. 어떤 연유로 해서 둘은 만날 수 있었고, 이때다 싶어 목공은 이것저것 묻기도 하고 때론 논쟁도 한 것이다. 그중의 하나가 이편처럼 충신의 정의다. 글을 남긴 이는, 묻고 들었다는 것은 문장에서 알 수 있을 뿐 쓰지 않았다. 어느 날 둘이 혼사를 맺듯 맺어졌을 때, 문답은 자연스럽게 오고 갔을 것이기 때문이다. 까닭에 당연히 昏은 그냥 婚일 뿐, 問이나 聞이 될 수 없다.

1번에서 이 字는 '만나다'로 풀이할 수 있고, 4번과 12번은 '이루었다. 짓다' 혹은 단정형 어미 '~이다'가 좋다. 즉 '맺음'의 의미다. 결국 '혼'은 '어떤 인연으로 만났다'는 뜻이자, '인연이나 관계를 이루거나 짓다'를 의미한다.

이와 관련해 제목 魯穆公問子思에 대한 생각이다. 이 문장은 노나라 군주(목공)와 자사의 충신에 관한 대담 글이지, 목공이 자사에게 충신을 묻는 글이 아니다. 따라서 제목은 魯穆公婚子思(노목공이 자사를 만났을 때)처럼 고쳐져야 맞다고 본다.

쉬어가기 : 노목공문자사 전문 번역문 (의역)

1. 노나라의 목공이 賓客인 자사를 만났을 때의 일이다. "여인처럼 군주의 지시를 따르며 얌전(女)할 수 있으면 충신을 소화했다고 할 수 있다"고 자사에게 말했다.

2. 이에 자사는, "(그보다는) 영원히 그의 군주를 (자신) 다음으로 놓을 수 있는 자가 충신을 소화했다고 할 수 있지 않을까요?"라고 말했다.

3. 노목공은 둘의 깊은 담소에 (정신을) 뺏기지 않으려고 자사를 물리쳤다. (후에) 성손익이 公을 알현하러 왔을 때, (그에게 자사와 가진 담소 이야기를 건넸다.)

4. 공이, "자사에게 입 닫고 말없이 나의 명령을 수행하는 {호}는 충신이다"고 말했더니,

5. 자사는, "영원토록 그의 임금을 자신의 다음 순위로 두는 자가 충신이라고 할 수 있지 않을까요?"라고 말했었다.

6. (그의 답변에) "과인이 속으로 미혹되어서, (답변을) 아직도 이해하지 못하였다 함이라."

7. 성손익은, 답변을 듣고서 중얼거리듯 가로되, '(주군을) 못 미더워함이 완벽히 말 속에 녹아 있구나!'하고 놀라워했다. 이어 설명을 하니,

8. "대저 그의 군주를 위한 것으로, 옛날 그의 몸을 죽였던 자는 군주가 그를 완벽히 틀어쥐었던 것은 아닐까요?"

9. (반면) "영원히 그의 군주를 후 순위로 두는 자 즉 군주 자리를 무시하는 자는 아직 틀어쥔 것이 아닙니다."

10. (이런 까닭에) "대저 그의 군주를 위하는 것으로, 옛날 그의 몸을 죽였던 자는, 직위와 봉록을 주고받은 자입니다."

11. (반면) "영원히 그의 군주를 자신의 다음으로 두는 자는, 직위와 봉록을 주고받는 사이가 아닌 자로, 仁義만을 가까이할 뿐 직위와 봉록을 멀리하니,

‖ 쉬어가기 : 忠에 관한 견해

자사와 성손익은 최교수의 번역처럼 '죄와 허물을 지적하는 사람'을 충신이라 고 말하지 않는다. 이를 충신으로 일반화한 것은, 군주와 신하를 이분법적으로 나눈 후부터 생겨난 해석이다. 즉 군주에 빌붙어 떡고물을 먹고 살던 御用學 者가 臣을 군주와 질이 다른 인간으로 갈라버린 후부터 臣이 할 수 있는 최선 의 덕목으로 된 것이다. 하지만 자사는 전혀 그런 인물이 아니다. 못난 군주는 개·돼지보다도 못한 말종일 뿐이다. 당연히 용상에서 끄집어내려야 할 대상이 지 씨도 안 먹힐 직언을 목숨걸고 할 하늘 같은 군주가 아니다. 딸랑이들이 노 자 그리고 공자나 자사의 뜻을 왜곡한 경전들로 인해, 그것이 聖賢이 말한 忠 이라며. 그동안 얼마나 많은 사람이 직언을 하다 목숨을 잃었는가! 학문의 왜 곡은 이처럼 무서운 것이다.

《상해박물관장전국초죽서(치의)》, 《곽점초묘죽간》의 '치의'는 모두 23 장으로 구성되어 있고 순서도 같다, 반면 통행본《예기》에 있는 '치의'는 25장으로 되어있다. 통행본 '치의'와 순서가 맞는 것은 제6·9·13장이며, 통행본에 있는 제1·16·18장이 '상박'·'곽점'에는 없고, 통행본 제7·8장이 '상박'·'곽점'의 제14·15·16장으로 나누어졌다. 이는 곧 전국시대 '치의' 는 총 23장으로 구성되었는데, 漢代에 이르러 유학자들에 의해 총 25장 으로 수정한 것으로 추측한다.

緇衣는 현재까지 禮記의 한 편으로 명확히 전해오고 있으며, 竹簡도 '상 박'과 '곽점'의 중요 漢字가 서로 달라, 공자의 本義뿐만 아니라, 문장의 왜곡을 연구하는데 귀중한 자료다. 이에 저자는 '상박'과 '곽점' 원문 모 두를 釋文했으며, 통행본 '치의'도 올렸다. 물론 번역도 '상박','곽점' 그 리고 '예기' 모두 같이 올렸다. 다만 상박의 번역만 원본인 까닭에 조밀 하게 하였다, '곽점'의 몇 장은 바뀐 글자나 표점으로 인해, 번역이 불가 능하거나 상박과 석문 문장이 유사해, 석문된 문장으로 놓아두거나 설 명으로 대체했다. 예기의 번역문은 기존 번역을 따르지 않고 최대한 '문 법'에 맞추었다. 이에 문맥이 매끄럽지 않거나 기존 번역과 상당히 다른 장도 있을 것인데 비교문은 올리지 않았다.

저자의 책은 최남규 교수의 번역을 비교문으로 실었다. 그의 번역은, 중 국측의 방식인 1차 석문 후 '이체자'를 빌어와 2차로 해독한 문장을 따라 해, 1차 석문만으로 한 저자의 번역과 상당히 다르다. 다만 번역문은 '곽 점 치의'의 번역문으로 '상박'에 실었다. 왜냐하면, 두 죽간을 '같은 내용' 으로 보는 까닭에, 두 책 모두 한 개의 번역만 있을 뿐이고, 두 책 중《곽

---

9   마땅히 '항백'이 편명이어야 옳다. 다만 설명에 통일성을 기하고자 표지 외 '치의'로 했다.

점초묘죽간》을 후에 출판했기 때문이다. 즉, 한문해독은 상박, 곽점 모두를 했어도 번역은 두 책 모두 하나만 있어, 후에 나온 '곽점'을 선택한 것이다.[10] 대신 '곽점'의 석문은 저자의 석문과 함께 '곽점'에 그대로 두었다.

최교수는 죽간과 예기의 내용은 '기본적으로 같다'고 보고, 번역도 통행본과 유사하게 번역하고 있다.

'[치의]는 내용과 장서(章序)가 [예기(禮記)]의 [치의]나 [곽점초간]의 [치의]와 기본적으로 같고, 인용하고 있는 [시경]과 [서경(書經)]의 내용도 기본적으로 같으나…'(최남규의 《상해박물관장전국초죽서(치의)》 출판사 서평 中)
'『上博楚簡』과 『郭店楚簡』의 『緇衣』는 같은 시기, 같은 나라, 같은 내용을 각기 다른 사람이 抄錄하여 많은 이체자가 발생하여…'(같은 책 표지 글 中)

실재 책에서 중국측은 문장이 유사한 꼴이면, '상박'이나 '곽점' 모두 禮記 속 '치의'를 따라 글자를 해독하고 있다. 그런 입장에서는 당연히 내용이 같을 수밖에 없다. (이런 까닭에 그의 책에는 죽간 번역이 **하나**다) 반면 저자는 공자의 原意에 가까운 글을 '상박 치의'로 단정한다. '상박'은 고문자의 석문만으로 문장이 반듯하게 번역이 되고, 내용도 우두머리와 大臣 그리고 臣下에 대한 날카로운 글들이 가감없이 그대로 들어 있기 때문이다. 반면, '곽점'은 이미 '상박'의 중요한 한자나 표점이 바뀌져, 공자의 말씀을 왜곡한 글이다. 물론 통행본 禮記 속 '치의'(이하 예기 또는 통행본으로 표현)는 더 말할 것도 없이, '상박'과는 글자나 내용이 많이 다르다. 다만 문장으로는 번역이 '곽점'보다 매끄럽다. 어느 정도 完整된 왜곡본이기 때문이다. 정리하면 '상박'은 최초 공자의 말씀을

10 상박(치의)에도 상박 번역문이 있으나, 곽점과 거의 같다.

적은 진본을 필사한 원본이며, '곽점'은 '상박'에서 군주나 관료에 껄끄러운 부분을 수정하여 문맥이 매끄럽지 않고 번역이 어려워 초창기 왜곡의 과정에 있는 글이고, 예기는 질이 완전히 바뀐 글로 이 둘은 진정한 공자의 말씀이 아니다.

미리 보기

1. 예기 : 49편(編)으로 이루어진 유가의 경전이다. 공자와 그 후학들이 지은 책들에 대한 정리를 한 무제 때 하간(河間)과 선제 때 유향(劉向) 등이 하였는데, 이를 대덕(戴德)이 85편으로 골라낸 것을《대대예기(大戴禮記)》, 대성(戴聖)이 49편을 골라낸 것을《소대예기(小戴禮記)》라고 한다. (대대, 소대는 대덕과 대성을 구분하기 위한 것) 후한의 정현이 "대덕·대성이 전한 것이 곧 예기다"라고 하여《예기》란 명칭이 나타났는데,《대대예기》는 오늘날 40편밖에 그 내용을 알 수 없다. 따라서 일반적으로《예기》라고 하면 대성이 엮은《소대예기》를 지칭한다고 할 것이다. 사서(四書)의 하나인《대학(大學)》과《중용(中庸)》도 緇衣編처럼 이 가운데 한 편이다.

2. 詩經 : 시대적으로는 주초(周初)부터 춘추(春秋) 초기까지의 것 305편을 수록하고 있다. 본디 3,000여 편이었던 것을 공자가 311편으로 간추려 정리했다고 알려졌지만, 오늘날 전하는 것은 305편이다.

3. 緇衣編 : 49개의 편이 있는 禮記의 한 편이다. 제1장 속에 나오는 '치의'라는 글귀 때문에 '치의편'이라고 한 것이다. (통행본은 제2장) 치의는《詩經》속 鄭나라의 시에 나오는 문구로, 경대부(卿大夫)가 조회(朝會) 때나 정무(政務)를 볼 때 입는 관복(官服)이다.
'《緇衣》는《詩經·鄭風》중의 한 편이다. 시에서 백성이 나라를 다스리는 관원에게 朝服인 검은 옷(緇衣)이 해지면 그것을 다시 지어주겠다고 하고, 退朝하면 맛있는 음식을 차려 주겠다고 하여 그에 대한 지극한 사랑을 표시하는 내용이다.'('곽점',p238)

치의

4. 巷伯 : 중국의 왕궁에서는 예로부터 去勢하는 宮刑에 처한 남자를 궁의 환관(宦官)으로 삼았는데, 巷伯은 내시(환관)를 높여 준 말이다. 후대에는 스스로 거세하여 환관이 되는 자도 있었다. 다만, 상박과 곽점의 항백은 통행본의 항백이 아니다.

5. 尙書 : 우(虞)와 하·상·주 시대의 역사적 내용을 기록한 책. 총 58편으로 우서(虞書) 5편, 하서(夏書) 4편, 은서(殷書) 17편, 주서(周書) 32편으로 이루어져 있다. 상서는 진시왕의 분서갱유(焚書坑儒)로 인해 소실된 후, 현재 전하는 판본은 한나라 때 학자의 기억에 의해 복원된 금문상서(今文尙書)와, 공자의 집 벽면에서 나왔다고 하는 고문상서(古文尙書)가 있다. 현재도 내용 등 진위(眞僞) 여부에 대한 논란이 분분하다.

6. 문왕 : 주나라 始祖. 아들 무왕이 상나라의 탕왕을 몰아내고 주나라를 통일했다.

참고

'치의'에서 공자는 주나라 시조 文王의 덕을 찬양하는 인용문을 몇 차례 사용한다. 반면 상나라를 찬양하는 문구는 없다. 이를 한족 중심의 종족주의적 사고로 읽을 수도 있겠으나, 공자가 상나라를 찬양하는 것은 마치 조선의 백성이 고려를 찬양하는 것과 같아 언급하기가 어려웠을 것이다. (반대로, 본디 3,000여 편의 시경이 상을 찬양하거나 숭상한 내용도 있었다면, 종족주의의 시조일 수도 있다) 내용도 계급성이 강한 지배자와 피지배자의 대칭적 이야기가 주류를 이룬다. 까닭에 그가 시경 속의 문왕을 德治의 예시문장으로 언급한 것은, 공자 자신이 무너져가는 주나라의 한 백성이었기에 당연한 것으로 본다. 반면 계급투쟁의 이데올로기로 탄생한 지금의 중국공산당 정권은 아이러니하게도 종족주의에 기생하며 연명하고 있다.

제 1 장 ————————————————————————

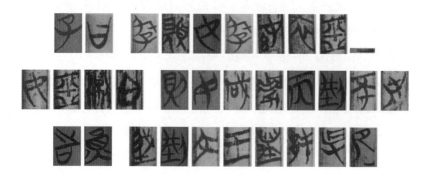

▌석문 및 번역

子曰 "{丑子}{耑頁}女{丑子}紨衣亞_ 女亞{㣌丁}¹白 則民咸{來力}而型
丕{刀屯} 詩員 '{我土}型文王 {萬土}邦{乍又}服_'"²

:··· 자왈 {차}{덜}녀{차}치의아_ 여아{항}백 즉민함{력}이형비{둔} 시원, {아}형문
:··· 왕 {만}방{작}복_

공자가 말씀하셨다. "머리꼭지(王)를 무한신뢰함이 무한신뢰로 얌전함
이면 죽음을 애석해하는 군주의 紨衣(마음)는 다음이고, (그러한) 얌전
함은 군주(㣌)의 덕이 저자거리 만백성의 이정표(行)로 환히 빛남(白)에
는 다음(버금)이니, 이는 곧 백성은 먹고사는 농사일에 힘을 다 쏟아부
을 뿐이어서, 군주의 본보기(모범)는 닫은 마음인 막은 것을 뚫기가 커

---

1   釋文은 원문대로 표현하려 노력했지만 없는 한자를 조합하여 나타내는 데는 한계가
    있었다. 이 경우 고문자 해독에서 {㣌丁}('席에서 广이 없는 꼴')처럼 글로 설명했다.
    이하 같다.

2   이 글은 공자의 말을 제자가 기록한 것이다. 즉 子曰이후 문장은 끝까지 공자의 말로
    "○"이다. 그리고 공자는 詩員처럼 인용문을 꼭 문장에 사용했다. 까닭에 '○'이다. 상
    박만 중히 했다.

짐이다. 내 말을 《시경》 속으로 더하자면, '우리 땅은 문왕이 본보기이
니, 온누리 나라가 복종을 갑자기 틀어줘었네.' (즉, 우리 땅의 본보기는
문왕이로세. 사방 온 나라가 스스로 복종하였으니,) 라는 문장을 들 수
있다."고 했다.

참고 : 중국측 석문(해독)[3] 사진 및 번역[4]

子曰: 肝(好)顡(美)女(如)肝(好)紂衣, 亞_(惡惡)衕(巷)白(伯). 則民成(咸)㤮而型(刑)不屯. 告(詩)員
(云): 「㪟(儀)型文王, 萬(萬)邦乍(作)孚■」.

공자가 말하였다. 좋은 일을 좋아하는 것을 《치의》편이 좋아했었던 것
같이하고, 악한 일을 미워하기를 《항백(巷伯)》이 미워하는 것과 같이하
면, 백성이 모두 복종하여 형벌을 집결(가) 할 필요가 없다. 《시경·대아·
문왕》에 말하기를 "문왕을 본받으면 온 세상이 곧 믿고 따른다."라 했다.

고문자 해독

① {丑子} : '상丑하子' 꼴로, '자식(子)의 목을 위에서 비틀다(丑)'는 의
미다. 문맥상 죽(이)지 않을 거라는 '무한신뢰, 절대적인 믿음(의지),
차'로 해독한다. 오늘날 전하지 않은 漢字다. 곽점초간이 好로 바꾸
어 예기로 이어졌다. 까닭에 중국 학자는 {丑子}를 好로 석문·해독한
다.(p240) 그러나 둘은 같은 뜻이 아니다.

② {耑頁} : '좌耑(耑)우頁'꼴로, '끝(耑)에 있는 머리(頁)', 또는 '머리의

---

3   책의 석문·해독은 중국측의 《上海博物館藏戰國楚竹書》(馬承源 主編, 上海古籍出版
     社, 2001)를 참고한 것이다.(p237) 이하 같다. 마침표를 곽점처럼 ■으로 했으나, 상박
     은 'ㄴ'으로 해야 한다.
4   번역문은 중국측 석문·주석을 따른 최남규 교수의 '곽점 치의편' 번역이다. 이하 같다.

끝·꼭지'로 푼다. '임금, 군주, 우두머리 뎔'로 해독한다. 중국측은 耑이 들어간 글자는 모두 의미가 같은 동원자로 해석해, 美로 풀이한다.(p240) 즉, 「美·微·耑·{耑攵}·{女耑}·嫩·媺자는 소리부가 '耑'와 '美'이며, 모두 의미가 같은 동원자(同源字)이다」(p238)고 해석한다. 그러나 耑이 들어간 것은 군주(우두머리)와 연결되는 경우가 대부분이다.

③ {刀屯} : '좌하刀우屯'의 꼴로, '진 친 것(屯)을 뚫고, 무너뜨릴(刀) 둔'으로 해독한다. 의미상 '백성의 닫은 마음을 뚫고, 무너뜨린다'는 뜻이다. 곽점초간은 屯으로 나오고, 통행본은 試다.

④ 丕 : 고문자에 가로 '一'이 선명하게 그어진 '클 丕'다. 노자나 공자는 不과 丕를 나누어 사용하였다. 까닭에 진본에 가까운 상박은 두 글자가 완벽히 구분되어 있다. 반면, 곽점 치의는 모두 丕처럼 보이나 글자가 흐릿해 불분명하다. 한편 중국측은 곽점·상박 모두 '아니 不'로 석문했고, 예기는 모두 不이다.

⑤ 紑衣 : 자전은 '검을 緇'와 同字로 본다. '실이 있는, 실로 누빈 옷' 또는 '무늬를 수놓은 옷'으로 풀 수 있다. 이곳의 紑衣는 천자가 제후의 죽음을 조상할 때 입는 옷이다. [『禮記·檀弓』은 "爵弁経, 紑衣(천자가 제후를 弔哭할 때에는 爵弁·수질(首経)과 紑衣를 입는다)"라는 구절이 있(다)](상박(치의),p47)

* 緇衣 : 상박 紑衣가 예기에 緇衣로 나와 중국측이 이를 詩經 속 '치의편'으로 보고, '치의'라 했다. 그러나 緇衣의 내용이 '백성이 사랑하고 공경하는 관리'인 까닭에 번역은 가능하나 문맥상 취하기 어렵다.

⑥ {來力} : 고문자가 생소하다. 전후 문맥과 [고문자류편]을 참고하여 가장 유사한 '상來하力' 꼴로 풀었다. '보리'와 '힘'의 습字로 '농사에

(來) 힘 쓸(力) 력'으로 푼다. 來는 '보리 麥'의 古字다. 반면 곽점은 {力女}이고, 예기는 服으로 바뀐다. 대신 詩經의 끝 字를 '미쁠 孚'로 바꾼다. 한편, 중국측은 {手力}으로 석문하여, '손가락 사이 륵·늑扐'으로 해독하고, 「'扐'과 '服'은 고대 韵部(운부)가 모두 '職'部로 같기 때문에 통한다.」(p239)고 풀이했다. 즉 이 글자를 '服'으로 해독한다는 말이다. 이러한 해독은 禮記에 服으로 쓰였기 때문이다. 이 경우 반론에 대한 답이 몹시 궁색해지는 문제가 발생하는데, 그것은 상박의 이 문장(치의1장) 마지막 고문자가 (月이 없는) 服이기 때문이다. (반면 곽점과 예기는 服 대신 '미쁠 孚'를 썼기 때문에 가능하다.)[5]

7 型 : '형틀, 본보기, 모범 형'이다. 내용이 왜곡되면서, 곽점초간은 '형벌(을 가하다) 刑'과 型의 중간 꼴인 刀가 없는 {井土}로 바뀌었고, 이는 예기 치의로 전해지면서 완전히 刑으로 정착된다. 중국측은 예기를 따라 상박이나 곽점의 글자를 모두 刑으로 해독한다. 잘못이다.

8 亞 : '버금, 다음, 2등 亞'다. 사전적으로는 '다음 가는'의 뜻이다. 竹簡을 보면 공자나 자사는 '우선하지 않는다. 후 순위다'는 뜻으로 亞를 상당히 많이 사용하는 것 같은데, 중국의 학자들은 오늘날의 통행본을 따라 모두 惡의 古字로 해석한다. 저자는 상박 치의에 亞와 惡이 몇 차례 같이 쓰였고, 또 亞의 의미로 뜻이 반듯하게 풀려 惡이 아닌 亞로 푼다. 사실이 그렇다.

9 {祢宁}白 : 상박 고문자는 '자리(席에서 부수广이 없는 꼴) 즉 군주가 만인이 보는 저자거리(行)에 있는' 꼴로, 문구상 '백성의 이정표가 되는(行) 모범 군주(帀), 또는 군주가 직접 저자거리 백성의 안녕과 생

─────────
5 상박, 곽점, 예기 모두 문장이 틀리다. 상박의 경우 服은 시경 인용문의 마지막에 있고, 곽점은 服이 없다. 반면 예기는 공자의 말 속에 服을 넣고 인용문 詩經은 孚로 고쳤다. 모든 왜곡은 첫 장을 심히 왜곡하기 때문에 첫 장을 분해하듯 읽는 것이 좋다.

활을 살피는, 즉 백성의 삶과 함께 行하는 정치 항'으로 해독한다. 공자 정치론의 핵심 한자로 앞으로 연구가 이루어져야 할 문장이다. 白은 '깨끗하게, 밝게, 진실로, 빛나는, 환희 보이는'의 의미다. 한편, 예기는 인물명인 巷伯으로 쓰여 있어, 중국측은 항백으로 해독하고 詩經 속 巷伯의 詩로 풀이한다. 이 경우는 저자의 번역과 반대된다. 시경 속 항백의 글은 원망과 저주의 내용으로 저자가 풀이한 女(얌전하다)의 뜻과는 다르기 때문이다. 당연히 거리가 멀다.

⑩ - : 첫 번째 亞자 아래에 있는 표점으로 문장의 끝을 나타내는 '마침표'다. 까닭에 반드시 이곳에서 하나의 문장이 끝나도록 번역해야 한다. 곽점 치의는 이를 중문부호(=)로 고친다. 한편 중국측은 이를 중문부호로 보는데, 틀리다. 중문부호는 표점이 '='처럼 되어야 하고, 이는 곽점 노자도 동일하다.

⑪ 反(服)_ : 상박은 月이 없는 服이며, 服從을 의미한다. (예전에는 服과 同字다.[고문자류편,p355], 자전은 治也 즉 '다스림'의 뜻으로 나왔다.) 곽점 및 예기는 '미쁠 孚'로 고친다. 대신 상박의 {來力}을 예기가 服으로 고친다. (곽점은 {力攵}이다.) 服다음의 -는 亞 다음의 -과 같은 모양이다. 여기는 제1장이 끝났다는 章 마침표다. 곽점 치의는 ■로 되어있다.

⑫ {之口}(詩) : '상之하口'꼴로, 詩의 벽자(사투리) 또는 약자다. 중국은 {止口}로 석문했으나 이는 석문 오류다. 한편 곽점은 口 대신 又를 써 {(之又)寺}로 쓰였다. 이는 詩의 벽자이거나 古字다. 모두 詩의 고자로 제23장까지 꼴이 같다.

⑬ 員 : 字源은 세 발 솥에 무언가를 넣는 모양으로 '더할, 넓힐 員'이다. 곽점초간도 員인데, 통행본은 云으로 나온다. 중국측은 통행본을 따라 云으로 해석하는데, 역시 바른 해독이 아니다. 문맥으로는 공자가

자신의 논리를 說한 후, 그 논리의 객관성을 증명하기 위한 보충 글의
성격이다.

⑭ 女 : '여인처럼 고요히 (앉아) 얌전할 女'다. 곽점도 女다. 중국측은 예
기를 따라 '같을 如'로 해석한다. 이 역시 아니다.

| 해설

공자의 통치론에 대한 선언문적인 문장이자 결론이다. 한 문장으로 정의
하자면, '나라의 흥망성쇠는 군주에 의해 결정난다.'고 정의할 수 있다.
(지금도 시스템이 작동하지 않는 나라에서는 충분히 가능한 이야기다.)

공자는 임금의 다스림을 '버금 亞'를 써서 3단계로 나누어 비교하고, 최
고의 정치를 지금은 전하지 않는 글자 '항백'으로 정의한다. '항백'은 앞
으로 개념 정의가 많이 이루어져야 하겠지만, 문맥상 '군주가 만백성의
이정표로써 밝게 빛나는 정치'를 뜻한다. 즉 임금이 만인의 본보기가 되
는 정치(삶)를 펼칠 때, 백성은 평안히 자신의 (농사)일에 全力하며, 君
主에 마음을 연다는 것이다. 그리고 자신의 주장대로 살았던 역사의 인
물로는 주나라 시조 文王이 절대적인 신뢰를 바탕으로 만방에 믿음과
신뢰를 얻어, 사방의 나라와 백성이 스스로 복종했다는 내용이다. 즉 제
1장에서의 핵심어는 '항백'이며, 최고 정치의 3단계는 '항백>{丑子}>치
의' 순이다.

항백. 치의 전체에서 가장 중요한 글자다. 예기의 巷伯과 전혀 글꼴이 다
른데도 중국측은 그에 맞춰 釋文·解讀[6]했다. 그렇게 하고자 亞를 惡으로

---

6 중국측이 말하는 釋文을 명확히 하고자, 고문자를 글자대로 풀이한 것을 釋文으로 하
고, 문장에서 무슨 한자로 쓴 것인지를 풀이한 것, 즉 이체자 ( )를 解讀으로 구분한다.
혼용하는 경우도 있다.

해독했는데, 이로 인해 저자와 중국측의 번역이 반대로 되어버렸다. 그러나 '항백'은 사람 巷伯이 아닌, 저자의 번역처럼 왕도정치를 표현한 공자의 핵심어다. 즉 공자의 왕도정치론은 文王의 예시와 함께 이 '항백'으로 증명된다. 한편, 항백의 詩는 '참소를 당하여 宮刑을 받고 巷伯(내시)이 된 자의 원망 글'인 까닭에, 중국측은 亞를 惡으로 해독해야 문장이 된다. 다만 亞가 惡일 가능성은 0에 가깝다. 상박 치의에는 亞와 惡이 따로따로 쓰였기 때문이다.

'항백'의 고문자는 각기 다르다. 시기적(?)으로 {㣳亍}白(상박)→{遊}白(곽점)→巷伯(예기)로 변화되었다. 이때 상박의 {㣳亍}은 곽점에 많이 쓰인 {彳人亍}(인)과 어딘지 모르게 닮았다는 느낌이다. 다만 {㣳亍}은 오직 여기뿐, 곽점에 더는 없다. 결론적으로, 예기의 巷伯은 상박초간의 {㣳亍}白이 아니다.

紂衣. 왕도정치의 3단계 중 가장 아래 단계다. 君主論임을 생각할 때, 문맥상 의미는 '살아서 전혀 돌봄이 없다가 죽은 후에 측은하게 생각하는 마음(가짐)' (지금이라면 뽑아 주지도 않겠지만, 1인의 나라에서는 이 정도도 감지덕지했을 것이다) 정도로 이해된다. 한편, 중국측은 詩經 속 緇衣로 해석하는데, 이 시는 백성이 관리에게 거의 절대적인 존경을 표하는 내용으로, 이것이 가장 아래 단계인 것은 수긍하기가 어렵다. 까닭에 '『禮記·檀弓』의 天子之哭諸侯也, 爵弁絰, 紂衣(천자가 제후의 죽음을 슬퍼하여 哭하는 것이다 함은 爵弁·요질(腰絰)과 紂衣를 입는다)'를 따라, 紂衣를 예기의 緇衣로 해독한 것은 오류로 본다.

중국측 석문은 '亞_(惡惡)'다음에 있어야 할 '女亞'가 없다. 단순 실수로 보이지만, 먼저 펴낸 《상박(치의)》에도 없었다. 석문은 저자와 거의 같지만, 해독에서 惡,如,巷伯 등등으로 많이 고쳤다.[7] 더하여 상박의 표점

7 1차 석문 후 한 번 더 이체자로 해독하는 이러한 행태는 중국측의 가장 큰 특징이다.

으로 문장을 띄어 읽지 않아 저자와 완전히 다른 문장·번역이 되었다. 이는 해독을 禮記에 맞췄기 때문이다. 이런 이유로 번역을 2중으로 할 필요는 없었을 것이다. 까닭에 최교수의 곽점 번역은 곧 상박의 번역과 거의 같았다. 문장의 마지막에도, 글자 服의 통용字(古字)를 그대로 두었다. 곽점이 '미쁠 孚'로 고쳐 禮記로 이어진 글자인데, 전혀 뜻이나 모양이 孚자와 다르다 보니, 중국측도 이론이 꽤 있는 것 같다.[8]

쉬어가기

최남규의 책 《곽점초묘죽간》과 《상박(치의)》는 석문·해독이 죽간별로 따로 있지만 번역은 하나다. 인용 글처럼 상박과 곽점의 내용이 '같다'고 보기 때문이다.

'현존하는 현행본 《禮記》와 《곽점초간》·《상박초간》의 《치의》는 내용이 서로 같기 때문에…' (p236/'치의'편 서문에서)

그러나 치의는 써진 고문자 그대로 문장이 번역되는 상박만 원본이며, 가차자를 동원해야 번역되는 곽점과 이미 내용이 틀어진 예기는 왜곡본이다. 글의 내용 또한 질적 차이가 있다. 저자가 처음부터 상박을 머리로 삼은 것이 아니다. 죽간이 온전한 곽점을 중심으로 번역하는 과정에서 상박이 진본에 가까운 원본임을 알았고, 이에 상박 중심의 번역을 한 것이다. 최교수의 글은 중국측의 석문·해독을 따른 결과일 뿐이다.

---

8 <상박(치의), 최남규 역주',p65 참조> 중국측은 이처럼 통행본과 전혀 다른 글자가 나오는 경우는 쉽게 설명을 찾지 못해, 경학자들 간에 이견이 많다.

곽점 치의[9]

夫子曰 好{女耑}女好兹衣亞＝女亞{逆}白則民臧{力女}而型丕屯《詩》員 {我心}型文王 萬邦乍(作)孚■

지아비처럼 높은 공자 가라사대, (백성이) 얌전한 꼭지(군주)를 좋아함이, 兹衣(치의)를 좋아함에 버금(亞＝)일 만큼 얌전하고, 빛나는 정치로 자축거리며 가는 것에 버금으로 얌전하면, 백성은 착하게 자신을 채찍질하여 힘을 다할 뿐이어서 본보기(모범)는 진을 침이 커진다. (이 말을) 《詩經》으로 더해보면, '내 마음의 본보기인 문왕은 (이를 따라) 만방에 참되고 믿음성이 있음을 지었었다.'[10]

참고 : 중국측 석문(해독)[11]

夫子曰: 好{女耑}(美)女(如)好兹(緇)衣. 亞(惡)亞(惡)女(如)亞{逆}(巷)白

---

9 원문은 최남규의 책 [곽점초묘죽간]의 원문 사진을 가로로 확대 편집한 것이다. 선명도가 떨어져 예시로 3장만 올렸다. 한편 상박은 저자의 자료 일부와 상박(치의) 원문이다.

10 곽점은 왜곡의 초기 형태다. 문맥을 고려하지 않고(?) 껄끄러운 한자를 바꾼 까닭에 번역이 불가능하거나 어렵다. 이 장도 원문 '亞＝'에서 중문부호(＝)를 빼고 '亞'로 번역했다.

11 原文은《郭店楚墓竹簡》(荊門市博物館編著, 文物出版社, 1998年 5月 第一版)의 釋文을 가리킨다.(최남규의 책 [곽점초묘죽간], 일러두기, vii). 이하 같다.

(伯), 則民{臧}(臧){力它}(它?)而型(刑)不屯.《寺(詩)》員(云): 『{我心}(儀)型(刑)文王, 萬邦乍(作)孚.』

고문자 해독

- 夫 : 상박은 없다. 상박의 완전한 죽간은 54.3㎝인데, 상단이 조금 파손되어 1㎝가 모자란 53.3㎝다. 까닭에 夫가 파손된 것인지 확실하지 않다. 책은 '보충할 수 있다'고 본다.(상박(치의),p46)
- {女耑} : '좌女우耑'의 꼴로, '꼭지, 끝(耑)의 여자(女) 단'으로 푼다. 의미상 '임금'을 나타내는 말과 동일하다고 본다. 중국측은 美로 해독한다.
- {井土}(型) : '상井하土'꼴로 型의 벽자(이체자)나 古字로 해석한다. '거푸집 형, 본보기, 모범'의 뜻이다. 상박초간과 비교하여 곽점은 '칼 刀'가 없어진 꼴로, 상박에서 예기로 넘어가는 중간 형태다. 예기는 '刑 형벌 형, 벌하다, 죽이다'이다.
- {臧}(臧) : 臧에서 臣이 口(日?, 白?)꼴인, '착할, 감출, 숨길 장'의 僻字나 古字로 해독한다.
- {力攵} : '좌力우攵'꼴로, '힘(줄)을 때릴 복'으로 해독한다. '전력을 다해'의 뜻이다. 예기는 服이다. 중국측은 이 古字의 해석에 학자마다 의견이 분분한 모양이다. 문장을 인용하면, 「裘錫圭는 주석에서 '{力攵}'으로 보아야 한다고 하였다. 이 자는… '服'자의 통가자로 쓰인 것이 아닌가 한다. 현행본《禮記》는 '服'으로 쓴다.」(p239) 구석규도 저자처럼 석문은 했으나 해석은 服의 가차자로 본다. 중국 학자들이 그렇게 보는 것은, 禮記에 이 字가 服으로 쓰였기 때문이다. (곽점, 예기는 제1장의 끝 字가 孚여서 이것이 가능하다) 하지만 '상박초간'은 이 장의 끝에 이미 고문자 服이 쓰였다. (원문 참조) 즉 상박초간의 제1장 끝 字가 服인데, 상박으로 치면, 服이 중복된 꼴이다. 이를 해결하기 위해 곽점초간이 孚로 고쳐 전해오다, 어느 때 문맥을 살리고자, 이

字를 대신해 服자를 넣은 것이다. 이것을 설명할 수 있는 것은 왜곡 말고는 없다.

- 屯 : '진칠 둔'이다. 상박초간은 '칼 刀'가 부수로 더 있다.
- 亞= : '버금, 다음 亞'다. 밑의 중문부호(=)는 상박초간의 표점(-)을 고친 것이다. 중국측은 모두 惡으로 해독하고, 또 중문부호를 살려 惡惡으로 해독했다. 巷伯으로 번역하기 위해서는 惡로 해야만 한다. 반면, 저자처럼 亞로 번역하려면, 상박과 달라 2회를 쓸 수 없다.
- {逆} : 글자 꼴이 '쉬엄쉬엄 갈 착(辶) 안에 (广이 없는) 席'이 있다. 고문자 풀이로는 '자리(군주)가 자축거리며 가다'로 해독한다. 白(분명하다, 밝다, 빛나다)과 연결되면 '빛나는 자리가 쉬엄쉬엄 가다'가 되어, 女亞{逆}白은 '환한 정치가 쉬엄쉬엄 가는 것의 다음으로 고요하다'로 번역할 수 있어, 상박과 유사하다. 그러나 이미 문자나 표점이 상박과 달라진 까닭에 본 의미를 정확히 표현할 수 없고 매끄럽지 않다.
- 茲 : 이, 이에, 검을, 흐릴 자 / 緇 : 검은 비단 치 / 咸 : 다, 두루, 미칠 함 / 孚 : 미쁠 부, 참되다. 믿음성이 있다. 붙다 / 它 : 다를 타

해설

곽점은, 상박의 틀을 유지한 채, 漢字와 표점을 바꾼 왜곡의 초기 형태의 문장이다. 즉 문장에서 껄끄러운 한자를 꼴이 비슷한 듯 다른 한자로 살짝 바꾸어 놓았다. 釋文에 맞춰 번역을 해보니 문맥을 고려하지 않은 듯, 내용이 매끄럽지 않고, 어떤 경우는 번역도 되지 않았다. 상박 없이는 공자의 眞意도 정확히 알 수 없었다.

이 장도 治者의 3단계를 표현한 글자 모두를 바꾸었다. 특히 마침표(_)를 중문부호(=)로 고쳐 놓다 보니, 문장을 끊어 읽을 수 없게 만들었고, 중복해서는 안 될 글자를 중복해서 읽으려 하니 석문한 대로는 번역되지 않았다. 할 수 없이 원문 '亞='에서 중문부호(=)를 빼고 '亞'로 번역했

다. 뜻도 뉘앙스가 달라졌다. 상박은 '후 순위' 즉 '부정적인 의미'를 가지고 있는데, 저자의 곽점 번역은, 다음이 '긍정적인 의미'를 가지는 것처럼 번역되었다. 어쩔 수 없다. 반면 중국측을 따른 최교수는 상박·곽점의 내용을 같다고 보기 때문에 번역이 하나만 있다. 내용은 저자의 번역과 거의 다르다. 亞는 禮記에서 惡로 바뀐다.

석문은 저자와 대부분 같다. 하지만 2차 해독은 음성학 등을 이유로 이체자나 假借字로 풀이하여 저자의 석문과 다른 漢字가 많다. 문제는, 중국측이 다른 한자로 고친 해독 한자라는 것이 대부분, 음성이 비슷한 字의 경우, 통행본과 일치한다. 즉 그들은 통행본이 공자의 말씀이라고 생각하는 듯, 치의 전 장을 이런 식으로 석문·해독했다. 이러한 까닭에 같은 곽점 치의 제1장이라도 저자의 번역과 최남규의 번역이 달리 나온 것이다.

▎쉬어가기

곽점초간은 =(중문부호)와 ■(장 단락부호)외에는 표점이 없다. 반면, 상박초간은 곽점초간의 중문부호(=)가 마침표(_)로 되어있고, 곽점초간의 장 단락부호(■)도 마침표(_)로 되어있다. 그리고 중문부호(=)도 있다. 정리하면, 상박은 _과 =이 있고, 곽점은 =와 ■이 있다. 특히 중국측은 합문부호라는 말을 쓰는데, 치의 고문장에서 합문부호는 없다. 즉, 합문은 당시 일상적인 한자의 표현 방법일 뿐, 어떤 표식을 둔 것이 아니다. (저자는 죽간에서 합문부호는 없다고 본다) 그들이 말하는 합문부호인 (_)는 문장의 마침표이며, '='은 중문부호다.12 (이것은 논쟁이 필요한 중요한 문제다. 우선, 저자는 부정하고 학계는 인정한다고 이해하면 좋겠다.)

---

12 '惡惡'설명글 중, '문자 아래 =이나 혹은 -의 부호는 重文 이외에 한 자가 두 자를 의미한다는 합문(合文)을 표시하기도 한다.', 상박(치의),p55쪽 등 다수 참조.

子曰 好賢如緇衣, 惡惡如巷伯, 則爵不瀆而民作願[13] 刑不試而民咸服, 《大雅》曰 儀刑文王, 萬國作孚.

공자가 말씀하기를, 어진 이를 좋아함이 치의와 같고, 악을 미워함이 항백과 같다면, 곧 벼슬이 더럽지 않으면서도 백성은 원하는 바를 짓고, 형벌은 시험하지 않으면서도 백성들이 모두 복종할 것이다. 《대아》에서 가로되, '문왕을 본받는다면 모든 나라가 미쁨을 짓는다.'[14]

해설

예기는, 상박의 {丑子}가 好로, 亞는 惡惡로 등등 글자를 고치고, 服은 '미쁠 孚'로 고친 대신 엉뚱한 한자를 服으로 바꿔놓았다. 표점은 곽점부터 틀어져 논할 것도 없다. 인용문 '대아'도 문장이 다르다. 즉 상박과 비교하자면 예기는 전혀 다른 문장이다. 내용도 군주는 사라지고 녹봉을 먹는 벼슬아치들의 이야기로 바뀌어 있다. 군주에 대한 글이 질적으로 변질된 것이다. 그것을 보강하기 위해 禮記에는 '爵不瀆而民作願' 구절이 더 추가되어 있다. 그리고 그 롤 모델로 시경 속의 문왕을 닮으라는 글로 끝을 맺는다. 그러나 신하들이 닮아야 할 대상은 충신이지 군주인 문왕이 아니다. 즉 문장으로는 말이 되게 보이지만, 신하에 대한 글이었다면 문왕을 예로 들지 않았을 것이다. 결국, 공자 정치의 선언문 격인 '항백'을 같은 발음의 항백으로 바꾸어 공자의 정치사상이 명확히 무

---

13 책에 따라 '삼가고, 공손하며, 바랄 愿'이 쓰이기도 한다. 같은 의미다. 저자의 문장은 최남규의 책을 따랐다. 그는 '《禮記》에 해당되는 문장은 淸 孫希旦 《禮記集解》(중화서국 1989년 2월 초판)를 참고'로 하였다. 이하 같다.

14 저자의 번역이다. 상박이 원본인 까닭에 곽점과 통행본은, 문맥이 어색해도 최대한 한 문법에 맞춰 번역하려 했다. 하지만 儀刑의 刑을 '형벌'로 풀면 문장이 될 수가 없다. 때문에 '모범 型'의 뜻으로 풀었다. (오늘날 刑이 型의 뜻을 포함하는 것은 이처럼 왜곡된 문장 때문이다.)

엇을 말하고, 그 깊이가 어느 정도인지 등을 알 수 없도록 없애버린 것이
다.

이렇게 문장이 왜곡되다 보니, 정작 공자(편집자)가 조리있게 언급(편
집)한 군주(왕)에 대한 정치철학이 章마다 각기 다른 이야기를 한 것처
럼 단절되고 뜻도 굴절된 글이 되었다.

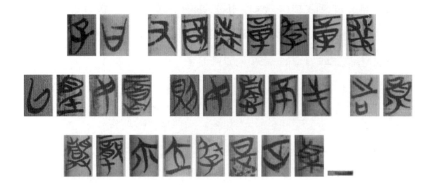

┃ 석문 및 번역

子曰 又國{以勿伩}章{丑子}章惡 以眠民{尸亯白} 則民情丕弋 詩員 ‘靜{龍又}亣立{丑子}是正直_

: 자왈 우국{자}장{차}장오 이시민{후} 즉민정비익 시원, 정{용}이립{차}시정직_

공자가 말씀하셨다. “나라를 틀어쥠이 넉넉하려면 (臣下와 백성에 대해) 무한신뢰를 드러내고, 또한 不義에 대해 미워함도 드러내야 한다. (이리하여) 백성이 밑에서 군주의 빛나고 거짓없는 두터운 사랑을 봄으로써이면, 백성의 뜻(情)은 (그 지도자에게) 빼앗김이 커질 것이다. 《시경》으로 넓혀보면, ‘(오래도록) 고요히 용상을 틀어쥐고, 네가 무한신뢰를 세울 수 있음은 正直이다. (오직 정직만이 용상을 오래도록 지킬 수 있고 백성의 무한신뢰로 설 수 있다)’는 글이다.”

┃ 참고 : 중국측 석문(해독) 사진 및 번역

공자가 말하였다. 나라를 가진 자는 좋은 것을 밝히고, 나쁜 것을 밝힘으

子曰: 又(有)國者章肝(好)章惡, 己(以)眡(示)民【1】厚, 則民情不弋. 告(詩)員(云): 「靜(靖)龏(恭)介立(位), 肝(好)是正植(直)■.」

로써, 백성에게 후덕함(厚)을 보여주어야 한다. 그래야 백성의 정이 변하지 않는다. 《시경·소아·소명》에 이르기를 "그대의 직위를 조용히 하고 공손히 하며, 정직한 사람을 좋아하라.(그러면 신이 네 소원을 듣고 축복을 크게 내려 주리라.)"했다.

고문자 해독

① {以勿伬} : 생소한 고문자다. 곽점 및 고문자 등을 참고하여 '상以勿하伬꼴'로 풀이한다. '가지런히 갈리어(以=目) 계층 사다리별로(伬=勿) 옷을 입다(衣:亠가 없다), 혹은 계층 사다리별로 갈리어(以勿) 옷을 입힐(伬) 자'로 해독한다. 문맥상 '풍족한, 넉넉한, 풍요로운, 편안하고 안정된'의 뜻이며, 부정적으로는 '도가 넘치는'의 의미다. 고명의 [고문자류편]에는 나오지 않지만, 곽점의 語叢 등 몇 개 편에는 속된 표현을 빌리자면 무더기로 쓰여 있다. 중국측은 '놈 者'로 석문하는데, 古字의 字形상 者와는 공통분모가 없다. 고문이 '놈 者'와는 거리가 먼 뜻이다 보니, 문장 속에서 어울림이 적어, 번역이 맞지 않은 것도 꽤 있다. 특히 짤막한 속담이나 격언이 대부분인 어총은 이 古字를 者로 석문하다 보니 문맥이 전혀 어울리지 않게 번역되거나, 번역하지 못한 경우도 발생했다.

② 章 : '글, 문장 장'이다. 과거에는 이 뜻보다는 '드러내다, 나타내다'의 의미로 쓰였다.

③ {尸亯白} : 고문자가 생소하다. '뒤에서,떨어져서,멀리서(尸=后) 빛나는 순백(白)의 두터움(亯) 후'로 푼다. 민초가 '멀리서도 느끼는 빛나는, 한없는 두터움 또는 그런 마음(사랑)'으로 해독한다. 중국측은 '두

터울 厚'다. 곽점과 예기는 厚로 되어있다.

　* 亯(亨)=篤 : 드릴 향, 두텁고 형통하고 통달하다

④ 惡 : '미워할 惡오'다.('나쁠 악'이 아니다) 미워함의 대상은 '온갖 부정한 것'이다. 이 글자는 뜻보다 해석상 중요하다. 이 字가 있어 제1장의 亞는 惡이 될 수 없다. (이후 惡은 몇 차례 더 쓰였다) 곽점은 惡을 亞로 고치고, 다른 중요글자도 바뀌어 놓았다. 이러다 보니 내용이 상박초간의 뜻에서 멀어져 버렸고, 번역 또한 저자처럼 직역으로 하기에는 어려움이 많다. 이에 통행본 치의는 다시 惡으로 바꾸었으나, 문장이 전혀 다르게 되었다.

⑤ 弋 : 주살 익, 빼앗다. 사냥하다. 뜨다 / 尒: 너 이, 爾와 同字다.

⑥ 眡 : '상目하氏'꼴로, 볼 시, 다스리다 맡아보다

⑦ {龍又} : '상龍하又'의 꼴로, '용(상)을 틀어 줄 용'의 뜻으로 해독한다. 임금을 표현한다. 중국측은 {龍廾}으로 석문하고, '공손할 恭'으로 해독했다. 곽점, 예기는 共이다.

⑧ {十目木}(直) : 고문자의 글자만으로는, '심을 植'에 가까우나, 자전에서 直을 찾아보면, 古字가 바로 直 꼴이다.

| 해설

제1장이 다스림의 궁극적인 목표에 관한 것이었다면, 이곳부터는 그 방법론적인 측면을 언급하고 있다. 그 첫 시작이 정직이다. 내용을 풀자면, '먼저 군주가 정직하게 내면의 뜻을 드러내야 한다고 말한다. 즉, 백성과 정사를 잘 펼치는 신하(관료)에게는 무한신뢰를 보여주며, 못된 신하에게는 미워하는 것과 미워하는 마음도 분명하게 드러내어 묻고 보여

제 2 장

야 한다. 이처럼 군주가 신하(관료)에게 옳고 그름을 정확히 따져 묻는 다면, 백성도 군주를 믿고 잘 따를 것이다. 그것은 곧 시경이 말하는 正直이다.'하는 내용이다. 오늘날 정치인은 때를 많이 타야 한다고 하는데, 정반대의 말을 하고 있다.

중국측 석문은 '고요할 靜'과 {丑子}를 '편안한, 고요할 靖'과 好로, {以勿伩}를 者로 등등, 곽점 및 통행본의 漢字를 참고하여 해독했다. 저자가 이해되지 않는 것은 상박을 석문한 문자만으로, 뜻이 깊고 더 풍성하게 드러나는데, 왜 굳이 말이 안 되는 음성학 등을 동원하여 이체자로 해석해 통행본을 따랐는지 하는 것이다. 이는 '치의' 전 장을 관통하는 말이다. 결국, 번역을 보듯 공자의 뜻에서는 멀어졌다.

저자는 民情丕弋으로, 중국측은 民情不弋으로 석문한 것만 보자. 不과 丕는 뜻이 반대에 가깝다 보니, '사냥하다, 빼앗다'라는 '주살 弋'을 중국측은 '변하지 (않는다)'로 했다. 不로 인해 '문맥상' 사용되는 훈 대신 거리가 있는 다른 뜻을 쓴 것이다.

▌곽점 이하 비교

곽점 치의

子曰 又{阝或}者章好章亞 以視民厚 則民靑丕弋 《詩》員 情共尒立, 好氏貞直■

공자 가라사대, 나라를 틀어쥔 자는 좋음을 드러내고 버금(그 다음)을
드러내어, 백성에게 후덕함을 보임으로써면 백성의 푸름(본성)은 빼앗
김이 커진다. 《시경》으로 더해보면, 뜻으로 함께하면 네가 서니, 씨족은
곧음을 좋아한다.

참고 : 중국측 석문(해독)

子曰: 又(有){或阝}(國)者章好章亞(惡), 以視民厚, 則民靑(情)不{糸弋}
(弋).《寺(詩)》員(云):「情(靖)共尒立(位), 好氏(是)貞(正)植(直).」

고문자 해독

- {阝或}(國) : ‘좌阝 우或’꼴로, ‘나라 國’의 벽자(이체자)다. 상박과 예기
  는 國이다.
- 亞 : ‘버금 亞’다. 상박은 惡으로 쓰였다. 내용상 惡이 맞다.
- {后毛}(厚) : ‘두터울 厚’의 古字인 垕의 이체자다.
- {卜目}(貞) : ‘상卜하目’꼴로, ‘점 볼, 점(卜)을 쳐서 알아볼(目) 정’으로
  해독한다. 그러나 문장과 어울림이 적어, 貞의 古字나 이체자로 본다.
  貞은 ‘곧다, 점을 쳐서 알아본다’는 뜻이 있어 여기서는 ‘곧을 貞’으로
  해독한다.
- {糸弋}(弋) : ‘좌糸우弋’꼴로, ‘실(糸)을 매단 화살(弋) 익’으로 해독한
  다. 이는 상박의 ‘주살 弋’과 같다.
- 不(조) : 상박은 명확히 조로 쓰였으나, 곽점은 전체적으로 가로 획
  (一)이 확실히 구분되지 않는다. 상박을 따라 조로 석문했다. (이하 상
  박을 참고하여 판단한다)

해설

상박은 ‘나라를 확실하게 틀어쥐려면 어떻게 해라’의 글인데, 곽점이 ‘놈
者’로 바꾸어 ‘나라를 가진 자는 어떻게 해라’는 뜻으로 고쳤다. 곽점은

군주와 자신들(大臣)에게 驚句의 문장은 거의 왜곡을 했다. 한자가 문장의 흐름에 맞지 않게 바뀌다 보니, 글자만으로는 문장이 두루뭉술해 내용이 부정확하고 미흡하다. 다행인 것은 자수의 변화는 거의 없다. 즉 틀은 상박처럼 그대로 둔 채 껄끄러운 한자나 표점만 바꾼 것이다. 저자의 입장에서 이는 消失된 상박의 글자를 찾는 데 많은 도움이 되었다. 또한, 이런 이유 등으로 곽점을 왜곡의 초창기 모습으로 판단했다.

특히 주목할 점은 상박이 惡로 쓴 한자를 곽점이 亞로 바꾼 부분이다. 이는 내용을 '군주가 가장 좋아하는 것, 다음으로 좋은 것처럼, 순차적으로 좋아하는 순서를 드러내라'로 바꾼 것으로, '不義에 대하여 미워함을 드러내라'는 상박의 뜻을 지배층인 신하(公僕)들이 문맥이 어색함에도 군주나 보라고 고쳐버린 것이다.

詩經 인용문은 완전히 틀어졌다. 상박은 공자의 논지에 대한 결론에 해당한다. 그런데 곽점이 음만 비슷한 다른 한자로 고쳐 놓아 대상도 내용도 부정확한 모호한 내용으로 바꾸었다. 결어에 해당하는 正直마저 고쳤다. 이처럼 곽점은 같은 죽간이지만 상박과 질적으로 전혀 다른 문장인 것이다.

禮記 제11장

子曰 有國者章善癉惡 以示民厚, 則民情不貳. 詩云, 靖共爾位, 好是正直.

공자가 말하기를, 나라를 가진 자가 善을 드러내고 惡을 노여워하여, 백성에게 (군주의) 두터움을 보임으로써이면, 백성의 情은 둘이 아니다. 《시경》에 이르기를, 편안함은 너의 자리를 함께함이니, 좋은 것은 정직이다.

해설

禮記의 문장은 상박처럼 다시 惡, 正直으로 고쳤으나, 곽점부터 바뀐 글자들로 인해 상박의 논지는 흐트러져 버렸다. 이는 곽점이 그렇게 만든 것이다.

즉 군주가 무한신뢰나 미워하는 것을 드러내 보이는 대상은 신하들인데, 대상이 특정되지 않은 까닭에, 惡을 亞로 고쳐서 문맥상 백성에게 펼치는 정치로 고쳤기 때문이다. 이것은 상박으로 알 수 있는 부분이기에, 아마 아직까지 정확히 대상은 몰랐을 것이다. 한편 시경 인용문은 正直이 있어 상박과 유사할 뿐, 내용은 부실하다.

凡{忄母}已衛(道)者也 '곽점 어총2'에 나오는 문장으로 최교수가 '문맥을 이해할 수 없다'고 한 문장이다. 고문이 모두 석문·해독되었음에도 번역되지 않았다.

凡{忄母}已衛(道)者也
계략은 이미 道이다. (문맥을 이해할 수 없어 잠시 임의적으로 해석한다.)[1]

모든 고문자를 해독했으면서도 번역이 되지 않은 것은 무엇 때문일까?! 그것은 오직 古字를 '잘못' 석문·해독했다는 것 말고는 설명할 방법이 없다. 즉 중국측의 이체자에 의한 해독으로는 이 문장을 읽어 낼 수 없다는 말이다.

반면, 저자의 방법 즉 合文이나 새로운 漢字로 이해하여 破字로 번역하는 방법은 문장이 명확히 드러난다.

凡謀已{彳頁亍}{以勿伇}也
무릇 계략이란, 이미 넉넉히 세상 사람들도 훤히 안다.

해석

무릇 은밀하게 꾸몄다는 계략이란, 너만 모를 뿐, 이미 세상은 네가 생각한 것 이상으로 더 깊고 세세하게 훤히 알고 있다.

고문자 해독

• {忄母} : 상母하心꼴로 '꾀할 謀'의 금문꼴이다. 상박과 곽점 노자에도 나온다. 자형이 謀와 차이가 있어 벽자이거나 초국체꼴로 보인다. 중

---

1   語叢2, 竹簡 38 簡, p503

국측은, '뉘우칠 悔'나 '꾀 謀'자로 읽는다(p508)고 했다.

- {彳頁亍} (머리가 저자거리 한가운데 있는 꼴로) 저자거리 사람들에게 훤히 보이는, 세상 사람들이 훤히 아는

해설

석문은 저자와 者 한 자만 다르다. (首와 頁은 '머리'로 같다) 그러나 해독은 者와 道 두 자가 다르다. 결국, 이 두 자 때문에 번역이 안 되는 것이다. 학계가 저자의 의견을 따르지 않고 계속 중국측의 석문·해독을 쫓는 번역과 해석을 고집한다면 어쩔 수 없는 일이나, 공자나 노자의 본뜻은 결코 읽지 못할 것이다.

제3장

| 석문 및 번역

子曰 爲上可{亡介}而{知尐}也 爲下可{示頁}而{之因}也 則君丕{刀大心}
其臣_ 丕國於君 詩員 '{弔口}人{君子}_ 其義丕弋 尹誥員 隹尹{以身}及
康 咸又一悳_'

:: 자왈 위상가{매}이{재}야, 위하가{셜}이{진}야 즉군비{띰}기신_ 비국어군 시원,
:: {조}인{군자}_ 기의비익 윤고원 최윤{신}급강 함우일덕_

공자가 말씀하셨다. "우(上)가 되면 끼어있음을 잊을 수 있어서 (行은
없고) 아는 것이 차곡차곡 쌓인다 함이며, 아래를 하면 (君長인) 머리를
볼 수 있어서 (上이 되고자 하는 방법을) 지향하는 원인이 된다 함이라.
(그러므로) 군주는 (백성을 위해 못된) 그의 신하를 큰마음으로 도려냄
이 커야, 君主에게 나라가 커지는 법이다. 《시경》으로 넓혀보면, '조상하
는 입을 가진 지배층 사람이 군자라네. 그의 바른 道理는 (백성을) 사로
잡기(弋)가 커지리.'라고 했고, 《윤고》로 넓혀보면, '높이 오른 다스림은

(말이 아닌) 몸으로써이니, (백성이) 편안함에(康) 다다름이요(及). 두루 널리 미침(咸)은 하나의 큰 덕을 쥐었음이구나.'고 했다."

참고 : 중국측 석문(해독) 사진 및 번역

子曰: 爲上可尋而斷(智)也, 爲下可槇而齒(志)也, 則君不惡(疑)丌(其)臣-(臣、臣)不或(惑)於君. 告(詩)員(云)【2】:「㝥(淑)人亐-(君子), 丌(其)義(儀)不亡.」尹乑(誥)員(云):「隹(惟)尹躬及康(湯), 咸(咸)又(有)一惠(德)■.」

공자가 말하였다. 군주(상급자)는 공명정대하고 투명하여 다른 사람이 보면 바로 알 수 있어야 하며, 신하(하급자)는 각자의 등급에 따라 자신의 직분을 충실히 이행하여 자신의 의지를 밝혀야 한다. 그래야 만이 군주는 신하를 의혹되지 않고, 신하는 그의 군주를 혼동하게 하지 않을 수 있게 된다. 《詩經·鳲鳩》에서는 "정숙한 군자의 언행은 한결 같네."라고 했고, 《尙書》는 伊尹은 말하기를 "나 이윤과 탕은 모두 한결같은 덕이 있다."라 했다.

고문자 해독

① {亡介} : '상亡하介'꼴로, '(사이에) 끼어있음을 잊을 매'로 해독한다. 문맥상 '군주와 백성의 사이'를 뜻한다.

② {矢干쓰}(知齊) : '상矢干하쓰'의 꼴로, '앎(知)이(을) 가지런히 쌓일(을)(쓰) 재'로 해독한다. 문장에서의 의미는, 백성을 위해 行(정책)으로 나타나지 못하고 단지 아는 것으로만 머리에 쌓인다는 뜻이니, 정사는 돌보지 않고 놀아난다는 말이다. 이 글자는 곽점에서 智로, 통행본에서는 知로 바뀐다. 한편 중국측은 {知皿}로 석문하고, '지혜 智'로 해독한다.

③ {示頁} : '좌示우頁' 꼴로, '머리(頁)를 쳐다 볼(示) 셜'로 해독한다. 중국측은 '지을, 말할 述'로 풀었다. 통행본도 述이다.

④ {之囚} : '상之하囚'의 꼴로, '지향하는, 가고자 하는(之) 원인이 될 (囚) 진'으로 해독한다. 중국측은 {止囚}으로 석문하고 志로 해석한다.

⑤ {刀大心} : '상刀중大하心'의 꼴로, '(칼로) 큰 마음을 베고, 도려낼 띰'으로 해독한다. 문장상, '백성을 못살게 구는 또는 나라에 백해무익인 못된 신하를 내치는' 것을 뜻해, '임금의 결단'을 의미한다. 중국측은 疑로 해독하는데 곽점이 疑의 고자 형태로 되었다.

⑥ 國(⬛) : 고문자를 國으로 보기도, 或(⬛)으로 보기도 미흡하다. 문맥과 제2장의 國(⬛)자 그리고 [고문자류편]의 國자를 종합하여, 위에 一이 지워진 國이 합당하다고 판단했다. 중국측은 '혹 或'으로 석문하고, '미혹할 惑'으로 해석했다. 이를 或으로 본 것은, 역시 곽점과 예기가 惑으로 쓰여있어 그렇게 생각한 것 같다. 하지만 상박에는 惑(⬛)이 따로 있어 이는 아니다.

⑦ {弔口} : '상弔하口'꼴로, '조상하고, 문안하고, 안부를 묻는(弔) 말·입(口) 조'로 해독한다, 중국측은 '조상할 弔'와 같은 자로 보며, '아제 叔(정숙할 淑)'으로 해독한다. 예기도 淑이다.

⑧ {君子}_ : 군자 다음에 표점(_)이 있다. 장 마침표와 같은 표점으로 문장이 끝났다는 마침표다. 곽점은 합문이 아닌 君子다. 중국측은 君子로만 번역했는데, 표점(_)을 합문부호로 본 것이다. 앞 문장의 '臣_ (臣臣)'과 달리 여기서는 문맥상 불가능하기 때문이다.

⑨ {以身} : '상以하身'꼴이다. '몸으로써, 몸을 쓸 신'으로 해독한다. 곽점은 상박과 같고, 통행본은 '몸 躬'이다. 중국측은 저자와 달리 '癹

준'으로 쓰여있다. 책의 설명으로는 음성이 통하기 때문이다. '{身昌}자는 允·夋·尹자와 음성이 통한다'(p247)

⑩ {?}(咸) : 戊자 안에 '입 口'가 있는 꼴로, '다, 두루 미칠 함咸'자의 이체자로 본다.

⑪ 夋 : 가다, 천천히 걷는 모양 준 / 隹 : 새 추, 높을 최 / 躬 : 몸, 몸소 행할 궁

| 의역

공자는 말한다. 정승 판서처럼 높은 계급의 신하가 되면, 본분을 잊어버릴 수 있어서, 일부 몇 명의 신하는 자리의 보전에만 신경을 써, 아는 것만 차곡차곡 쌓을 뿐 정사를 돌보지 않고, 하급 관료는 군주나 위를 지켜볼 수 있어서, 관리의 본분을 잊고 위로 향하는 출세를 마음의 목표로 삼아 나아가는 원인이 된다. 그러므로 군주는 백성과 천년 사직을 위해 자신의 살점을 도려내는 마음으로 못된 관료들을 내쳐야 한다. 그래야 군주(백성)에게로 나라가 내실있고 평화롭고 안정적으로 커지는 것이다. 시경에는 다음과 같은 글이 있다. 힘들게 삶을 영위하는 백성에게 늘 밤새 안녕을 묻고, 만날 때마다 한뿌리 같은 마음으로 건강을 살피며, 슬픈 일에는 같이 마음을 아파하고 나누며 불쌍히 여기는 지배층 사람은 군자다. 그런 자가 관료가 되어야 만이, 폭정과 무력이 아닌 인간의 바른 도리로써 백성을 감화시켜 하나로 안고 바른길로 이끌고 가기가 커질 것이다. 까닭에 군주는 당연히 군자를 볼 줄 알고, 관료로 등용해야 한다. 윤고에는 또, 지도자를 높이 우러르는 다스림은 말로 내리는 지시가 아닌 직접 보여주는 일상의 행실로써 백성을 편안하게 하는 것이다. 이러한 다스림은 다스리는 백성들에게 감화로 널리 두루 미쳤으니, 기우는 것이 없는 하나의 德을 지녔기 때문이다.

제 3 장

상박의 문장은 上下 자리에 오른 신하의 심리상태를 예리하게 묘사하고 있다. 나아가 임명제의 관직을 생각할 때, 그들을 가차없이 내치라는 글에서는 섬뜩함마저 느껴진다. 그것은 곧 죽음일 수 있기 때문이다. 오늘날 대의제 나라의 공직자나 위정자들 그리고 권력자들이 깊이 새겨들어야 할 내용으로 손색이 없다.

이 장은 공자가 정확히 표현하지 않은 주체(주어)를 특정하기가 어렵다. 최교수의 번역에도 –'군주(상급자)'처럼– 그러한 흔적이 보인다. 여기서 君은 당연히 우두머리(임금)이다. 문제는 上인데 문맥상 上은 녹을 먹는 관료로, 下와 대비되는 높은 관직의 대신이다. 즉 君의 입장에서는 上下 모두 臣下로 봄이 합당하다.

君子는 문장 그대로 '항상 마음으로 백성의 안위를 챙기는 지도자의 덕을 갖춘 분'이다. 당연히 임금은 군자의 덕을 갖춘 인물을 백성의 공복으로 뽑을 수 있는 안목을 갖추어야 한다. 나라가 혼란한 것은 군자의 어짊을 가지지 못한 자를 관료(공복,신하)로 쓰기 때문이다. 글자로 보자면, 君子는 능력의 측면으로는 '다스릴 수 있는 입을 가진 분'으로 볼 수 있고, 방법의 측면으로는 '입으로 다스릴 수 있는 분'으로 번역할 수 있다. 그래서 군자를 武將에게는 쓰지 않는다. 입이 아닌 칼을 쥐었기 때문이다.

저자와 중국측(마승원) 석문은 몇 곳이, 해독은 이체자를 이용해 거의 통행본과 유사하게 되었다. 이에 번역은 오늘날 통행본 번역과 흡사하다.

상박 원문은 臣 밑에 마침표(_)가 쓰였는데, 곽점을 따라 중문부호(=)로 해석하여, 臣臣으로 2회 번역하고 있다. (상박은 臣을 2회로 풀지 않는 것이 바르고, 곽점은 반대로 2회로 풀어야 문장이 된다. 不과 조 때문이다.)

죽간처럼 고문을 석문·해독할 때는, 표점 등 모든 것을 염두에 두고 한자의 뜻에 입각한 문장 풀이를 해야 한다. 혹 통행본이 있다면, 그것은 고문의 뜻을 찾아가는 중요한 자료일 뿐 전적으로 의지할 답지는 아니다. 당연히 죽간 고문을 통행본과 같은 내용일 것이라 미리 정하는 것은 전혀 고문을 석문·주석하는 자의 자세가 아니다.

공자의 깊이에 비춰 어긋나는 문장을 집자면, 중국측은 상박의 '편안할 康'을 湯이라는 한자로 해독하고 탕왕으로 해석한다. (곽점은 古文字가 湯이다.) 탕왕이 성군으로 추앙되고, 곽점도 '탕'이라 그렇게 해독할 수는 있겠으나, 문제는 -중국측 해독·번역처럼- 내용이다. 즉, 공자가 정치철학을 논하면서, 자신을 대놓고 뽐내는 군주(이윤)를, 자신을 드높여 찬양하는 문구를, 교훈의 글로 인용하겠는가! 하는 것이다. 성군(탕)을 자기와 엮어 '一德'이 있다고 자랑하는 자(?)를 공자가 높이 사서 제자들에게 교화의 문장으로 썼겠는가 말이다! 어딘가 해독이 잘못된 것이다.

| 곽점 이하 비교

곽점 치의

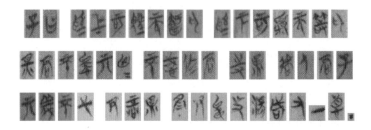

子曰 爲上可望而智也 爲下可{米頁}而{竹口寺}也 則君丕疑其臣 臣不惑於君《詩》員 {弔口}人君子 其義不弋 尹誥員 隹尹{以身}及湯 咸又一悳■

공자가 말하였다. 우(上)가 되면 (무엇이든지) 바랄 수 있을 뿐이어서 지혜롭다고 하는 자라 함이고, 아래가 되면 머리로 쌀(먹을 것)을 걱정할 수 있을 뿐이어서 (늘 푸른 대나무처럼 한결같은 절간의 기도 소리와 같이) 언제나 기원한다 함이니, 군주는 그의 신하를 의심함이 커지고, 신하는 군주에게 미혹됨이 커지는 법이다. 《詩經》으로 더해보면, 사람의 안녕을 물어보는 사람인 군자는 그의 義로 (음흉하게) 사냥하지 않는다. 《윤고》로 넓혀보면, 높이 올라 다스리는 몸으로써 湯에 미침은, 다 하나의 덕을 틀어줘었기 때문이다.

참고 : 중국측 석문(해독)

子曰: 爲上可{見亡壬}(望)而智(知)也, 爲下可{示頁}(述)而{竹口寺}(志)也, 則君不{忄矣}(疑)其臣, 臣不惑於君《寺(詩)》員(云): {弔口}(淑)人君子, 其義(儀)不弋(忒)《尹{言廾}(誥)》員(云): 隹(惟)尹(伊){身㠯}(尹)及湯 咸又(有)一悳(德).

고문자 해독

• {見亡壬}(望) : '좌見우상亡우하壬'의 꼴이다. 중국측을 따라 月이 見 꼴로 쓰인 '바랄 望'으로 해독한다. 다만 이 경우 문장 연결이 매끄럽지 않다. 고문자대로 석문하면, '맡은 자리(壬)를 잃고(亡) 보다(見)'처럼 할 수 있어, 상박과 유사하게 이어질 수 있다.

• {知干曰}(智) : '상知干하曰'꼴로 오늘날의 '지혜 智'자다. 곽점 노자에 많이 쓰였는데, 당시에는 사람을 나타내, '지혜로운 사람 智'다. 중국측은 예기를 따라 '알 知'로 해독했다.

• {米頁} : '좌하米우頁'꼴이다. '머리로 쌀(식량)을 걱정할 술'로 풀어, '곤궁한 삶'의 의미로 해독한다. 중국측은 {木頁}로 석문하고 述로 해독한다.

• {竹口寺} : '상竹좌口우寺'꼴로, '대나무처럼 한결같은(竹) 절간의(寺) 기도소리(口) 지'로 해독한다. 이는 즉 '변함없이 한결같은 간절한 기원'의 뜻이다. 중국측은 소리부가 같은 공통분모에 따라 志로 해석한

다.

- {矣心}(疑) : '상矣하心'꼴로, '않는가 하는 의문의(矣) 마음(心) 의'로, '의심할, 의혹할, 괴이하게 여길 疑'로 해독한다. 중국측도 疑다. 한편 '노목공문자사'에서는 탄식할 噫희'로, 또 다른 곳은 矣로 해독했다.
- 惑 : '미혹할 혹'이다. 상박초간은 '나라 國'이다.
- {言廾}(誥) : '상言하廾'꼴로, '말(言)을 받들(廾) 고'로 석문한다. 중국 측을 따라 의미상 통용문자로 '가르치고, 고하고, 훈계하다는 誥'로 해독한다. 誥의 벽자 혹은 이체자로 본다. 尹誥는《尙書》篇名 중 하나다. 한편 통행본의 尹吉은 잘못 썼다.(p246). 이하 誥로 표현한다.

해설

곽점은 첫 문장부터 한자가 바뀌어 번역이 매끄럽지 않다. 君臣의 내용이 문장만으로는 무슨 말을 하는 것인지 알기 어렵다. 상박으로 해서 의미를 파악할 수 있을 뿐이다. 이는 곽점이 왜곡의 초기 모습을 하고 있어, 다듬어지지 않았기 때문이다. 또한, 상박에 쓰인 표점(_)을 곽점이 의도적으로 지워버렸기 때문에, {弔口}人君子 其義不(丕)弋은 문장이 같음에도 상박과 똑같이 번역할 수 없다.

내용도 상박의 뜻과 꽤 틀리다. 상박은 지식인인 上下 관료가, 백성들에게 기생충과 같은 존재가 될 경우는 가차없이 쳐내라는 뜻이기 때문에, 관료인 그들이 곽점을 그대로 둘 수 없었다. 만약 상박이 발견되지 않았다면 이 뜻은 분명하게 드러나지 않았을 것이다.

한편, 중국측 석문은 곧 통행본과 같다. 하나만 보자. 중국측이 伊尹으로 해독한 것을 보면, 고문자 尹을 伊로 해독하고, 고문자 {身以}을 尹으로 해독했다. 이게 이해가 되는가! 고문자 尹이 있는데, 멍청이가 아니고서야, 굳이 尹을 다른 자(伊)로 가차하고, 또 다른 자({身㠯})로 尹을 가차하겠냐 말이다. 그럼에도 불구하고 현재까지 통행본은 사람 伊尹으로 본다. 번역 또한 직역을 하면 저자의 통행본처럼 하여야 하는데, 첫 문장

부터 장의 마지막까지 정말 이상하게 번역하고 있다. 최초에 어떤 권위
있는 자가 이런 얼토당토아니한 해석을 한 후로, 모두 그렇게 번역해 내
려오는 것이다. 내가 학계의 斯文亂賊인가! 곽점의 문장이 통행본처럼
해독되는 것이나, 해독된 문장으로 그렇게 번역하는 것이나 모두 받아
들이기 어렵다.

禮記 제10장

子曰 爲上可望而知也, 爲下可述而志也, 則君不疑其臣, 而臣不惑于其
君矣.《尹吉》曰 惟尹躬及湯, 咸有一德.《詩》云 淑人君子, 其儀不忒.

공자 가라사대, 위가 되면 희망할 수 있어서 안다고 함이요, 아래가 되면
(위를) 따라갈 수 있어서 뜻이 있다 함이라. 곧 군주는 그의 신하를 의심
하지 않고, 그래서 신하도 그의 군주를 향하여 의혹하지 않음이 아닌가!
《尚書》에 가로되, '다스림을 생각하는 몸이 湯王에 미침은, 다 큰 덕이
있음이다.'고 했고, 《詩經》에서는 '정숙한 사람인 군자, 그의 거동은 한
결같네."라고 했다.

해설

상박과 비교하여 예기는 해석자가 문장을 풀어주지 않으면 알 수 없을
정도로 漢字들이 완전히 틀어져 버렸다. 上下가 마치 군주와 신하처럼
읽히도록 고쳐져 있고, (제2장과 마찬가지로 上下는 신하다) 못된 신하
를 내쳐야 나라가 튼튼해진다는 중요한 문장은 사라졌다. 양과 질 모두
에서 상박과는 완전히 멀어져 버려, 전혀 다른 내용이 된 것이다.
특히 공자의 말뿐만이 아니라 공자가 인용한 시경과 상서의 문장도 상
박과 뜻이 다르다. 이는 詩經 및 尚書의 내용마저도 왜곡되었을 가능성
이 농후하다.

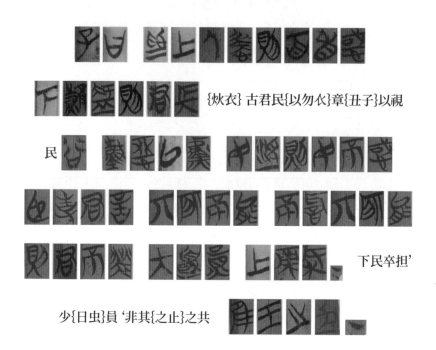

{炊衣} 古君民{以勿攵}章{丑子}以視

民

下民卒担'

少{日虫}員 '非其{之止}之共

석문 및 번역

子曰 上人{矣心}(疑)則百{人乚目}惑 下難{知㐱}則君長{炊衣} 古君民{以勿攵}章{丑子}以視 民谷 {堇攵}惡以{虍魚} 民淫則民不惑 臣事君言 其所丕能 丕{勹言}其所能 則君不{炊衣} 大雅員 '上帝板板 下民卒担' 小雅員 '非其{之止}之共 隹王之功_'

자왈 상인{의}즉백{성}혹, 하난{제}즉군장{의} 고군민{자}장{차}이시 민욕 {곡} 오이{허} 민음즉민불혹 신사군언 기소비능 비{언}기소능 즉군불{의} 대아원 상제판판 하민졸탄 소아원 비기지지공 최왕지공_

공자가 말씀하셨다. "우두머리(上人)가 의심스러워하면 곧 百官(大臣)도 (덩달아) 정신이 헷갈리게 되고, 아래(下)가 앎을 가지런히 쌓기가 어려우면 君長(임금이나 우두머리)은 (옷이 불타는) 죽임을 당하리라. 옛날 군주와 백성은 (상호) 넉넉히 무한신뢰를 드러내어 보여줌으로써 백성은 (마음을 드러내어) 하고자 하였고, (반대로) 본바탕을 때리는 惡은 (백성이) 호랑이 가면을 쓴 물고기처럼 간사하고 영특해짐으로써이니, 백성이 음란해지면 백성은 (다스리는 자의 말에) 미혹하지 않았다. 신하는 군주의 말씀으로 정사를 펼치니, 그(신하)가 능하기가 커지는 바요, (반대로 군주가) 말을 구부림이 커짐은 그(군주)가 능한 바이니, 곧 군주는 (옷이 불타는) 죽임을 당하지 않았다. 《대아》로 (이야기를) 넓혀보면, '상제가 널빤지처럼 평탄하고 평탄하니, 아래 백성이 힘있게 때리기를 끝내네.'라고 했고, 《소아》로 더해보면, '그것은 멈추는 것이 아닌 함께 하는 것이니, 높이 날아오른 왕의 공인 것이다.'는 말이다."

참고 : 중국측 석문(해독) 사진 및 번역

子曰: 上人叜(疑)則百眚(姓)惑, 下難盉(知)則君長□□□□□□□□□ 【3】 谷, 㪉惡┐(以)┌虘民淫, 則民不惑. 臣事君, 言丌(其)所不能, 不┐(詒)丌(其)所能, 則君不袈(勞). 《大顗(雅)》員(云): "上帝板=(板板)□□□□□□□□□□□□76): 【4】 「隹(惟)王之功▪.

*파손문장 : 勞 古君民者章好以視民 / 下民卒担 少{頭}員 非其止之共
(상박(치의),p84,93)

공자가 말하였다. 윗사람(군주)이 의심이 있으면 백성은 의혹되고, 아랫사람이 이해하지 못하면 군주가 수고로울 것이다. 백성에게 임금 노릇하는 자는 좋아하는 것을 밝힘으로써 백성이 원하는 것을 드러내야 하며, 미워하는 것을 신중하게 드러내어 백성의 음란한 것을 막아야 백성이 미혹되지 않는다. 신하가 군주를 섬김에 있어, 할 수 없으면 (할 수 없다고) 말하며, 할 수 있는 일은 사양하지 않아야 군주가 수고롭지 않다. 《詩經·大雅·板》은 "하늘(군주를 의미)이 자주 바뀌면 백성이 곧 고생하네."고 하였고, 《詩經·小雅·巧言》은 "공경한 마음을 갖지 아니하면, 오직 군주만이 수고롭게 되네."라고 했다.

| 고문자 해독

⓪ 상박의 파손된 한자 {炊衣} 古君民{以勿伇}章{丑子}以視民 / 下民卒擔 少{日虫}員 非其{之止}之共은 곽점 및 파손되지 않은 상박 문장을 참고하여 만든 것이다. 다른 장과 달리 君民{以勿伇}로 쓰였다.

① {人乚目} : 곽점도 같은 古字다. '사람이 허리 굽혀 보는 또는 허리 굽혀(乚) 보는(目) 사람(人) 성'으로, 군주를 대면할 수 있는 조정의 고위 관료나 지위가 높은 지방관을 의미한다. 중국측은 {生目}으로 석문하고, '성 姓'으로 해독하여 오늘날의 百姓으로 해석한다.[1] 이후부터는 {眚}으로 쓴다.

② {堇攵} : '(노란) 진흙(堇)을 때릴(攵) 곡'으로 해독한다. 태어날 때 가진 순수한 본바탕에 나쁜 자극을 가한다는 의미다.

③ {虍魚} : '호랑이 가면을 쓴(虍) 물고기(魚) 허'로 해독한다. '순진한 백성이 거칠어짐'을 뜻하며, 문장으로는 '간사하고 영특해지다'를 의미한다.

④ {勹言} : '상勹하言'꼴로, '구부러진, 구부리는 말, 또는 말(言)을 꺾을(勹) 언'으로 해독한다. 문장에서의 의미는 '신하는 군주의 지시로 백성을 다스리기 때문에, 군주가 말을 꺾고, 구부려 말하지 않는다.'는 의미다. 중국측은 '말씀 詞'로 해독하고 문맥상 辭讓의 의미로 풀이한다.

⑤ {炊衣} : 곽점도 같다. '상炊하衣'꼴로, '옷(衣)이 불날, 불에 타는 모

---

1 「'省'자를 갑골문은…,…쓴다. '省'자는 {生目}자와 같은 자이다. '性''姓'{生目}'자는 소리와 의미가 모두 '生'을 근원하고 있기 때문에 같은 의미로 쓰인다.」(p248) 그러나 {生目}을 省으로 볼 수는 있으나, 姓은 될 수 없다. [고문자류편,p132참조] 공통분모 目이 없기 때문이며, 문맥으로도 번역이 전혀 다르기 때문이다. 한편 중국측은 '성자명 출'편에서는 '性'으로 해독한다. 역시 아니다.

제 4 장

양(炊) 의'로 해독한다. 사람이 죽으면 옷을 태우듯이 '죽음'을 뜻한다. 死를 쓰지 않은 것은 어려운 대상이기 때문으로 판단된다. 우리말로 하면, '돌아가다'와 같다. 곽점도 같은 한자인데, 중국측은 '힘써 일한다'는 의미의 勞로 석문했다. 예기가 勞로 쓰였다.

* 勞 : [고문자류편,p181]에는 金文부터 보인다. 다만 金文에 있는 5개의 古字는자형이 통일성이 없다. 이 중 1자가 {炊衣}꼴과 유사하나, 이는 해독의 오류로 판단한다. 자전의 설명도 금문부터다. 力이 받침으로 보이는 것은 篆文부터다.

⑥ {之止} : '가다가(之) 그칠(止) 또는 멈추는(止) 것(之) 지'다. 중국측은 之로 해독한다. 반면 어총1의 {之止}之에서는 止로 해독했었다.

⑦ {日止頁}(雅) : '좌상日좌하止우頁'꼴이다. (제17장은 {日虫}와 {日丁}으로 써졌다) 곽점은 {日之頁}과 {日虫}꼴 2가지로 쓰였다. 중국측은 {日虫} 또는 {曰丁}을 '여름 夏의 古字로 보며, 雅자와 음이 통한다.'(p249)고 본다. 내용이 아니라 시경의 편명을 나타내기 때문에 별도의 해석없이 저자도 이를 따라 통행본의 雅로 쓴다. '맑고, 우아할, 고상할, 바를, 큰부리까마귀 雅'다. 이 章 이후부터는 고원문 {曰止頁}는 생략하고 雅로만 쓴다.

⑧ 不(조) : 원문은 명확히 각각 2회씩 조와 不이 써졌다. 그것에 따라 번역해야 공자의 뜻이 바르게 드러난다.

⑨ {矣心}(疑) : 古字의 꼴이 疑의 좌측 변과 밑에 心이 있는 모양이다. 疑의 고자로 본다.

⑩ 炊 : 불길 세찰 개, 불꽃 염 / 担 떨칠, 힘있게 때릴, 올릴, 멜 (단,걸,담)

| 해설

상박은 파손된 글자는 곽점과 소실되지 않은 상박의 다른 문장으로 유추가 가능한 부분이 파손되어 보완이 쉬웠다. 뜻은 한마디로 '렛 잇 비'다. 그것이 가능한 것은 '상호 무한신뢰'이다. 君과 臣下와 백성(民)으로 세분하여 말하자면, 君臣 간에는 절대적인 믿음이 있어야 하고, 땅에 붙박여 착실하게 살아가는 백성은 괴롭히지 말고 삶을 어렵게 하지 말라는 경구다.

上人인 임금 즉 군주가 의심의 눈초리로 보기 시작하면 덩달아 지배층 벼슬아치인 만조백관도 헷갈리기 시작해 의심의 눈초리를 드리우기 시작한다. 군주나 지배층 벼슬아치들이 의심하는 대상이 적시되지 않았지만, 군주와 관료 상호 간이라기보다는 백성으로 판단된다. 아래(下)가 가지런히 쌓기가 어려우면 군장은 옷이 불타게 된다. 역시 아래가 적시되지 않았다. 어떤 계층이라기보다는, 上人이나 百官과 대비되는 부류로, 전체적으로는 지시보다는 지시를 받는 대상으로 보는 것이 좋을 것 같다. 즉 백성의 경우, 농사이든 가축이든 살면서 터득한 삶의 지혜와 같은 아는 것이 차곡차곡 쌓여 가서, 삶을 윤택하게 해야 하는데, 君長이나 관료(신하)들의 가혹한 정치로 인해, 그렇지 못하고 어지러워지면, 종국에는 民亂 같은 것으로 군주는 죽임을 당하게 될 것이다.

이것이 상박의 첫 문장이다. 당연히 역모급의 글인 까닭에 곽점에서 그대로 전해지지 못했다. 하지만 왜곡의 초기이다 보니 죽음을 의미하는 {炊衣}는 살렸다. 그래도 이미 다른 글자가 바뀌어, 이것을 '죽음'으로 번역하기 어렵게 만들었다. 이에 禮記는 확실하게 勞로 고쳤다. 즉, 통행본은 처음부터 틀어졌다. 군주에게 했던 경구가 대부분 사라지거나 이상하게 변해버렸다. 어떻게 처신해야 한다는 군주의 다스림이 관료나 백성의 이야기로 바뀌어 있다. 이처럼 군주를 이야기의 대상에서 제외

제 4 장

하는 경향은 왜곡본의 전형적인 특징이다. 이미 《초간노자》에서도 그런 내용을 지적했었다.

쉬어가기 : 緇衣 각 장의 문장 전개 방식

각 章은 일반적으로 「1.子曰(공자 가라사대), 2.古 3.인용문(시경 및 상서)」의 형태를 취한다. 분석이 쉬운 3의 경우는 공자가 자신의 주장(정치철학)에 객관적 논리성을 강화하고자 사용한 인용문이다. 즉 공자를 기준으로 古人이 남긴 말이기 때문에, 자신의 정치론에 힘을 실어주는 역할을 한다. 문제는 2다. 古를 기존처럼 故(그러므로, 까닭에)로 볼 것인지, 아니면 古(옛날)로 볼 것인지의 문제인데, 저자는 문맥상 '옛날'이 더 어울린다고 봤다. 이렇게 해서 3의 인용문으로 연결된다고 봤기 때문이다.

이 둘의 경우는 대부분 쉽게 구분하기 어려운 경우가 많은데, 이유는 故가 이유·원인·근거의 인과관계를 나타내, 의미상 古와도 연결되기 때문이다. 전체적으로 古를 主로 하되 故가 낳은 경우는 故를 선택했다. 한편, 2(古)는 논리성이 약해서인지 아니면 필요가 없었는지 모르지만 상박이 언급하지 않은 경우도 더러 있다. 그러나 상박이나 곽점에 3은 반드시 있다. 즉 예기가 없었을 뿐, 공자는 논리적 객관성으로 인용문을 사용했다.

※ 古; 통행본은 故로, 죽간은 古로만 쓰였다. 字源을 참고하면, 金文은 둘 다 어원이 같고, 篆文부터 古에 攵이 붙은 故가 쓰였다.

곽점 이하 비교

곽점 치의²

子曰 上人疑則百{人╰目}惑 下難智則君{長}{炊衣} 古君民者 章好以視

---

2   제4장부터는 곽점 치의 원문을 싣지 않았다.

民慾 懂亞以{亡木氵}民淫則民丕惑 臣事君言 其所丕能 丕{勹言}其所能
則君不{炊衣}《大雅》員 上帝板= 下民卒担《小雅》員 非其{之止}之共
唯王{共工心}■

공자 가라사대, 上人이 의심하면 만조백관(관료·신하)도 (따라서) 미혹
하고, 아래가 지혜(智)로 어지러우면 임금인 지배층 사람의 우두머리는
죽임을 당한다. 옛날 군주가 백성인 者에게 좋아함을 드러내어 보임으
로써 백성은 욕망했고, 다음을 근심하여 물이 나무를 죽이듯 백성을 괴
롭힘으로써이면 백성은 음란하여지니, 곧 백성은 미혹함이 컷다. 신하
는 군주의 말을 받들어 섬기니, 그가 능함이 커지는 바요, 말을 구부리기
가 커지면 그가 능한 바니, 곧 군주는 죽임을 당하지 않았다. 《대아》로
더해보면, 상제가 널빤지처럼 평탄하면, 아래 백성은 힘있게 때리기를
끝낸다. 《소아》로 더해보면, 그것은 멈추는 것이 아닌 함께하는 것이니,
오직 왕만이 하늘과 이어지는 마음으로 함께함이다.

참고 : 중국측 석문(해독)

子曰: 上人{矣心}(疑)則百{生目}(姓){見或}(惑), 下難智(知)則君{亻長}
(長){炊衣}(勞) 古(故)君民者, 章好以視民{谷心}(欲), 懂(謹)亞(惡)以{氵
止木}民淫(淫), 則民不{見或}(惑) 臣事君, 言其所不能, 不(詞)其所能,
則君不{炊衣}(勞).《大{頖}(雅)》員(云) "上帝板=下民{爪卒}(卒)担
(疸)."『少(小){頖}(雅)』員(云): "非其止之共唯王{共工心}."

고문자 해독

• {見或}(惑) : '혹시(或) 하고 의심의 눈초리로 볼(見) 혹'으로 석문한다.
  惑의 이체자나 벽자로 본다.
• {谷心}(慾) : '하고자 하는(谷) 마음(心) 욕'으로 慾의 뜻으로 해독한
  다. 상박초간은 谷으로 쓰였다.

제 4 장

- {亡木氵} : '물(氵)로 나무(木)를 죽이는(亡)' 꼴로, 나무를 살리는 물이 도리어 나무를 죽이는 것을 뜻한다. 문맥상 '백성을 괴롭힐 무'로 해독한다.
- {炊衣} : '상炊하衣'꼴로 상박과 같다. 중국측은 '힘쓸 勞'의 이체자로 풀었다. 통행본이 勞이기 때문이다.
- {共工心} : '마음(心)이 하늘과 이어져(工) 함께할(共) 공'으로 해독한다. 하늘과 이어지는 마음으로 함께함을 나타낸다.
- 疒 : 병들어 기댈 녁(역), 병들어 기댈 상, 앓다 / 邛 : 수고할 공, 언덕 공 / 疸 : 황달 단 / 担 : 떨칠 단, 힘있게 때리다, 올리다, / 涇 : 통할 경, 곧게 흐르다. 곧다

해설

곽점의 다른 장에 비해 이 장은 어느 정도 쉽게 번역되었다. 고친 한자가 상박과 비교하여 크게 엇나간 것이 적었기 때문이다. 하지만, 이는 저자의 경우고, 중국측은 석문의 오류로 만조백관(관료)이 百姓이 되면서, 앞은 군주와 백성의 글로 만들고, 뒤 문장의 下(아랫사람)는 백성인지 관료인지 불분명한 글이 되었다. 이는 계속 반복하지만, 전해오는 예기의 문장이 百姓으로 되어있기 때문에, 그렇게 해독한 것이다. 물론 그러한 결과는 不와 不을 구분하지 못해서 발생한 부분도 상당하다.

儒家쪽 공부를 하지 않은 저자도 통행본 문장이 완벽하게 느껴지지 않는데, 중국측 학자들은 왜 통행본의 문장이 완벽하다고, 그런 식으로 해독할까? 의도적인 것이 아니라면, 학식이 의심되는, 내용과 너무 동떨어지는 석문·해독이다.

상박의 {以勿仒}(넉넉함)는 곽점부터 '놈 者'로 바뀐다. 원뜻과 상당히 동떨어진 글자로 바뀌다 보니 곽점 古君民者의 문장은 번역이 어색하다. 있어야 할 한자가 아니어서 발생한 것이다.

君民者에 대한 최교수의 譯註說明이 있어 집고 가자. 곽점의 君民者는

원본이 왜곡된 문장이지만 이는 논외로 한다.

「'君民者' 중 '君'은 동사로, '民'은 목적어 용법으로 사용되며, '君民'은 다시 '者'를 수식하여 '백성을 통치하는 자'라고 해석해야 한다.」[3]

저자도 君民者에 대한 번역은 이것이 최선이라고 생각한다. 다만 사실을 놓고 볼 때, 君은 '통치하다'라는 동사의 쓰임이 없다. 저자가 본 자전에도 나오지 않는다. 하지만 한한대사전에는 용례가 있을 수 있다. 왜냐하면 최교수처럼 이렇게 번역한 것이 존재하기 때문이다. 즉 진본은 당연히 문장과 문법에 맞게 쓰여 있었지만, 딸랑이들이 군주나 자신들에게 껄끄러운 한자를 살짝 비틀어 왜곡해, 후학들은 내용에 맞추자니 어쩔 수 없이 이런 번역이 나올 수밖에 없는 것이다. 漢文을 번역하면서 일반적인 훈을 벗어나거나 많은 가차자가 들어가는 번역은 일단 진실이 의심스런 글이다. 그러나 이도 문장을 직역할 수 있어야 가능하다.

禮記 제12장

子曰 上人疑則百姓惑, 下難知則君長勞. 故君民者, 章好以示民俗, 慎惡以御民之淫, 則民不惑矣. 臣儀行, 不重辭, 不援其所不及, 不煩其所不知, 則君不勞矣. 《詩》云 上帝板板, 下民卒{广亶}. 《小雅》曰 匪其止共, 惟王之邛.

공자가 말하기를, 윗사람이 의심하면 곧 백성이 의심스럽고, 아래가 알기 어려우면 君長이 힘쓰는 법이다. 까닭에 백성의 君主인 자는 좋아함을 드러내어 백성이 풍속을 보임으로써고, 惡을 삼가함이 백성의 음란한 것을 제어함으로써면 백성이 미혹하지 않는 법이다. 신하의 격식있는 행실은 말을 중후하게 하지 않으며, 그가 미치지 못할 바를 구원하지 않으며, 그가 알지 못하는 바를 번거롭게 하지 않으면, 군주가 수고롭지

---

3   상박(치의), p94 譯註說明

않은 법이다. 《시경》에 이르기를 '상제가 널빤지처럼 평탄하면, 아래 백성은 시름시름 앓기(癉)를 끝낸다.'고 했고, 《소아》에 가로되, '비적인 그와는 함께하기를 그침이니, 오직 왕의 병인 것이다.'라고 했다.

해설

역시 예기는 상박, 곽점의 문장과 한자가 많이 달라졌다.

번역은 했지만, 문장이 이해되는 부분보다는 이해하기 어려운 부분이 더 많다. 문장 간에 논리성도 약하다. 신하의 처신을 언급한 부분만 뜻이 명확하게 보일 뿐이다, 인용문은 또 무슨 소리인지 모르겠다. 하지만 방귀 좀 뀌는 동양학자들은 오히려 이런 애매모호 한 문장을 더 좋아한다. 자신의 박식함을 드러내기 좋고 청중도 반론을 제기하기 어렵기 때문이다. 하지만 상박 원본을 보듯, 최초 공자가 쓴 글, 즉 진본은 뜻이 명확히 표현되었을 것이다. 당연히 원래 원본은 이렇다. 이게 원본이다. 통행본이지만 다른 장과 달리 匪 등 일반적이지 않은 한자가 있어, 번역에 많은 애를 먹었다. 기존 번역과도 상당히 다를 것이다.

쉬어가기 : 姓과 고문자 {㣇}, {生目} 이야기

순번	1	2	3
고문자			
출처	곽점 치의,노자 등	어총2,3	상박 치의
중국측	{生目}/性·姓	{生目}/性·姓	{生目}/性·姓
저자 석문	{㣇}	{生目}	{㣇} {生目}
비고	(人)	(生)	1=4,5장 2=6,7장

중국측이 百姓으로 해독하고, 저자는 신하(百官)로 해석한 고문자 {㣇}은 치의 제4.5.6.7장에 각 1회씩 총 4회 쓰였다. (곽점 4회, 상박 2회) 즉 이 장에 처음으로 등장한다. 그런데, 중국측은 다른 꼴의 두 글자 '순번' 1과 2를, 첫째 동일

하게 {生目}으로 석문하고, 둘째 성자명출 편에서는 性으로, 노자나 치의에서는 姓으로 해독한다. 우리 학계도 이를 따른다.

한편, 상박의 경우, 2회는 百{習}, 2회는 百{生目}으로 쓰였다. (즉 '순번' 3처럼 쓰여 있다) 특이한 경우로 이는 다음과 같이 추측된다. 첫째, 다른 꼴을 쓴 것은 당시에 {習}과 {生目}이 모두 사용되는 한자며, 꼴이 다름에도 둘 모두를 같은 자리에 사용한 것은 문맥상 뜻이 통하거나 유사함을 말한다. (하지만, 중국측의 解讀字 性,姓은 중요한 부수 目이 빠져 취할 수 없다) 둘째, 字源을 보면 {生目}은 '살필 省'의 古字로, 省 역시 파자하면 '작게 뜬 눈, 작게 떠서 살피는 눈'을 의미해, 두 漢字는 이체자이거나 유사자일 가능성이 크다.

쉬어가기 : 《곽점초묘죽간》의 '성자명출'편 보기

중국측이 정한 제목 『性自命出』은 사실 『{습}自命出』로 석문하고, 뜻은 '공복(관료)은 스스로의 命(令)으로 나온다'로 해야 바르다.

곽점 총 13개 편 중에 『성自命出』편은 모두 67簡이며 길이도 32.5㎝ 여서, 한자가 노자 못지않게 많다. 전반부 일부만 번역하여 대강의 뜻은 알겠으나, 전체가 드러난다면 어떤 말이 쓰였을지 저자 역시 궁금하다. 중국측은 🖼을 {습}으로 석문하지 않고 性으로 해독하여 <'性'과 '精'의 형성과 연변에 대한 것으로, 외계 환경이 인간의 성정에 미치는 영향, '樂'이 禮樂敎化에서 매우 중요하게 작용하고 있다는 것을 밝히고 있다.>(곽점,p356)고 설명한다. 반면 저자는 <儒敎의 道인 立身揚名에 대한 글로 공복(관료)이 되고자 하는 자의 자세를 묻는 글이며, 정사에 관한 글>로 본다. 저자와 책의 번역이 완벽히 달리 나왔는데, 이는 석문·해독의 오류에서 온 것이다. 5簡까지 번역이다. (원문은 선명도가 낮아 생략했다.)

석문 및 번역

凡人唯又{습}心亡奠志, {之止}勿而句{乍又} {之止}兌而句行, {之止}習而句奠. 熹{艹女心}(怒){忄衣}(哀)悲之{旣火}(氣) {습}也 及其見於外, 則勿取之也.

{습}自命出, 命自天降. {彳人丂}句於靑, 靑生於{습}. 句者近靑, {爻}者近義. 智[靑者能]⁴ 出之, 智宜者能{宀大}之. 好亞{습}也, 所好 所亞勿也. 善丕[善{습}也] 所善 所丕善執也.

---

4   결손문자는 책이 상박초간 문장을 참고하여 넣은 것을 저자가 전후 문맥에 맞춰 고쳐 넣은 것이다. [ ]로 표기했다. 인용문도 缺文이 □로 표기되어 있으나, [註解]를 참고하여 저자가 넣었다.

대개 사람은, 뜻을 제단에 올림을 잊어버린, 즉 간절함이 없는 마음으로, 오직 녹봉을 먹는 벼슬(아치)을 틀어쥐려 한다. (그러나 그것은) 가다가 그치는 勿들(사람)일 뿐이어서 (곧) 구부러질 잠깐 틀어줌이요, 가다가 멈추는 기쁨일 뿐이어서, (머지않아) 꺾어지는 행위요, 가다가 멈추는 (출신성분으로) 익히는 자리일 뿐(이어서) (곧) 구부러져 (죽을) 터를 정함이다. (왜냐하면) 성한 분노와 마음을 덮는 슬픔의 氣인 것이 녹봉을 먹는 관료다 함이라. (그럼에도) 그것에 미칠(及) 것 같음이 (벼슬의) 밖에서 보이면 (미숙한) 인간(勿)은 반드시 덥석 물었던(取) 것이다 함이라.

녹봉을 먹고 사는 벼슬아치는 (天命 즉 출신성분이 아니라) 스스로의 命으로 나온다. 운명은 스스로의 노력으로 하늘에서 내려온다. 만인의 이정표가 될 그릇({亻人宁})은 푸른 싹에서부터 구획 짓는다. 푸른 싹은 녹봉을 먹는 벼슬에서 산다. 녹봉을 먹는 벼슬아치로 구획 지어진 자는 피어나는 푸른 싹에 가깝고, 시시비비를 가리는 자는 義에 가깝다. 까닭에 지혜롭다고 하는 자는 능히 出世할 것으로 푸르른 者이니, 지혜롭다고 하는 자는 능히 집(나라)의 큰 것으로 마땅한 자다. (全心을 다하지 않는, 즉) 녹봉을 먹는 벼슬아치를 버금으로 좋아한다 함은, 좋아하는 바가, 다스리려는 勿(인간)을 버금인 바(所)로 함이다. 반대로 全心을 다한 善으로 善한 벼슬아치가 커진다 함은, 善한 바로, (민초에게) 심은 善이 커지는 바다 함이라.

의역

일반적으로 가문의 혜택을 받아 좋은 집에 태어난 지배층 사람은 마음속 깊숙하게 입신양명에 대해 강한 열망이나 강한 의지도 없으면서 출신성분만으로 오직 녹봉을 받는 높은 벼슬을 틀어쥐려 한다. 그러나 그것은 썩은 동아줄과 같아, 깊은 도덕성이 없어 가다가 그치는 사람(勿)일 뿐이라서 잠깐 벼슬을 틀어쥐고 놀다가 곧 멈출 구부러짐이요, 가다 멈추는 기쁨일 뿐이어서 곧 나아가다 꺾어질 행위요, 가다 멈추는 출신성분에 따라 자리한 높은 가문의 자리일 뿐이어서 머지않아 조상의 은덕으로 출세한 것을 기리는 제사 드림도 얼마 가지 못하고 꼬구라져서 패가망신하고 죽음에 이르게 된다. 왜냐하면, 公僕이라는 것은 백성을 상대하는 것이라 성한 분노와 마음을 덮어버리는 슬픔의 氣인 것이 녹봉을 먹고 사는 높은 벼슬아치인 까닭이다. 그처럼 녹봉을 먹는 벼슬자리는 양날의 검을 휘두르는 위험한 자리다. 그럼에도 밖에서 그것을 잡을 것 같은 신기루가 보이면 도덕도 없고 깨우침도 없는 미숙한 인간(勿)은 반드시 잡아 권력을 휘두르고자 했던 것이다. (이하 생략)

고문자 해독

- 奠 : (터를) 정하다(전), 제사 지내다(전), 제물을 올리다, 바치다/ 멈추다(정), 머무르다

- {人⌣目}={眢} : 고문자가 '상人중⌣하目' 꼴이다. '사람(人)이 허리 굽어(⌣) 보는(目) 또는 허리 굽혀 보는 사람 성'으로 해독한다. 녹봉을 받는 벼슬아치로 '관료, 고관대작, 만조백관'을 뜻한다. 중국측은 '성품 性'으로 해독하나, 緇衣와 노자 제24편에는 이곳과 달리 姓으로 해독해 百姓이라 한다.

- {之止} : 상之하止꼴로, '뻗어 가다(之)가 멈출(止) 지'다. 역시 노자에도 나오는 글자인데, 합문으로 보아 풀어 해석하는 것이 바르다. 중국측은 止, 之로도 해석하다가 이곳은 '기다릴 待대'로 해석했다.

- {乍又} : 상乍하又 꼴로, '잠시, 갑자기(乍) 틀어쥘(又) 작'로 해석한다. 乍는 作의 古字이기도 하지만, 여기는 乍다.

- {艹女心}(怒) : 위로 들어 놀린 양손 혹은 풀 자라는 꼴(艹) 여자의 마음(女心)이다. '성내고, 분기하고, 곤두서고, 기세가 대단할 怒'다. 곽점 노자에도 같은 꼴 고문으로 같은 뜻이다.

- {衣心}(哀) : 상衣하心 꼴로, 옷이 덮어진(衣) 마음(忄)에서 哀(슬플 애)로 볼 수 있고, 풀어서 뒷글자를 수식하는 '마음을 덮다'로도 풀 수 있다.

- {旣火}(氣) : 상旣하火꼴로, 고소한 낱알에 물려 머리를 돌릴 만큼(旣) 먹은 음식이 불(火)을 만나 에너지로 변환되는 것을 나타내는 꼴이다. 오늘날의 氣와 같은데, 이 글자가 생기기 전의 글자 표현이다. 노자에도 쓰였다.
- 辵 : 걸음 보, 걷다, 재다, 행위. 步자와 동자(止가 2번 쓰였다)
- {彳人亍} : 사람(人)이 저자거리 한가운데 있는(行) 꼴로, '만인의 이 정표가 될 그릇 (인)'으로 해독한다. 노자에도 3차례 나오는데, 백서 이하 통행본에서는 道로 바뀐 글자다. 이를 따라 중국 학자들이 모두 {彳人亍}을 道로 해독하니, 우리나라 학자들도 석문은 {彳人亍}으로 하고 道로 푼다. 그런데 성자명출 편에도 道가 쓰였고, 노자에도 道가 나오는데, 왜 굳이 道를 쓰지 않고 {彳人亍}을 썼을까? 略字라면 이해라도 하겠는데…. 만약 저자가 이 글자를 가지고 옛날에는 道를 대신해 통가자로 썼다고 주장하면 독자는 믿겠는가?!
- 句 : '상勹하口'꼴로, '구부러진 갈고리(勹)에 사람의 입(口)이 걸린' 것으로, '올가미, 함정, 책략, 구부러지고, 구획 짓고, 꺾어지고, 휘어지다'는 의미다. 중국측은 '맡을 司'로 석문하고 '처음 始'로 해독하는데, 자전이나 고명의 책으로 보아도 司의 고문자는 아니다.
- 靑 : '푸를 靑'이다. 오늘날의 훈은 '푸른빛, 젊음, 봄, 동쪽 등'이나, 이것으로는 문장을 쓰기가 어렵다. 문맥상 '태어날 때부터, 떡잎부터, 푸른 싹에서부터'로 해석하거나, 이것이 운명적이라면, 혈기 왕성한 젊은 20대를 이르는 뜻일 수 있겠다.
- 智 : '지혜로운 사람 智'다. 노자에도 많이 쓰였는데, 부정적 의미로 쓰인 노자와 달리 여기는 의미상 긍정적인 뜻이다. 중국측은 사람이 아니며, 한번은 知로 해석했다.
- 爻 : '효 爻'가 옆으로 써진 꼴로, '옳고 그름을 따지고 가리다(효)'를 뜻한다. 책은 終으로 해석했다. 고문의 모양이 終의 古字일 수도 있겠으나, 문맥상 취하지 않았다.

- {宀月有}(宜) : '상宀중月하有'의 꼴로, '마땅할 의'의 古字다. 字源에는, 갑골문은 상형으로 도마 위에 오른 고기 조각의 모양을 본떠, 調理함의 뜻. 특히 出陣에 앞서 행해지는 儀禮에 맞는 조리의 뜻에서, 轉하여, '좋다'의 뜻을 나타냄. 전문은 會意 꼴로 나온다.
- {宀大} : '상宀하大'꼴로, '집 안(宀)의 큰 사람(大)'을 뜻한다. 중국측은 內로 석문하고 '바칠 納'으로 해독했다. (內라면, '內로 들이다, 관료로 들이다'로 풀이하는 것이 좋다)
  * [고문자류편],p186의 內를 보면, 갑골문과는 조금 다르고, 전국시대의 글자체와는 유사하다. 이 글자는 '오행'편에 많이 나오는데, 그곳에서는 內의 의미가 더 어울리는 것 같고, 여기는 풀어서 석문한 뜻이 더 어울리는 것 같다.
- 埶 : '심을 예埶'다. 중국측은 '기세, 권세 勢'로 해독한다.
- 亞 : '버금 아亞'다. '다음, 2등'이라는 의미다. 고문 속에서의 의미는 부정의 뜻이다. 중국측은 2회 모두 惡으로 해독했다.

참고 : 중국측 석문(해독) 및 번역

凡人唯(雖)又(有){生目}(性), 心亡奠志, {辵}[5](待)勿(物)而句(後){乍又}(作) {辵}(待)兌(悅)而句(後)行, {辵}(待)習而句(後)奠. 熹(喜){艹女心}(怒){什衣}(哀)悲之{旣火}(氣), {生目}(性)也. 及其見於外, 則勿(物)取之也. {生目}(性)自命出, 命自天降. {彳行}(道)司(始)於靑(情), 靑(情)生於{生目}(性). 司(始)者近靑(情), 終者近義. 智[情]者能出之, 智(知)宜者能內(納)之. 好亞(惡), {生目}(性)也. 所好所亞(惡), 勿(物)也. 善不[善, 性也] 所善所不善, 埶(勢)也.

사람은 모두가 동일한 '性'을 가지고 있다. 그러나 마음(心)이 사람의 의지를 결정할 수 있는 것은 아니다. 물질과 접촉을 한 후에 작용이 일어

---

5 [註解]①에 '두 개의 止로 이루어진 자이다'로 설명되어 있다.

나는 것이고, 즐거움이 있어야 행하여지는 것이며, 습관이 되고 난 후에 정해지는 것이다. 즐거움·노함·애석함과 슬픔 등의 정신(勢)은 곧 '性'이다. 이 '性'은 물질과 접촉을 한 후에 외부로 발현되어지는 것이다.

'性'은 또한 '命'으로부터 나온 것이며, '命'이란 곧 하늘에서 내려진 賦命이다. '道'는 '情'에서 시작된 것이며, 그 '情'은 또한 '性'에서 나온 것이다. 그 시작은 '人情'을 근본으로 하는 것이지만, 그 궁극적인 목적은 곧 '義'를 세우고자 하는 것이다. 그래서 人情을 통달한 자만이 능히 人情을 발흥시킬 수 있는 것이며, 사람의 '義'를 통달한 자만이 곧 능히 人情을 거두어들일 수 있다. 좋아하고 싫어함은 '性'이다. 이른바 좋아하고 싫어함은 곧 외계의 물질에서 비롯된 것이다. 선함과 선하지 않음 또한 '性'이다. 이른바 선하고 선하지 않음은 곧 情勢에서 비롯된 것이다.

해설

둘은 '같은' 죽간을 번역한 것이다. 그러나 내용은 전혀 다르다. 독자는 황당할 것이다. 이게 말이나 돼? 하지만 사실이다. 독자가 접하는 대부분의 중국 고전은 중국학자에 의해 2차로 가공된 글이다. 일부는 고문의 뜻과 같겠지만, 1차 석문 후 이체자에 의한 2차 해독이 많을수록, 통행본과 같은 꼴로 해석할수록, 특히 내용이 군주와 신하에 관계되는 정치서일수록 원문의 뜻과는 멀어진다. 서두에서 말했듯, 저자는 곽점 13개 편 모두를 조금이라도 번역해 보았다. 상당 부분 달랐다. 힘에 겨워 저자가 끝까지 석문하지 못한 편들은 언젠가 높은 혜안을 가진 자에 의해 온전히 역해되기를 기대한다.

내용은 참 좋아 보인다. 지금의 상황으로 치환해 여러모로 되새겨볼 만한 글귀다. 특히 나라를 책임질 자리를 탐하는 자는 스스로를 돌아보았으면 좋겠다. 그래서 만인의 종이 되고자 하는 당위적인 목적이 당신과 당신 1당의 목숨보다 앞에 있는지를 곱씹어 돌아보았으면 한다. 나라의 흥망성쇠와 국민의 안위가 당신의 손에 있기 때문이다.

제 4 장

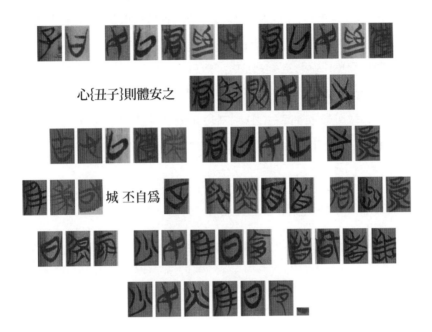

제 5 장

心{丑子}則體安之

城 丕自爲

석문 및 번역

子曰 民以君爲心 君以民爲體 心{丑子}則體安之 君{丑子}則民合之 古心以體鷹 君以民亡 詩員 '隹秉或城 丕自爲正 卒{炊衣}百{습}' 君牙員 '日俗雨 少民隹曰命 晉冬{老曰}寒 少民亦隹曰令_'

> 자왈 민이군위심 군이민위{체} 심{차}즉체안지, 군{차}즉민공지 고심이체태 군이민망 시원 최병혹성 비자위정 졸{의}백{성} 군아원 일용우 소민최왈명 진동{님}한 소민역최왈령_

공자가 말씀하셨다. "백성은 군주로써 마음을 삼고, 군주는 백성으로써 몸을 삼아야 한다. 마음이 무한신뢰할 때에는 몸이 편안해지는 것이니, 군주가 무한신뢰하면 백성은 팔방으로 칭송을 펼치는 입이 되는 것이다. 옛날부터 마음은 몸으로써 (즉 드러난 상태 및 행실로) 알 수 있었으니, 군주는 백성으로써 (즉 백성의 상태 및 행실로 인해서) 망했었다. 《시경》으로 넓혀보면, '높이 날아올라 혹 단단히 이룬 성(나라)을 잡으면, 저절로 바르게(正) 됨이 커지니, 만조백관은 죽임을 마쳤다(卒)네'라고 했고,《상서·군아》로 더해보면, '날(日)이 (폭우와 같은) 비로 (농사가 어려워 삶이) 팍팍하고 근심스러우면, 얼마의 백성은 높이 날아올라 命을 외치고, 삶을 짓누르는(晉) 한겨울의 嚴冬雪寒이면, 얼마의 백성 또한, 높이 날아올라 외쳐 명령한다.'는 것이다."

참고 : 중국측 석문(해독) 사진 및 번역

子曰: 民弖(以)君爲心, 君弖(以)民爲體(體), □□□□□□, 君丑(好)則民仝之. 古(故)心弖(以)體(體)廌, 君弖(以)民亡. 《𠱾(詩)》員(云):「隹(惟)秉或(國)□□□ 【5】正, 卒袠(勞)百眚(姓).」《君𡠥(牙)》員(云):「日俁雨, 少(小)民隹(惟)日命, 晉𦱡(冬)耆(祁)寒, 少(小)民亦隹(惟)日令▪.」

* 파손문장 : 心好則體安之 / 成 不自爲 (상박(치의),p100,101)

공자가 말하였다. 백성은 군주로써 마음을 삼고, 군주는 백성으로써 身體를 삼는다. 마음이 좋으면 신체가 편안해지며, 군주가 좋아하는 것 또한 백성도 원하게 된다. 마음은 몸이 좋지 않으면 상하게 되는 것과 같이 군주는 백성으로 인하여 망할 수도 있는 것이다.《시경》은 "누가 국가의 정무를 주관하는가? 자기 자신이 정직하지 못하면 백성은 더욱 수고스럽게 된다."라고 했고,《상서·군아》는 여름에 덥고 습하면 백성들은 매일 매일 원망을 하고, 겨우내 추우면 백성은 또한 매일 매일 원망을 하게 된다."라 했다.

고문자 해독

⊘ 상박 파손된 글자는 곽점에서 취해 상박의 글자로 고친 心{丑子}則

體安之 / 城 厾自爲다.

① {｛豊｝}(體) : 骨이 人으로 쓰인 體의 벽자(이체자)로 해독한다. 중국측
도 體며, 곽점은 體다.

② 厾 : 자전에는 '수렁 연'만 나오나, 이는 내용상 쓸 수 없다. 인터넷에
는 公과 同字로 '공평할 공'의 訓이 더 있다. 즉 '한쪽으로 치우치지
않고 공평하다, 공평무사하다, 숨김없이 드러내 놓다, 함께 하다, 상
대를 높이는 말, 벼슬, 관청' 등의 뜻이 있다. (이것도 가능하다) 저자
는 문맥상 '팔방으로 칭송을 펼치는(八) 입이 될(口) 공'으로 해독한
다. 중국측은 곽점초간과 통행본을 따라 '하고자 할 欲욕'으로 풀었
다.

③ {｛夊日｝}(冬) : '상夊하日'꼴로, '한 해(日)가 실매듭(夊)에 걸린 겨울 冬'
의 金文이다. 전문부터 冬꼴이다.

④ {老日} : '늙은(老) 해(日) 날'로, 해가 늙어버려 '따뜻한 역할을 못한
다'는 의미로 해독한다. 문맥상 '심하고 강한'의 뜻으로 푼다. 중국측
도 '심하고 강하다'로 보아, 酷寒과 같은 '엄동설한'을 말한다고 했
다.(p253) 곽점은 '맛난 음식 旨'로 쓰였다.

⑤ 廌 : '해태 치·태廌'로, 시비와 선악을 판단할 수 있는 상상의 동물이
다. 여기서는 '하늘의 계시를 받아 보고, 알 수 있는 인물'을 의미한
다.

⑥ {尸昃}(俗) : '주검 시(尸)'부수에 '해 기울 측(昃)'자에 가까운 글자 꼴
로, '해가 기울도록(昃) 문밖을 나가지 못하고 앉아 있을(尸) 속'으로
풀이한다. 내용상 '폭우와 같은 장대비로 인해 집에 박혀 근심하는
것'을 뜻한다. 의미적으로는 '불안하고, 근심할 俗'과 통한다

⑦ {牙臼}(牙) : '牙'의 고문자다. 특이하게도 상박과 곽점의 인용문 편
　(장) 제목은 詩經, 君奭만 빼고, 오늘날 전해오는 제목과 글자가 다르
　다. 여기도 {牙臼}꼴로 쓰였는데, 중국측 해독을 보니, 「'牙'자의 고문
　자이다.…'牙'와 '雅'자는 서로 통용된다.」(p252)고 설명한다. 문장에
　서 내용이 아닌 편(장)의 이름인 까닭에 그대로 따른다. 이하 같다.

⑧ 晉 : 나아갈 진, 억누르다, 꽂다 / 秉 : 잡을 병, 손으로 잡다, / 慵 : 불
　안할 용, 근심스럽다

│ 해설

상박은, 군주를 마음으로 백성을 몸으로 비유하여 몸(백성)을 보면 마음
(군주)을 알 수 있다고 말한다. 그러므로 군주는 백성에 대한 무한신뢰
를 가져야 한다. 그럴 때 백성은 숨김없이 드러내거나 팔방으로 칭송하
는 것이다. 그렇게 못해, 백성의 삶이 한계점에 이를 정도로 팍팍해지면
백성은 논밭을 떠나 군주에게 명령을 외친다는 내용이다. 의미상 백성
이 군주에게 명령을 하는 것은 민란밖에 없다. 그것이 비록 지역적인 것
이라도 이는 태풍을 몰고 오는 나비의 날갯짓인 것이다.

당연히 군주나 지배층에는 받아들이기 어려운 글귀다. 까닭에 곽점은
상박의 命令을 {卜曰月心}(불만이 많은 마음)으로 바꾼다. 이는 예기의
怨과 유사하다.

반면 중국측 석문·해독 그리고 최교수 번역은 저자와 사뭇 다르다. 禮記
에 맞췄기 때문이다. 예를 들어, 해독문장 不自爲正 卒勞百姓도 '자기
자신이 정직하지 못하면 백성은 더욱 수고스럽게 된다'로 번역하는데,
가능한 문장인지 의문이다. 이는 문장에서 만조백관(관료)을 뜻하는 글
자 '百{슬}'을 중국측이 百姓으로 해독한 결과, 어쩔 수 없이 이렇게 한

것이다. 즉 바뀐 한자와 첨삭으로 인해 한문법으로는 바르게 번역이 이루어질 수 없는 문장 형태가 되어 발생한 것이다.

최교수는 상박이나 곽점, 그리고 통행본 緇衣는 내용이 동일하다고 말하는데, 저자의 번역은 내용이 각 각인 서로 다른 3개 편이다.

쉬어가기 : 중국측의 이체자(가차자와 통가자) 해독 방식의 문제점

중국측은 사라진 한자를 전혀 인정하지 않은 까닭에, 이체자로 번역하는 글자가 너무 많다. 저자와 비교하면 확연히 드러나는데, 그들이 어떤 설명을 하더라도 저자가 보기에는 예기를 기준으로 삼았기 때문이다. 하지만, 죽간과 같은 고문의 내용은, 1차로 석문을 하면 반드시 그대로 번역하는 것이 원칙이어야 한다. 글쓴이가 이체자를 이용해 문장을 쓸만한 합리적인 이유가 없고, 분서갱유를 서슴없이 자행할 만큼 군권이 절대적이고, 지록위마라는 4자성어가 생길 만큼 관료들의 곡필이 흔했던 시대상으로 인해 통행본으로 오면서 原意가 바뀌었을 수 있기 때문이다. 까닭에, 예기는 죽간 석문을 위한 참고자료로 필요한 것이다.

이런 이유로 모든 簡帛은 석문이 이루어지면 석문대로 번역해 봐야 한다. 그래서 번역이 되지 않으면 이는 왜곡된 것이다. 만약 새로운 한자를 이체자로 보고서 오늘날의 한자로 고쳐버리면 고문은 바르게 읽혀질 수 없다. 혹 읽힌다 해도 성자명출 편처럼 전혀 엉뚱한 글이 된다. 곧 오늘날 중국측이 해석하는 방식이다. 상식적으로, 최초 글쓴이가 자신이 나타내고자 하는 한자를, 발음이 유사한 이체자를 사용하여 만들었다는 것이 말이나 되는가?

저자는 이미 곽점 노자는 진본에 가까운 원본이라 했다. 그런데 같은 곽점 치의는 왜곡본이다. 곽점 노자 丙本의 이본도 왜곡된 글귀다. 같은 무덤에 진짜와 가짜가 혼재해 있는 것이다. 이는 죽간이 같은 시대에 써진 글귀가 아니거나, 戰國時代에는 나라와 지배층에 따라 진실과 거짓이 혼재했음을 보여준다. 초월적 군주나 딸랑이 지식인이 있던 나라에서 군주에게 쓴소리는 입맛에 맞게 개작되었다. 까닭에 오늘날 전해오는 공자의 글 중에는 진실이 왜곡된 글도 있을 가능성이 높다. 저자는 이제 번역만 해봐도 느낀다.

어떻게 진본과 같은 원본을 찾을 것인가? 이는 석문된 古原文 대로 '직역'을 할 수 있어야 가능하다. 이때 번역이 반듯하면 진본이다. 그렇지 않고 중국처럼 이체자를 동원해야 문장이 이루어지면 이는 왜곡된 것이다. 상박과 곽점의 치의는 글자의 배열이 비슷하지만 중요 한자와 표점이 다르다. 이 경우 번역은, 서로 다른 점을 무겁게 보아야 한다. 중국측처럼 이체자로 봐 버리면, 내용이 같다고 결론이 난 꼴이라 진실을 가릴 수 없다.

상박은 석문만으로 번역이 반듯했다. 뜻이 분명하다. 漢字를 훈 이외의 뜻으로 번역한 예도 없고, 한문법을 벗어나는 경우도 보지 못했다. 반면, 곽점은 바뀐 한자와 표점으로 인해 억지 문장이 꽤 있다. 문장이 되게 하려면 이체자를 동원해서 풀어야 한다. 따라서 곽점은 공자의 原意가 왜곡된 글이다. 다만, 상박과 비교하여 字數 배열이 유사하고 내용의 변화가 禮記보다 적어, 왜곡의 초기 단계다. 이것이 통행본으로 오면, 글자나 내용이 너무 다르게 변해, 다른 문장이 된 경우가 많다. 특히 군주나 지배층의 심기를 거스르는 문장은 거의 왜곡되었다.

곽점 이하 비교

곽점 치의

子曰 民以君爲心, 君以民爲體 心好則體安之 君好則民{谷心}(慾)之 古心以體法 君以民芒《詩》員 隹秉{宀或}城 丕自爲{卜目}(貞) 卒{炊衣}百{㠯}《君牙》員 日俗雨 少民隹日{卜曰月忄} 晉冬旨滄 少民亦隹日{卜曰月心}■

공자가 말씀하시길, 백성은 군주를 마음으로 삼고, 군주는 백성을 몸으로 삼아야 한다. 마음이 좋으면 몸은 편안해지는 것이니, 군주가 좋아하면 백성은 慾望하는 것이다. 옛날 마음은 몸으로써 (즉, 외적인 행실로 인해서) 본받음이니, 군주는 백성으로써 (벼, 보리 따위의 깔끄러운 수염인) 까끄라기였다. 《시경》으로 더해보면, 높이 올라 잡은 견고한 城처럼 무너지지 않는 나라를 잡으면, 스스로 곧게 됨이 크니, 만조백관 죽이기를 끝낼 수 있다. 《상서·군아》로 더해보면, 날(日)이 (폭우와 같은) 비로 근심스러우면 얼마의 백성은 날(日)로 인해서 하늘에 제물을 놓고 빌라는, 즉 군주의 부덕에 불만을 높이고, 맛있는 음식(旨)이 차고 싸늘해져(滄) 억누르는(晉) 겨울이면, 약간의 백성은 또한 날(日)로 인해서 군주의 부덕에 불만을 높인다.

참고 : 중국측 석문(해독)

子曰: 民以君爲心, 君以民爲體. 心好則體安之, 君好則民{谷心}(欲)之. 古(故)心以體法, 君以民芒(亡). 《寺(詩)》員(云): "隹(誰)秉{宀或}(國)成, 不自爲貞, 卒{炊衣}(勞)百{生目}(姓)." 《君{牙臼}(牙)》員(云): "日俗雨, 少(小)民隹(惟)日{忄肖}, 晉冬旨(耆)滄, 少(小)民亦隹(惟)日{忄卜日月}(怨)."

고문자 해독

- {卜目}(貞) : '점(卜) 보아(目) 알 정'으로 해독한다. 문맥상 쓰기는 어렵고, 통용 한자로는 '점을 쳐서 알다'라는 어원을 가진 '곧을 貞'이 가장 가깝다.
- {炊衣} : 상炊하衣 꼴로, '의복(衣)이 불타(炊)고, 옷을 불태울 의'로 풀이한다. 의미상 '죽음(을 당하다)'을 뜻한다. 상박과 같고 통행본은 勞다.
- 俗 : '불안할 용俗, 근심스럽다, 익숙하다'의 의미다. 상박과 곽점의 고문자도 조금은 다르지만, 내용상 俗과 통해 모두 같다고 본다. 통행본은 '더울 暑'인데, 이는 본 내용과 거리가 있다. 후대에 내용을 고치면

서 변화된 내용을 따라 유사꼴의 글자를 취한 것이다.

- {卜曰月心} : '제물을 받쳐(月) 하늘로부터 계시받은(卜) 명판 쥐기를 (曰) 바라는 마음(心) 연'으로 해독하여, '군주의 부덕에 불만이 많은 마음'으로 풀이한다. 중국측은 '성낼 연悁'의 이체자로 본다. 이렇게만 해독한다면 내용상 상박에 근접한다. 그런데 이것을 또 '장구벌레 肙'의 이체자로 보며, '肙'자는 '怨'자와 음이 통한다.(p253)고 설명한다.
- 祁 : 성할 祁기, 크다, 많다, 조용하다

해설

곽점 저자의 번역은 군주에게 껄끄러워 고쳐진 상박의 글자만 순환된 문장으로 표현되어 졌을 뿐, 전체적으로 상박과 비슷하다. 물론 명확한 상박이 없었다면, 의미를 상박처럼 이해할 수 있었을까는 별개다.

반면 중국측 곽점 번역은 예기를 참고하여 이체자 번역이 심하다. 3번 나온 '참새 隹'도 중국측은 예기를 따라 '누구 誰'로 1번, '생각할 惟'로 2번 해독했다. (상박은 모두 惟로 해독했으나 번역은 같다) 그러나 隹는 서술어로 '높다'라는 뜻이 있고 그 뜻을 문맥에 활용해야 뜻이 정확히 통한다.

'적은, 약간, 얼마간'을 뜻하는 少도 고쳐서는 안 된다. 통행본이 '작을 小'로 쓰였다고 따라 고쳤는데, 문맥상 '크다'의 반대 개념이 아니라 '많다'의 반대 개념인 까닭에 이 역시 고쳐서는 안 되는 글자다. 문장만 바르게 번역되었다면, 少로 번역할 수밖에 없었을 것이나, 다른 문장들이 이미 통행본의 글자들을 따라 고쳐져 이 글자 역시 小로 해독할 수밖에 없었을 것이다. 세세히 말하자면 이 장만으로도 엄청나다.

禮記 제17장

子曰 民以君爲心 君以民爲體 心莊則體舒 心肅則容敬 心好之 身必安之

君好之 民必欲之 心以體全 亦以體傷 君以民存 亦以民亡《詩》云 昔吾有先正 其言明且淸 國家以寧 都邑以成 庶民以生 誰能秉國成 不自爲正 卒勞百姓《君雅》曰 夏日暑雨 小民惟曰怨 資冬祁寒 小民亦惟曰怨

공자 가라사대, 백성은 임금으로 마음을 삼고, 임금은 백성으로 몸을 삼는다. 마음이 건강하면 몸은 壯하게 펼쳐지는 법이요, 마음이 엄숙하면 용모도 공경스러워진다. 마음이 좋아하는 것은 몸이 반드시 편안해지는 것이다. 군주가 좋아하는 것은, 백성도 반드시 하고자 하는 것이니, 마음은 몸으로 온전하고, 또한 몸으로 상함과 같이, 임금은 백성으로써 존재하고, 또한 백성으로써 망한다.《시경》에 이르기를, '예전 나에게 先正이 있어, 그의 말은 밝고 또 맑아서 국가가 편안하고 도읍을 이루고 백성이 生育하였다. 누가 능히 나라의 성공을 잡았던가. 스스로 바름(正)을 삼지 않으니 백성을 수고롭게 함을 끝냈다.'고 하였다.《군아》에 가로되, '여름날의 더위와 비에 얼마의 백성은 원망을 생각하고, 겨울의 성한 추위에도 백성은 또한 생각하니 가로되 원망함이다.'고 했다.

해설

예기는 역자에 따라 번역이 다른 경우가 꽤 있다. 후대로 전해지면서 문장이 바뀌지 않은 것이 드물 정도로 고쳐져서, 번역이 문법과 글자만으로 이루어지기가 어렵기 때문이다. 그것이 善意라 해도 용서하기 어려울 것인데, 대부분 뜻을 왜곡하기 위해 고쳐진 것이어서, 원래의 훈과 바르게 연결되지 않는 한자들이 꽤 있다. 결국, 번역하는 者마다 자의적인 문장 번역이 들어갈 수밖에 없게 된 것이다. 즉 통행본이 상박 공자의 말씀과 달라 발생하는 것이다.

예기는 관료 이야기 부분이 거의 백성의 글로 바뀌었다. 또한 '클 조'가 '아니 不'로 바뀌면서 내용을 맞추기 위해 글자의 첨삭이 심해졌고, 이에 문맥이 맞지 않은 한자는 고쳤다. 결국, 공자가 말하고자 했던 뜻에서는 멀어져 버렸다.

예를 들어, 앞부분의 상박 心{丑子}, 君{丑子}의 {丑子}가 각각 好(곽점)와 莊(통용)으로 바뀌면서 君民 간의 관계를 설명하는 心體가 心(君主)만을 드높이는 형태로 변질 된다. (곽점은 상박에 가깝다) 이를 위해 두 죽간에 없는 문장 心肅則容敬를 넣었다. 이어지는 문장들도 새로운 글자를 넣고 문장도 나누어, 길게 늘어뜨리고 있다. 시경의 내용도 뒷부분은 살아 있으나, 앞부분이 통째로 바뀌다 보니, 문장의 정확한 의미해석이 어렵다.

쉬어가기 : 《상박(치의)》 제5장, 제11장의 命과 令의 解說에 대한 견해

→ 최교수가 중국측이 석문한 命과 令을 잘못 예정했다고 설명한 곳이 있는데, 이는 중국측이 맞다.

『禮記本』의 '怨'자를 『郭店楚簡』에서는 ''으로 쓰고, 『上博楚簡』에서는 '' 또는 ''으로 쓴다. 『郭店楚簡』에서는 … '肙'자의 이체자이다. 따라서 … '怨'과 같은 의미로 쓰인다. 『上博楚簡』의 ''과 ''은 『說文解字』의 'O(怨)'자의 古文 'O(O)'과 매우 흡사하다 . … 『上博楚簡』에서는 ''을 命으로 ''을 令으로 예정(隸定)하고 있으나, 이는 '令'이나 '命'자가 '宛'자와 형태가 비슷하기 때문에 잘못 예정(隸定)한 것이다. (상박(치의), p111 및 p165 유사)

최교수 석문·해독의 문제점은 관점이 禮記에 서 있다는 점이다. 그리고 상박과 곽점 중에서 禮記로의 유도를 곽점으로 풀고, 마지막으로 상박의 글자는 古文이 怨자의 고문과 매우 흡사하다 보니, 이에 중국측이 命令으로 잘못 예정한 것이다고 결론했다.

[각 本의 장에 쓰인 한자]

구분	상박	곽점	예기	비고
제5장	〔그림〕명 〔그림〕령	〔그림〕(卜曰月心)	怨, 怨	or (卜月心)
제11장	〔그림〕령 〔그림〕명	〔그림〕命	怨, 命	

제 5 장

제5장에서 상박은 命과 令인데, 곽점은 낯선 고문자 한 자로 통일했고, 예기도 命令과는 전혀 다른 한자인 怨 한 글자로 썼다. 반면, 제11장도 상박은 命令인데, 命은 고치지 않고, 令만 제5장의 글자꼴로 고쳤다. 이는 제11장의 命이 문장 속에 쓰인 漢字가 아니라 顧命[1]이기 때문에 고칠 필요가 없어서다. 반면 제5장 같은 경우, 모두 문장 속에 있으면서, 백성이 농기구를 들고 군주에 명령(대항)한다는 '민란을 의미'해 그대로 둘 수는 없는 글자다. 결론적으로 상박의 글자를 곽점과 예기가 왜곡한 것이다. (사실 이는 문장을 정확히만 번역해도 알 수 있다.)

또한, 최교수는 古文 命·令이 古文 宛과 형태가 비슷하다고 표현하는데, '마음心'이 있고 없고는 형태가 전혀 다른 확연히 틀린 글자다.

한편, 상박의 다른 장에 쓰인 命은 곽점과 예기에서 고치지 않은 채 그대로 나온다. 이 경우는 주어가 군주(우두머리)이기 때문이다. 이것만 봐도 곽점과 예기는 의도적인 왜곡인 것이다.

구분	상박	곽점	예기	비고
제8장	(命)	(命)	命	
제17장	(命)	(命)	命	

---

[1] 왕이 임종시에 남긴 말. 계급적인 측면으로 보면, 군주의 말이기 때문에 고칠 필요가 없다.

제 6 장 ───────────

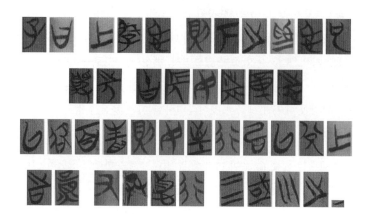

| 석문 및 번역

子曰 上{丑子}仁 則下之爲仁也 靜先 古長民{以勿伇}章志 以卻百{生目}則民至行{己口}以兌上 詩員 '又共悳行 四或川之_'

⋮ 자왈 상{차}인 즉하지위인야 정선 고장민{자}장지 이소백{성}즉민지행{구}이
⋮ 태상 시원 우공덕생 사혹천지_

공자가 말씀하셨다. "우(上)가 어짊을 무한신뢰하면 아래(下)가 어질게 되는 것이다 함이니 (군주는) 고요함이 먼저인 법이다. 옛날 우두머리와 백성은 넉넉하게 (상호 자신의) 뜻을 드러냈다. (만약 長의 정치가) 일백의 삶을 살피는 눈(만조백관)을 높임(즉 빛냄)으로써면 곧 백성은 上을 바꿈으로써 자기 입을 위한 행동(行)에 이르렀었다, 《시경》으로 더하면, '德을 함께 틀어쥐고 나아가면 온 나라가 순리대로 흘러가는 것이다.'고 했다."

제 6 장

참고 : 중국측 석문(해독) 사진 및 번역

子曰: 上丌(好)尿(仁), 則下之爲尿(仁)也靜(爭)先, 古(故)長民者章志, 【6】㠯(以)卲(昭)百眚(姓), 則民至(致)行㠯(己)㠯(以)兌(悅)上. 《告(詩)》員(云):「又(有)共惠(德)行, 四或(國)川(順)之.■」

공자가 말하였다. 윗사람이 仁을 좋아하면, 아래 있는 사람은 '仁'을 실천하기를 먼저 힘쓴다. 그런고로 백성을 다스리는 자가 仁을 좋아하는 의지를 드러내 백성에게 환히 나타나게 한다면, 백성들은 자신의 행동을 이룸으로써 그 윗사람을 기쁘게 한다. 《詩經·大雅·抑》에서는 "바른 덕행을 실행하면 사국이 여기에 순응한다."라고 했다.

고문자 해독

① {身心}(仁) : '몸(身)에 지닌 마음(心)'이란 뜻으로, 仁의 피휘자로 본다. 중국 東周 元王(제위:BC475~468)의 이름이 仁이다. 이는 상박이든 곽점이든 緇衣편이 원왕 사후의 필사본이거나, 다시 仁이 쓰이기 전까지 일정한 기간 안의 필사본이라는 뜻이다.

② {己口} : '사사로운·자기의(己) 입(口)을 위할 구'로 풀이한다. 자전에는 없고 고명의 [고문자류편,p121]에는 說也(말하다)로 해설되어 있으나 내용상 不用이다. 중국측은 己로 해독했다.

③ 靜 : '고요할 정'으로, 곽점 노자에도 靜이 쓰였다. 저자가 이 글자에 놀란 것은, 이후 이 글자는 帛書노자에서 '다툴 쟁'으로 고쳐져 오늘날까지 이어져 오고 있는데, 여기도 곽점에서 爭으로 바뀌어 오늘날까지 이어져 온다는 사실이다.

④ 昭 : 밝을, 밝힐, 빛날 소·비출 조 / 卲 : 높을 소 / 兌 바꿀 태, 빛나다, 기쁘다

悳과 仁이 짧은 글 안에 모두 쓰여 있어, 공자가 지도자에게 하고픈 말이 모두 녹아 있는 장이다. 군주가 모범이 되어야 하는 것은 지배층 관료들의 꼭지로서 관료들이 걸어가야 할 길을 가장 먼저 내딛기 때문이다. 그래서 어짊(仁)과 어진 자를 신뢰해야 한다. 어짊을 사랑하는 군주를 두고 폭정을 일삼을 관료는 희박할 것이기 때문이다. 그것의 시작과 끝은 '고요할 靜'이요, 그것이 순리다. 그렇지 못하고, 군주가 소수 지배집단(관료)과 짝짜꿍 되어 백성의 뜻을 무시하고 나라를 가지고 놀아날 때는, 백성은 죽창을 들고 일어나, 上을 몰아낼 것이다는 내용이다.

중국측의 석문은 많은 곳에서 이체자에 의한 해독을 하고 있다. 특히 상박의 '고요할 정'을 '다툴 쟁'으로 해독한 것은 압권이다. 오죽했으면, 최교수도 '다투다'는 爭을 '힘쓰다'로 번역했겠는가! 그러나 '쟁'에는 그런 훈이 없다. 설령 어느 자전에 있다면, 이처럼 잘못된 해독 문장으로 인해, 번역자가 문맥상 사용함으로써 발생한 것이다.

또, '백성'이라고 번역되는 한자도 마찬가지다. 최교수는 두 번 나온 民도 '백성'이요, 한 번 쓰인 百姓도 '백성'으로 번역하는데, 중국측이 해독을 잘못했기 때문에 문맥상 어쩔 수 없는 것이다.

| 곽점 이하 비교

곽점 치의

子曰 上好{身心}(仁)則下之爲仁也 爭先 古{長}民者 章志 以{刀日 刂}(昭)百{壬目}則民至行{己其}以敎上《詩》員 又共悳行 四方{川心}之

공자 가라사대, 우(上)가 仁을 좋아하면, 아래(下)가 어질게 되는 것이다 함이니, 먼저 (어질려고) 다툰다. 옛날 백성을 다스리는 자가 뜻을 드러내어 만조백관을 밝힘으로써면, 백성들은 우(上)를 빼앗음으로써 시건 방진 책상다리할 행위에 이르고자 하는 법이다. 《詩經》으로 더해보면, '덕을 함께 틀어쥐고 나아가면 四方이 순응하는 마음인 것이다.'라고 했다.

고문자 해독

- 共 : 자전을 보면, '큰 물건을 양손으로 받치는 모양'으로, 물건을 바치다, 일을 함께 하다의 뜻을 나타낸다. 통행본이 전혀 다른 글자인 '수갑 梏곡, 묶다'로 쓰여 있어, 중국측은 이 글자에 대한 의견이 분분한 것 같다.
- {己其} : '상己하其'꼴로, 자전에는 '책상다리할, 무릎 꿇을, 나라 이름 기'로 나온다. 상박의 {己口}에서 통행본의 근로 바뀌는 중간에 있다. 상박의 의미는 '어쩔 수 없이 살고자'의 뜻이라면, 여기는 '시건방져서'의 의미가 강하다.
- 梏 : 수갑 곡, 꿰다, 붙잡다

[참고] : 중국측 석문(해독)

子曰: 上好{身心}(仁), 則下之爲仁也爭先. 古(故){長}(長)民者, 章志以{刀曰}(昭)百{生目}(姓), 則民至(致)行{己其}(己)以敚(悅)上. 《寺(詩)》員(云): "又(有)共[1]悳(德)行 四方{川心}(順)之."

해설

상박은 고문자를 몰라서 번역이 어렵지, 모든 문장이 직역으로도 아주

---

1 책은 고문자 그대로 쓰였다. 註解에 '본문은 '共'으로 예정하고 '梏'로 읽기로 한다'로 쓰여 고쳐 넣었다.

매끄러우며, 기본 문법에 충실하게 적혀있다. 내용 또한 굳이 해설이 필요 없을 정도로 명확하다. 반면에 곽점은 번역이 어렵다. 상박과 비교하여 중심되는 한자 '놈 者', 爭, 長, {己其}, 敓, {丑子} 등이 바뀌어, 문법을 따르면 문장이 이상하고, 문장을 따르면 문법이 어긋나는 경우가 발생하기 때문이다.

상박은 군주가 仁(者)을 어느 정도 높이 사는가를 뜻하는 글자로 {丑子}(무한신뢰)를 사용하였는데, 곽점은 好(좋아하다)를 썼다. 이는 느낌적으로 강도가 약해진 것이다. 또한, 저자가 百{습}으로 석문하고 만조백관으로 해독한 글자를 중국측은 百姓으로 해독한 까닭에, 공자의 사상이 드러나지 못했다. 이것은 또 수정되어 禮記로 전해지는데, 군주의 권위에 도전적인 문장은 모두 사라져 버리고 없다.

禮記 제6장

子曰, 上好仁則下之爲仁 爭先人 故長民者 章志·貞敎·尊仁 以子愛百姓 民致行己以說其上矣 《詩》云 有梏德行 四國順之.

공자가 말했다. 우가 어짊(仁)을 좋아하면 아래는 仁이 되는 것이니, 먼저 사람이기를 다툰다. 그러므로 백성의 어른 된 자는 뜻을 밝히며 가르침을 바르게 하고 어진 것을 높이어 백성을 아들로서 사랑하면, 백성은 힘을 자기의 착한 일을 행하는 데 쏟아서 그의 위(上)를 기쁘게 한다. 《詩經》에 이르기를, '德行을 꿰어 잡으면 천하가 순응할 것이다.'고 했다.

해설

禮記는 문맥을 매끄럽게 하고자 爭先 뒤에 없는 漢字 人을 더 넣었다. 결국 靜先(상박)이 爭先(곽점)으로, 이는 爭先人(예기)으로 변화되었다.

저자가 판단컨대, 이러한 결과는, 곽점이 상박의 '무한신뢰를 드러내 보인다'는 뜻을 가진 {丑子}을 '서로 좋아 한다'는 好로 바꾼 것이 시작이라고 본다. 상박의 글자를 고친 長民者도 사실 '백성에게 임금노릇 하는 자'나 '백성의 우두머리인 자'나 '백성을 다스리는 자'나 좀 억지스런 번역이다. 그러나 이미 상박의 고문자 {以勿仒}가 곽점에서 '놈 者'로 변한 상태에서는, 문맥을 맞추려면 이런 꼴로 할 수밖에 없다.

勛必聿{身心} {之口}員 成王之孚

석문 및 번역

子曰 {禹土}立品年 百{生目}以仁{?頁} 勛必聿仁 詩員 成王之孚 下土之
式 呂型員 '一人又鷹 {萬土}民{言大}之_'

> 자왈 {우}립품년 백{성}이인{혈} 개필율인 시원 성왕지부 하토지식 여형원 일
> 인우태 {만}민{던}지_

공자가 말씀하셨다. "우(禹)의 땅에 (차례로) 벼슬의 品階가 수립된 해
에, 만조백관(관료들)은 어짊으로써 각 지역의 큰 머리가 되었다. (지역
에) 알맞게 반드시 어짊을 꼿꼿이 폈다. 《시경》로 더해보면, '성왕이 참
되고 믿음직스러운 것은 아래 땅(관료나 백성)의 모범이로세.'라고 했고,
《여형》으로 넓히면, '군주 한 사람이 시비와 선악을 판단할 수 있는 혜안
을 틀어쥐면, 온 땅의 백성이 즐겁고 행복한 것이다.'라고 했다."

참고 : 중국측 석문(해독) 사진 및 번역

子曰: 壑(禹)立品(三)年, 百眚(姓)以殳(仁)頷, □□□□□□□□□□, 【7】下土之弋(式), 呂型
(刑)員(云):「一人又(有)慶(慶), 壑(萬)民歌之■.」

> * 파손문장 : 勛必{聿彡}{身心} 寺員:成王之孚 (상박(치의),p118)

공자가 말하였다. 禹가 등극한지 삼년 만에 백성들은 인을 실천하였다. 그렇다고 어찌 백성 모두가 어진 자였겠는가?《詩經·大雅·下武》에서 말하기를 "성왕의 참됨과 믿음성은 부하 백성들에게 모범이 되었네."라고 했고,《尙書·呂刑》은 "군왕 한사람이 미덕이 있으면, 만민 모두가 이익을 받네."라고 했다.

▍고문자 해독

⓪ 파손된 글자는 곽점을 참고하여 剴必聿{身心} {之口}員 成王之孚다.

① {?頁} : 글자가 생소하다. 左上은 고문자 夫의 윗부분, 左下는 고문자 邦의 왼쪽과 유사하다. 오른쪽은 '머리 頁혈'이다. 저자는 '각 지역(邦)의 큰(夫) 머리(頁)가 되었다(수)'로 풀었다. 중국측은 통행본을 따라 '이루고, 달성될 遂'로 해독한다. 곽점은 道다.

② 剴 : '알맞을 剴개, 어울린다, 간절하다, 절실하다'의 뜻이다. 중국측은 통행본을 따라 '어찌 豈기'로 해독한다. / 믤(豊) : '어찌 기쁠'다.

③ 聿 : 상박은 파손된 글자다. 곽점은 붓(丰)을 손(又)에 쥔 聿의 꼴이다. 뜻은 동사로 쓰여 '펴다, 펼치다'이다. 중국측은 {聿彡}으로 석문하고 盡으로 해독한다. 예기가 盡이다.

④ 廌 : 해태 치·태廌(시비와 선악을 판단할 수 있는 상상의 동물) 중국측은 통행본을 따라 '경사스럽고, 축하할 慶'으로 해독한다.

⑤ 式 : '상弋하土'꼴이다. 工이 土꼴인 式(본받다, 법식)의 이체자 또는 벽자다.

⑥ {言大} : '말소리(言)가 큰(大) 던'으로 해독한다. 문맥상 '평화로이 즐겁고 행복하게 살아가는 삶의 모습'을 묘사한 글자로 본다.

⑦ {貝萬} : '재물(貝)이 일만 개(萬)나 있을 판'으로, 재물이 많아 '부유하고 풍족한'의 뜻으로 해독한다. 중국측은 통행본을 따라 '힘입어, 이득, 이익 賴뢰'로 봤다.

⑧ 呂型 : '상서'의 呂刑편에 나오는 문장이라는 뜻이다. 이 역시 편명의 글자가 바뀐 것인데, 편명이라는 것이 과거에는 내용의 중요 글자를 취한 것으로 볼 때, 상서의 내용도 변질된 것이 아닌가 추측한다. 의미도 '여(呂)의 본보기(呂型)로 더해보면(員)'처럼 번역될 수 있어, 刑罰보다 더 어울린다.

⑨ 瞻 : 볼, 쳐다볼, 우러러볼, 굽어볼 첨 / 具 : 갖출, 온전할, 상세할 구

| 해설

저자가 원문 뜻대로 번역한 品을 중국측은 곽점을 따라 三으로, 녹봉을 받는 관료를 나타내는 만조백관(百{습})을 百姓으로 해독한다. 그래도 번역은 된다. 그러나 '백성들은 仁을 실천하였다'로 번역되는 문장은 말이 될 수 없다. 이상향의 나라가 아닌 한 모든 백성이 인을 실천할 수는 없기 때문이다. (사실 원문은 백성에게 仁을 실천하라는 글귀가 아니다) 그래서 파손된 다음의 글귀 凱必聿仁을 원문대로 번역하지 않고 통행본을 따라 벌必盡仁으로 해독했다. 이것을 책은 '그렇다고 어찌 백성 모두가 어진 자였겠는가?'로 번역한다. 논리상 맞지 않기 때문에 이렇게 고친 것이다. 그러나 이 번역도, 문맥으로 번역했겠지만, 엄밀하게 말하면 바르게 했다고 보기 어렵다. 문장을 직역하면, '어찌 반드시 인을 다 할 것인가'이기 때문에, 문구적으로는 '백성이 인을 실천했으나 인을 한도에 이를 만큼은 다하지 못했다'는 뜻이지, '백성 중의 일부는 어진 자고 일부는 어진 자가 아니다'의 뜻이 아니다.

장 전체에서 공자가 하고자 한 말은 마지막 여형으로 압축할 수 있을 것이다. 문제는 군주가 '해태 치鷹'와 같은 시비와 선악을 판단할 수 있는, 나아가 빛나는 눈 마음을 가진 덕(悳)을 갖출 수 있냐는 것이다. 태어나면서부터 생사여탈권을 입에 물고 나와, 어려서부터 보고 듣는 말이 만인지상인데, 백성을 위한 덕을 갖춘 군주가 쉽게 나올 수 있겠는가 말이다. (까닭에 충신이 필요한 것이다. 특히 동궁지사는 더욱 그렇다.)

아무튼, 공자는 꼭지 한 사람이 천하를 행복하게 할 수 있다는 입장이다. 따라서 군주는 백성을 행복하게 해줄 분이어야 한다. 그것이 王道政治다. 이 漢字는, 군주에게 고독한 哲人을 요구하고 있어, 딸랑이들이 그대로 군주에게 전할 수 없는 글자다. 이에 곽점은 '기쁠 慶경'으로 고친다.

곽점 이하 비교

곽점 치의

子曰 {禹土}立三年 百{壬目}以{身心}(仁)道 剴必聿{身心}(仁)《詩》員 成王之孚 下土之弋(式)《邵(呂)型》員 一人又慶 {萬土}民{貝萬}之■

공자께서 말씀하시길, 우(禹)의 땅이 세워진 3년에, 관료들은 仁으로써 나아갔다(道). 어울리게 반드시 仁을 펼쳤다. 《시경》으로 더해보면, '성왕이 참되고 믿음직스러운 것은 관료의 모범이 된다.' 했고, 《여형》으로 더해보면, '군주 한 사람이 경사스러움을 틀어쥐면, 온 땅의 백성은 부유했던 것이다.'고 했다.

중국측 석문(해독)

子曰: {禹土}(禹)立三年, 百{生目}(姓)以{身心}(仁)道, 剴(갈)必{聿彡}

(盡){身心}(仁)?《寺(詩)》員(云): "成王之孚, 下土之弋(式)."《邵(呂)型(刑)》員(云): "一人又(有)慶, {萬土}(萬)民{貝萬}(賴)之."

해설

상박 문장의 品을 곽점이 三으로 바꿔 그대로 禮記로 이어졌다. 문장은 되지만 豈必盡仁의 번역이 앞의 문장과 흐름상 맞지 않는다. 상박의 번역문 때문에 이해가 될 뿐, 곽점만 있다면 '알맞을, 어울릴 豈개'보다는 통행본처럼 '어찌 豈'로 해석하는 것이 더 어울려 보인다. 또 상박과 비교하여 곽점이 道, 慶, {貝萬}로 글자를 바꾼 부분의 문장도, 번역처럼 직역으로는 문맥이 매끄럽지 못하다.

禮記 제5장

子曰 禹立三年 百姓以仁遂焉 豈必盡仁《詩》云 赫赫師尹 民具尒瞻《甫刑》曰 一人有慶 兆民賴之《大雅》曰 成王之孚 下土之式.

공자 가라사대, 우가 임금에 올라 3년 만에, 백성은 어짊으로써 순응하였다. 어찌 반드시 어짊을 다할 것인가?《시경》에 이르기를 '빛나고 빛나는 태사 윤이여! 백성은 상세히 그대의 행실을 굽어보고 있다.'《甫刑》에 가로되 '君主 一人에게 경사스러운 미덕이 있으면, 온갖 백성이 이득인 것이다.'《大雅》에 가라사대, '성왕이 참되고 믿음성이 있는 것은 신하의 모범인 것이다.'고 했다.

해설

상박, 곽점의 제8장에 나오는 赫赫 이하 8자가 이곳에 있고, 인용문도 전후가 바뀌어 있다. 내용상으로는 문장의 뜻이 무엇을 말하는지 정확히 드러나지 않는다. 백성 모두가 仁으로써 순응하고 따른다고 하다가

제 7 장

다음 문장 벌必盡仁?은 그것을 부정하는 뜻을 내포한 문장이다. 당연히 의심스러운 문장으로, 상박이 발견되지 않았다면 공자의 본의를 알 수 없었을 것이다.

글자만으로는 번역이 어려운 문장도 보인다. 民具尒膽에서 瞻을 '행실을 우러러보다'로 번역하였으나, '행실을'까지는 포함하지 않는 것 같다. 그러나 문장이 되기 위해서는 반드시 瞻이 목적어를 포함해야 이 문장은 문장으로 가능하다. 그렇지 않으면 '너 尒'를 목적어로 번역해야 하는데, '너를 우러러보다'는 한문법상 불가능하기 때문이다. (이는 마지막 글자가 제8장의 통행본처럼 瞻으로 바뀌었기 때문이다.)

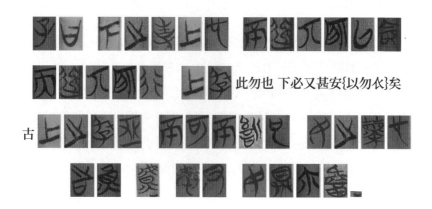

제 8 장

古上之{丑子}亞 丕可丕{幺言斤}也 民之{艸東}也 詩員 '虩_師尹 民具尒{产畐}_'

此勿也 下必又甚安{以勿伇}矣

석문 및 번역

子曰 下之事上也 丕從其所以命 而從其所行 上{丑子}此勿也 下必又甚安{以勿伇}矣 古上之{丑子}亞 丕可丕{幺言斤}也 民之{艸東}也 詩員 '虩_師尹 民具尒{产畐}_'[1]

> 자왈 하지사상야 비종기소이명 이종기소행 상{차}차물야 하필우심안{자}의 고 상지{차}아 비가비{요}야 민지{간}야 시원 혁_ 사윤 민구이{첨}_

공자가 말씀하셨다. 아래(下)가 우(上)를 섬기는 것이다 함은, 그가 命을 내림으로써인 바를 좇아 커지며, 그가 行하는 바를 좇음이다. (까닭에) 우가 지금 이곳의 勿(백성 등 모든 인간)을 무한신뢰함이면 아래(下)는 반드시 심히 넉넉한 편안함을 틀어줘지 않겠는가. 옛날 우(上)가 (자신보다) 다음으로 무한신뢰하는 것은 침묵을 커지게 할 수 있기가 커졌

---

1 문장의 마지막 7자는 禮記 제5장에 쓰여 있다. 그러나 번역을 보듯, 이곳에 있어야 공자의 말과 반듯하게 이어진다.

다 함이니, (긴 침묵은) 백성이 (풀을 가리는 즉) 군주가 쭉정이인지 알갱이인지 가려 선택하려는 것이다 함이라. 《詩經》으로 넓혀보면, '두려워하라. 太師 윤이여! 백성은 너의 부귀를 급격히 흩어버리기를 구비했다. (그러니 폭정을 생각지 말고 항상 선정을 베풀어라.)

| 참고 : 중국측 석문(해독) 사진 및 번역

子曰: 下之事上也, 不從丌(其)所言(以)命, 而從丌(其)所行. 上丮(好)□□□□□□□□□□. □
【8】上之丮(好)亞(惡), 不可不斬(愼)也, 民之棐也. 《峕(詩)》員(云):「虩_(虩虩)而(師)尹, 民具尒詹(瞻)▓.」

* 파손문장 : 此勿也 下必又甚安者矣 古 (상박(치의),p127)

공자가 말하였다. 아랫사람이 윗사람을 섬기는 것은 그 명령하는 바를 좇지 않고 그 행하는 바로 좇는 것이다. 윗사람이 그 물건을 좋아하면 아랫사람은 반드시 더욱더 심하게 좋아한다. 그런 까닭에 윗사람이 좋아하고 싫어하는 것을 신중하지 않을 수 없으며, 이는 곧 백성의 榜樣(방양)이 되기 때문이다. 《詩經·小雅·節南山》에서 말하기를 "지위가 높은 師尹, 백성이 모두 지켜보고 있네."라 했다.

| 고문자 해독

⓪ 상박의 파손된 문장은 곽점에서 취해 상박글자로 고친 此勿也 下必又甚安{以勿伇}矣 古다.

① {以勿伇} : '가지런히 갈리어(以) 계층에 따라(勿) 의복을 걸치고(伇) 살아갈 자'로 해독한다. 긍정적으로는 '넉넉하다'는 뜻이요, 부정적으로는 '도가 넘치다'는 뜻으로 풀이한다. 곽점에서부터 '놈 者'로 바뀐다.

② {幺言斤} : '자잘한(幺) 말조차(言) 끊어지고, 잘릴(斤) 요'로, '침묵'으로 해독한다. 통용 한자로는 '삼갈, 근신할 愼신'이 가장 가깝다.

③ {艸柬}(柬) : '상艸하柬'꼴로, '풀을 가리고, 선택할 간'으로 해독한다. 문장으로는 '군주를 가려 선택한다'는 뜻으로, '몰아내거나 등을 돌린다'는 의미다. 상박과 곽점의 글자가 약간 다른데 이는 국가나 시간의 차이 즉 이체자로 판단했다. 한편, 중국측은 '가릴, 분간할 柬간'으로 해독한다. '풀'이라는 대상은 빠졌지만, 의미적으로는 통한다. 柬은 字源에, 束+八로, 束은 동여맨 자루를 본 뜬 모양이고, 八은 자루 속에 선별해서 넣은 물건의 상형이다. 禮記는 '겉 表'다.

④ {虍日火}(虩) : '상虍중日하火'꼴이다. '호랑이 눈이 불타는 모양 혁'으로 해독한다. 통용 한자 '두려워하는 모양 혁', '범이 놀랄, 놀라 두려워할 색'과 통한다. 내용상 통용 한자로 번역한다. 상박은 다음에 마침표(_)가 있다.

⑤ 帀(師) : 고문자가 虫([고문자류편],p210)보다는, 위에 一이 있어, 帀([고문자류편],p450)에 더 가깝다. 옛날은 師와 같이 쓰였다. 중국측도 '빙 두르다, 두를 잡帀'으로 석문하고 '스승 師'로 해독한다. 제18장에도 등장한다.

⑥ {宀畐} : : '이르고, 도달할 詹첨'의 부수(집의 용마루 끝에서 급격히 떨어지는 집 모양에 퍼져나가는 八이 더해졌다) 아래 '가득할 畐복'이 있는 꼴로, '가득한 복인 부귀(畐)가 급격히 떨어져 四方八方으로 흩어지고 나갈(宀) 첨'으로 해독한다.

⑦ 조(不) : 下之事上也 조從은 통행본(곽점은 불분명)에 不로 된다. 그리고 모든 번역서는 '아래는 말을 따르지 않고 행을 따른다'고 번역한다. 전혀 본의와 다르게 가버린 것이다.

이 장은 군주와 신하, 군주와 백성, 신하와 백성 간의 관계로 문장이 복잡하다. 특히 군주의 녹봉을 받는 신하는 군주의 명령을 따라 움직임이 커져 가고, 군주가 행하는 것을 따라 간다. 군주가 백성을 무한신뢰해야 하는 이유다. 까닭에 관료나 백성이 군주의 눈치만 보고 입을 닫으면 그 나라는 위험하다. 즉 군주가 관료와 백성을 자신보다 다음 순위로 둘 때 관료나 백성들은 입을 닫는다. 따라서 다스리는 자는 적어도 자신보다는 먼저 人·民을 생각해야 한다. 다음 순위가 아니다. 그래야 지도자(관료)가 될 자격이 주어지는 것이다. (지금은… ?!) 이 모든 말은 인용한 詩經으로 압축된다. '백성은 순한 양이지만 억눌림이 폭발하는 순간 당신의 부귀는 일장춘몽에 불과합니다. 그러니 백성의 입을 두려워 하세요, 임금님.'

이 장도 상박의 내용이, 고쳐지고 바뀐 한자들로 인해, 예기의 내용과는 사뭇 다르다. 또 중국측도 物, 好, 者, 惡 등으로 석문·해독한 한자로 인해 저자의 번역과 현격한 차이를 보이고 있다. (번역 비교)

특히, '아래가 군주의 명을 따르지 않는다'는 것은 저자가 번역한 상박과 반대일뿐더러 그것 자체로도 말이 되지 않는 글이다. 왜냐하면, 신하가 군주의 命을 따르지 않고, 군주가 行하는 곳을 따른다는 것은, 곧 왕명을 거역한다는 뜻이고 이는 목숨을 걸어야 하는 죽음을 의미하기 때문이다. 당연히 말이 되지 않는 글이지만, 최교수의 번역을 읽어보면 의당 맞는 문장처럼 느껴진다. 많은 세월 동안 우리는 이름 높은 학자가 늘어놓는 괴변에 길들어졌기 때문이다. (예기는 상박, 곽점이 발견되기 전까지 천년이상 내려온 것이다.)

인용문 詩經은 상박 {𢀖髙}이 곽점 {頁㿞}로 한 자만 바뀌었다. 하지만 저자의 번역처럼 다른 훈을 써야 하고, 결국 내용도 상박은 太師가 두려운 마음을 가져야 한다는 것인데 반해, 곽점은 백성이 태사를 두려워하여 순종할 수 있는 것을 구비했다는 꼴로 바뀐다. 특히 마지막 4字는 내용이 군주나 관리에게는 무시무시한 내용인 까닭에 곽점이 글자를 바꾼다. 예기는 이것도 미덥지 못한 듯 시경 전체를 이곳에서 빼내 다른 장에 넣었다. 이에 공자가 말한 뜻은 뒤죽박죽되어 이도 저도 아닌 것이 되었다.

상박의 문장은 民具尒{𠂉畐}이다. '백성 民'과 '너 尒'는 체언이며, 뜻을 바꿀 수 없는 글자다. 따라서 民의 동사는 具고, 爾의 동사는 {𠂉畐}이다. 즉, '백성은, 언제 어느 때고 항상 구비 하고 있다.'(民具) '당신(尒)의 무엇을?'이다. 이때 '무엇을'이, 곧 '네가 가진 부귀를 한순간에 8方으로 흩어져 버리게 할 수 있는 능력({𠂉畐}) 즉 너를 나락으로 떨어뜨려 버릴 수 있는 힘'이다. 그러니 '폭정을 잊고 선정을 베풀라'는 말이다. 내용이 군주나 관료에게 얼마나 섬뜩한 말인가! 이 글을 폭군에게 설명할 신하가 있겠는가?! (곽점은 허약한 민초로 바꾼다.)

| 곽점 이하 비교

곽점 치의

子曰 下之事上也 丕從其所以命 而從其所行 上好此勿也 下必又甚安者矣 古上之好亞 不可不{幺言斤}也 民之{艸柬}也《詩》員 {?}(虢)=帀(師)尹 民具尒{頁吉}.

공자가 말하기를, 아래(신하)가 우(우두머리)를 섬기는 것은 그가 命함으로써인 바를 따라 커지고 그가 行하는 바를 좇는다. 우가 이처럼 모든 인간(勿)을 좋아하면, 아래는 반드시 심히 편안하게 놈을 틀어쥠이 아닌가. 옛날 우가 다음으로 좋아하는 것은, 침묵을 할 수 있다 함이니, 백성은 (풀을) 분간하는 것이다 함이라.《詩經》으로 더해보면, "두렵고 두렵도다. 태사 尹이여. 백성은 너의 머리가 길하기를 갖추었다."라고 했다.

참고 : 중국측 석문(해독)

子曰 下之事上也 不從其所以命 而從其所行 上好此勿(物)也 下必又(有)甚安者矣 古(故)上之好亞(惡) 不可不誓(愼)也 民之{艸柬}(柬)也《寺(詩)》員(云) {示}(虢){示}(虢)帀(師)尹 民具介{見詹}(瞻).

고문자 해독

- {幺言斤} : 원문이 정확히 보이지 않는다. 상박과 비교하여 글자 아래에 '가로 눈罒'이 있는 것 같으나 취하지 않았다. 전체적으로 볼 때 상박과 같은 글자로 보인다.
- {頁吉} : 원문이 정확히 보이지 않는다. '머리(頁)가 길하고, 상서로울(吉) 힐'로 풀어, 문맥상 '좋은 우두머리'쯤으로 이해된다. 상박과 달리 백성이 관료를 두려워하는 모양으로 바꾸어 졌다. 중국측은 {見詹}으로 석문했는데, 고문의 글자와는 거리가 있다는 느낌이다.
- 不可不 : 상박은 '비가비'다. 不도 2중 부정으로 문맥상 가능해 여기는 不로 하였다. 둘의 번역을 비교해보면, '비가비'와 의미상의 차이를 느낄 것이다.

해설

저자의 곽점 번역은 인용문 詩經을 제외하고 상박과 크게 다르지 않다. 반면 중국측 해독을 따른 번역은 해독 한자가 그렇게 많지 않아도 내용이 전혀 다른 방향이다. 이는 군신을 표현하는 직접적인 단어 대신 上下를 썼기 때문이다. 즉 上下를 군신으로 보는지, 윗사람과 아랫사람으로 보는지에 따라 내용이 달라졌다. 漢字 몇 개의 교체로도 군신의 내용을 윗사람과 아랫사람의 관계로 물타기 할 수 있는 것이다. (책이 군신도 포함할 수 있지만, 번역은 상사와 부하의 관계가 우세하다.)

禮記 제4장

子曰 下之事上也 不從其所令 從其所行 上好是物 下必有甚者矣 故上
之所好惡 不可不愼也 是民之表也.

공자 가라사대, 아래가 위를 섬기는 것이다 함은 그가 명령한 바를 쫓지
않고, 그가 행한 바를 쫓는다. 위가 좋아함이 物이면 아래는 반드시 더
심한 자가 있지 않았는가? 그러므로 위(上)는 좋아하거나 미워하는 바인
것에 신중해야 한다, 이는 백성의 사표인 것이다.

해설

상박 및 곽점에 있는 詩經 인용문이 없다. 딸랑이들이 이곳에 있었던 문
장을 다른 곳(상박,곽점은 제7장, 예기는 제5장)에 놓았기 때문이다.
上好是物은 상박의 上{丑子}此勿也가 변질된 부분이다. 상박의 上{丑
子}此勿也와 곽점의 上好此勿也는 의미상 강약의 차이만 있을 뿐이나,
(중국측이 物로 해독한 것은 잘못이다) 바뀐 好 때문에 공자의 뜻이 약
해졌고, 이로 인해 예기와 같은 형태가 만들어졌다고 판단한다. 더해서
군주의 힘이 절대적이었던 어느 시기에 오늘날 '인간군상'을 나타내는
勿을 '세상 만물'을 뜻하는 物로 고치면서 이후 내용이 변질되어 버린 것
이다.
下必有甚者矣는 곽점부터 왜곡되었다. '놈 者'와는 전혀 다른 글자를 이
렇게 고친 것이다. {以勿仈}자는 곽점의 다른 편에는 꽤 나오는데, 이것
으로 유추하면, 곽점의 13개 편 죽간이 모두 '같은 연대의 죽간이 아니'
거나 이편에서는 '내용상 껄끄러운' 글자여서 者로 바꾸었다고 볼 수 있
다. 이 문장은 '놈 者'를 번역하기가 어렵다. 유사성이 없는 '놈 자'로 글

자가 바뀐 까닭에 문장 연결이 매끄럽지 않기 때문이다.

故上之所好惡 不可不愼也는 '윗사람이 좋아하고 싫어하는 것'에 '신중해야 한다'는 말이다. 이는 글로 남길 필요도 없는 당연한 것이다. 출세하려는 자의 기본이기 때문이다. 다만 상박의 문장처럼 공자는 이 말을 쓴 것이 아니다.

이 장의 공자 말은, 군주를 바로 지칭하지 않으면서도 내용이 좋은 듯, '존덕의'편에서도 동일한 내용으로 사용되고 있다.

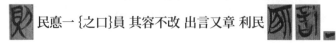

民悳一 {之口}員 其容不改 出言又章 利民

석문 및 번역

子曰 長民{以勿伇}衣備不改 {辶尹}容又{尙示} 則民悳一 詩員 '其容不改 出言又章 利民所信_'[1]

: 자왈 장민{자}의비불개 {윤}용우{상} 즉민덕일 시원 기용비개 출언우장 리민소
: 신_

공자가 말씀하셨다. "우두머리와 백성이 넉넉히 남음이 있어, 갖춘 옷을 입고 고치지 않으며, (우두머리가) 쉬엄쉬엄 다스리는 모습으로 높이 우러러보기를 틀어줘면, 백성은 (우두머리의) 悳으로 하나가 됨이라. 《시경》으로 더하면, '그의 모습은 고치지 않아, 나오는 말은 분명함을 틀어줘니, 이로움에 백성이 신뢰하는 바다.'고 하셨다."

─────────

1   파손된 15자는 곽점에서 취해 상박의 한자로 고친 것이며, 곽점도 판단이 불가능한 1
   자는 예기에서 취하여 章으로 썼다.

子曰: 長民者衣備(服)不攺, 趯容又(有)棠(常), 則□□□□□□□□□□ 【9】 □□□□所信▪.
* 파손문장 : 民悳一 {止口}員丌容不攺 出言又{ } 利民 (상박(치의),p134)

공자가 말하였다. 백성을 다스리는 자는 의복을 예법에 어기지 않고, 행동거지는 항상 규칙에 따라 행동해야 만이 백성들의 덕도 한결같다.《詩經·小雅·都人士》에 말하기를 "언제나 의젓한 그 모습이 예법에 어긋나지 않고, 말 또한 법도에 맞으니 백성이 모두 그를 믿고 따르네"라고 했다.

| 고문자 해독

[0] 곽점 및 상박(치의)를 참고하여 民悳一 詩員 其容不攺 出言又章 利民이 파손된 것으로 한다. (章은 예기 참조)

[1] {辶尹} : 글자를 확실히 알 수 없다. '쉬엄쉬엄(辶)으로, 쉬는 듯 다스릴(尹) 윤'으로 해독한다. '닦달하지 않고 보채지 않는 다스림'을 뜻한다. 곽점은 {會正}처럼 보이나 확실치 않다. 통행본은 從이며, 중국측은 상박·곽점 모두 미정[2]이다.

[2] {尙示} : '높이고, 숭상하며(尙) 우러러볼(示) 상'으로 해독한다. 군주의 덕치에 백성이 높이 숭상하는 마음을 의미한다. 곽점은 같고, 예기는 常이다. 중국측은 常으로 해독한다.

[3] 弌 : (곽) 한 일弌, 첫째, 하나의, 오로지의 뜻이다. 一의 古字다. 상박은 파손되어 없지만, 파손된 글자의 일부가 홍콩의 中文大學校에 있는데, 一로 쓰였다. <상박(치의),p134> 제3장에 '一德'이 있어, 一이

---

2 '이 자는 아직 확실히 알 수 없기 때문에 잠시 《예기》에 따라 '從'자로 해석하기로 한다.'(p258)

맞을 것으로 생각한다.

④ 裘 : 갖옷 구裘 (짐승의 털가죽으로 안을 댄 옷)

│해설

공자는 '우두머리나 백성의 생활이 평화롭고 넉넉함으로 인해 각자의 삶에 만족스러워 굳이 자신들의 상황을 고치려 하지 않고, 군주의 덕치에 숭상하는 마음을 틀어쥔다면 백성은 덕으로 하나가 된 것이다.'고 말한다. 인용하는 시경의 문장도 이와 같다. 군주의 언행이 예측 가능하고 일정할 때 백성은 안정을 찾고 신뢰하는 것이다.

│곽점 이하 비교

곽점 치의

子曰 {倀}(長)民者衣備不改 {金}頌又{尙示}, 則民悳弋《詩》員 "其頌不改, 出言又章, 利民所信■"

공자가 말씀하시길, "백성을 다스리는 자가 갖춘 옷을 입으며 고치지 않고 {金}에 찬양으로 숭상하며 우러러보기를 틀어쥐면, 백성은 悳으로 하나다. 《시경》으로 더하면, '그의 찬양은 고치지 않아, 나오는 말은 분명함을 틀어쥐니, 이로움은 백성이 신뢰하는 바다.'"

참고 : 중국측 석문(해독) 및 번역

子曰: {倀}(長)民者, 衣備(服)不改, {金}頌(容)又(有){棠}(常), 則民悳

(德)弋(一).《寺(詩)》員(云): "其頌(容)不改, 出言又(有){⿰}³, 利(黎)民所信."

해설

전체적으로 몇 字 안되는 章이면서, 상박에 파손 글자가 많음에도 상박과 비교하여 한자가 {⿰長}, 者, 從, 頌 등 4자나 바뀌었다.

이 장에서 중요하게 볼 것이라면, 상박의 첫 문장 長民{以勿伇}를 곽점이 {⿰長}民者로 고치면서, 長民 모두가 여유로운 삶을 산다는 뜻이 長(우두머리)에게만 해당하는 내용으로 바뀌어 버렸다. 내용적인 면에서는 풍요롭고 넉넉한 생활에 백성이 만족한다는 뜻이 사라져 버렸다. 이런 까닭에 民德一을 문맥에 맞추어 다르게 번역할 수밖에 없는 것이다.

중국측의 곽점 해독은 통행본과 유사하다. 특히 備를 服으로 고친 것은 목적어 뒤에 서술어가 오는 꼴이 되어 문법적으로 불가능한 해독이다.

禮記 제9장

子曰 長民者 衣服不貳 從容有常 以齊其民 則民德一《詩》云 彼都人士 狐裘黃黃 其容不改 出言有章 行歸于周 萬民所望.

공자 가라사대, 백성의 우두머리인 자는 의복이 예법에 어긋나지(貳) 않고, 용모를 좇아서 변함없이 있고, 그 백성을 가지런히 함으로써, 백성의 덕은 하나인 법이다.《시경》에 이르기를, '저 도시의 지배층 사람인 선비는 여우 갖옷이 누렇구나. 그의 모습을 고치지 않고, 나오는 말에 구별(문체)이 있어, 행실이 골고루 널리 돌아가니, 만민의 바라는 바다.'고 하

였다.

해설

상박의 '풍족하여 남음이 있는, 넉넉하게'를 의미하는 글자가 곽점부터 '놈 者'로 바뀐 채, 고쳐지지 않고 통행본으로 이어졌다. 서로 통하는 글자라면 문맥이 부드러울 것이나, 둘은 전혀 다른 뜻이다 보니, 예기가 다시 長으로 고쳤어도, 原意는 이미 알 수 없게 되었다.

죽간 衣備不改는 중국측이 備를 服으로, 改를 貳로 고쳐, 衣服不貳로 하였는데, 이는 예기를 따른 것이다. 문제는 그렇게 고치면 번역이 되지 않는다. 할 수 없이 長民者(주어) 衣服(목적어) 不貳(서술어)로 번역될 수밖에 없다. 통행본의 經典에는 이렇게 기본 문법에 어긋나는 문장이 꽤 보인다. 모두 내려오면서 한자를 고치면서 발생한 현상이다.

예기는 죽간과 비교하여 글자도 많이 바뀌고, 삽입된 글자도 상당하다. 공자의 말도 더 삽입되어 있고, 시경의 문장은 2배 증가했다. 그렇게 만들어진 예기 치의는 공자의 말이 아니다.

쉬어가기 : 《곽점초묘죽간》의 '窮達以時'편 보기

《궁달이시》는 죽간 길이 26.4㎝에 15매로 많은 양은 아니다. 이에 저자도 예시문 중 일부만 제외하고 전체를 번역해 봤다. 내용을 책의 글로 대신하면,

「사람이 곤궁에 처하거나 현달할 수 있는 것은 天時에 의해 결정된다. 그렇다고 해서 天時가 모든 것을 결정하는 절대적인 요소는 아니다. 인간 자신은 고상한 품격과 재능, 지혜를 갖추기 위하여 끊임없이 노력하여 갖추고 있다가 좋은 시기와 좋은 世道를 만나면, 곤궁할 때라도 현달하게 될 수 있는 것이다.」(p292)는 뜻으로 요약할 수 있다.

저자의 해석도 중국측과 유사하다. 다만 번역은 틀린 곳이 많았다. 이러한 이유는 제목에서처럼 총론은 쉽게 도출될 수 있으나, 세세히 들어가는 각론의 문장들은 석문의 차이가 있기 때문이다. 예시문이 시작되기 전까지 처음 2 簡을 번역·비교했다.

원문 : 竹簡 1~2簡

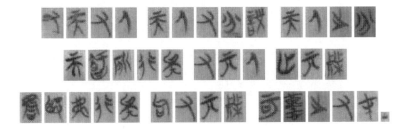

석문 및 번역

又天又人, 天人又分{言凸X}, 天人之分 而智所行矣. 又其人, 亡其{∥占木亡}, 唯{臣口又}弗行矣 句又其{∥占木亡} 可懂之又才(哉).

하늘을 들어쥐면 사람을 들어쥔다. 하늘은 (지배층) 사람이 각자 고유 틀에 맞는 능력으로({㐭ᄴX}) 나누어 쥐게 하였다. 하늘은 (지배층) 사람을 나누었을 뿐이니, 지혜로운 자(智)가 나아갈 바가 아닌가? 그가 (지배층) 사람을 들어쥐고, 그가 가문의 원수를 잊는다면, 오직 신하가 입을 들어쥐고 나아감을 떨지 않을까? (스스로 겸양하여) 구부러짐으로 그의 묵은 원수를 들어쥐면, 속을 태우는 근심을 들어쥐었다 할 수 있지 않겠는가!

의역

하늘의 이치를 깨우쳐 들어쥐고서 때를 만나면 지배계층인 사람을 들어쥘 수 있다. 하늘은 사람에게 각자의 역할을 나누어 가지도록 했다. 다만 하늘은 사람을 그렇게 나누었을 뿐 삶과 다스림 속에서 각자의 능력을 알아 가려내어 뽑아 쓰는 것은 지혜로운 자(군주?)가 해야 할 몫이다. 지혜로운 자(군주)가 지배층 사람(신하)을 완벽히 들어쥐고, 지혜로운 자(군주)의 해묵은 원수를 잊는다면, 오로지 신하들은 원성과 불만으로 웅성거릴 자신의 입을 스스로 막고 군주와 한마음으로 오직 백성을 위해 나라를 이끌어갈 생각만 할 것이다. 해묵은 원수를 잊어버리듯 스스로 얌전하고 검약한 구부러지는 삶으로 지혜로운 자(군주)의 해묵은 원수들을 들어쥔다면, (또는 그의 원수를 완벽히 들어쥐어 망상을 구부려 버린다면,) 꼭지에 앉아 늘 노심초사하는 속을 태우는 근심 걱정을 완벽히 들어쥐었다고 할 수 있지 않을까!

고문자 해독

• {㐭ᄴX} : '좌㐭우상ᄴ우하X'꼴로, '하늘의 계시(말)(言)로 전중후 萬勿(인간)로 쪼개어(ᄴ) 고유성을 갖다(X)'로 풀어, 문맥상 '자기만의 고유한, 자기만의 것인 찰'로 해독한다. 중국측은 察(살피다). 淺(얕다). 竊(훔칠 절) 등으로 해독한다.

- 天人之分은 天分人의 도치문장이다.
- {臣口又} : '신하(臣)가(의) 입(口)을 틀어쥘(又) 신'으로 풀어, 지혜로 운 자의 덕치로 신하가 불만의 소리를 내지 않는 것을 뜻한다. 즉 '어진 통솔'로 해독한다. 중국측은 '어질 賢'이다.
- {∥占木亡} : '좌하∥좌상占우하木우상亡'꼴로, '먼 조상(∥)에서부터 계시(占)로 나무(木)도 죽이(亡)고 죽일 수 있는 원한·원수지간 참' 즉 徹天之怨讎로 해독한다. 중국측은 「'歺'과 소리부 '枼'로 이루어진 형성자로 '世'로 읽는다.」(p293)고 하였다. 歺는 저자가 석문한 고문자 부수 중 '∥占'의 合과 같다. 이 경우는 '뼈만 남았어도(歺) 나무(木)를 고사하다(亡)'로 해독되기 때문에 역시 같은 의미로 해석된다.
- 殗 : 앓을 엽, 시들시들 앓다 / 苟 : 진실로 구 / 燡 : 불사를 선, 말릴 한, 공경할 연(火변 대신 忄변이다) / 菫 : 노란 진흙 근, 찰흙, 조금, 약간 / 懂 : 근심할 근, 속을 태우거나 우울해 하다 / 歹 살 바른 뼈 알, 죽을사변, 몹쓸,나쁠(대)

참고 : 중국측 석문(해독) 및 번역

又(有)天又(有)人, 天人又(有)分. ▨天人之分, 而智(知)所行矣. 又(有) 其人, 亡其殗(世), 唯(雖){臣又}(賢)弗行矣. 句(苟)又(有)其殗(世) 可 (何)懂<艱(難)>之又(有)才(哉).
하늘이 있고 땅이 있고, 하늘과 사람은 분별이 있다. 하늘과 사람의 분별을 살펴보면 어떻게 행동해야 할지를 알 수 있다. 비록 현인이라고 하더라도 적당한 시기를 만나지 못한다면 顯達하기가 어렵다. 그러니 적절한 시기를 만나게 된다면 어찌 곤란함을 만날 수 있겠는가!

해설

원문을 보지 않고 번역만 읽는다면, 최교수의 번역이 저자의 글보다 매끄럽게 느껴진다. 하지만 고문자와 비교하면 번역에 문제가 있음을 금방 알 수 있다. 원문의 첫 문장이 又天又人으로 '땅'에 해당하는 고문자 地가 없음에도 '하늘이 있고 땅이 있고'로 번역했기 때문이다. 당연히 '땅이 있고'의 번역은, 古文이 又人이기 때문에, '사람이 있고'가 되어야 한다. 그렇지만 '하늘이 있고' 다음에 오는 문장으로는 문맥상 '땅이 있고'가 어울리기 때문에, 의도적으로 번역했다고 판단한다. 번역의 이유를 알고 싶었으나, 책에 아무런 설명이 없어 쓰인 대로 올렸다. 또, 중국 측이 석문하지 못한 한자를 최교수는 뒤 문장에 붙였다. 반면 저자는 앞 문장에 붙였다.

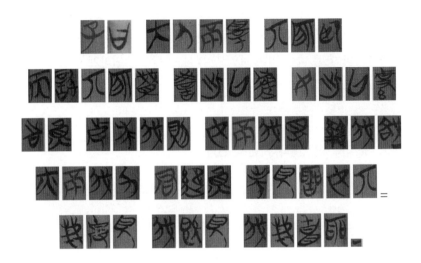

| 석문 및 번역

子曰 大人丕皐 其所{臣巳} 而信其所賤 {爻言}此以遊, 民此以{糸卜曰又} 詩員 '彼求我則 女丕我得 執我{各戈}=亦丕我力' 君陳員 '未視聖女 其 其弗克視 我旣視 我弗貴聖_'

> 자왈 대인비죄 기소{신} 이신기소천 {교}차이유 민차이{사} 시원 피구아즉아비 아득 집아{각}{각} 역비아력 군진원 미시성여기 기불극시 아기시 아불귀성_

공자가 말씀하셨다. "大人이 죄(허물)가 커지면, 그는 교활한 신하의 우두머리인 것일 뿐 (혹은, 신하의 부류일 뿐) 믿을 수 있는 신뢰로 따지자면 그는 신분이 낮은 부류다. (이에) 주고받는 말들은 이것(허물) 때문에 희롱하듯 놀아나게 되고, 백성은 (군주의 허물) 이것 때문에 (엎어버리라고 하늘로부터) 계시받은 명판을 틀어쥐어 이어져 왔다. 《詩經》으로 더하면, '(군주를 하고파) 저들이 (민초인) 나를 찾을 땐 곧 내가 얻음이 큼에 (나를 얻으려) 얌전하다가, (군주가 되어서는) 나를 잡았으니 원수를 대하듯 낱낱이 무력으로 괴롭히고 괴롭히며, 또 나에게 힘을 사용함이 커지네.'라 했고, 《君陳》으로 넓혀보면, '聖人(말에 귀 기울여 다스리는 자)이 그를 얌전하게 본 것은 아직 아니니, 그는 보기(視)를 이겨서 떨어야 하네. (하지만) 나는 이미 보았으니, 나는 聖人을 귀하게 여김을 떨었네.'라고 하였다."

참고 : 중국측 석문(해독) 사진 및 번역

子曰: 大人不罕(親)亓(其)所配(賢), 而信其所賤; 鞏(教)此㠯(以)遊(失), 民此㠯(以)續(變). 《告(詩)》員(云): "皮(彼)求我則, 女(如)不我尋(得). 埶(執)我威_(威威), 亦不我力." 《君紳(陳)》員(云): "未見【10】耴(聖), 女(如)亓=(其其)弗克見, 我既見, 我弗貴Ⅲ(聖)■."

공자가 말하였다. 대인들이 어진 사람을 친하게 여기지 않고 천한 바를 믿으면, 교화하는 것을 잃게 되고 백성은 이로 인하여 변하게 되는 것이다. 《詩經·小雅·正月》에 말하기를 "그가 처음에 나를 찾을 때 행여 얻지 못할까 걱정하더니, 나를 얻고 나선 원수를 대하듯 믿지 아니하네."라고 했고, 《尙書·陳君》은 "성인의 도를 보지 못할 땐 영원히 보지 못할 듯하더니, 성인의 도를 보고 나서는 오히려 성인의 도를 따르지 않네."라고 했다.

고문자 해독 : 통합

① 辠 : '허물 죄辠, 과실, 잘못'의 뜻이다. 罪의 古字다. 자전은 전문부터 쓰인 것으로 나오나, 곽점 노자에도 1차례 나오며, 이곳 상박 치의에도 몇 번 쓰여 상당히 오래전부터 사용되었던 글자다. 자원에는, 辛은 형벌로서의 침의 상형으로 죄의 뜻이며 自는 코의 상형이다. 죄인의 코에 형벌을 가하는 모양에서 '죄'의 뜻을 나타낸다고 풀이한다. 다만

노자는 '매운 벌'로 해석되어, 이 훈도 포함한다고 본다. 한편, 중국측은 '친할 親'으로 해독했다. 곽점은 薪,親의 原字인 新으로 바꾸었고, 예기는 親이다.

② {臣巳} : '신하(臣)의 뱀(巳) 또는 신하 같은 뱀'이다. 문맥상 '신하(臣)의 용머리가 아닌 뱀 머리(巳) 신'으로 해독한다. 중국측은 '어질 賢'으로 해독한다.

③ {爻言} : '주고받는, 오가는(爻) 말(言) 교'로, 의미상 命令이나 중요한 정사에 관한 對話를 의미한다. 중국측은 教로 해독하나, {爻子}는 教가 가능해도 이 글자는 거리가 있다.

④ {辶方人羊}(遊) : 통용 한자 중 子가 羊인 '놀 유遊'자로 해독한다. 노자에도 나오며, 다른 편에도 나왔다. 중국측은 통행본을 따라 '잃을 실失'로 해독한다.

⑤ {糸卜曰又} : '계시받은(卜) 명판을(曰) 틀어쥐어(又) 이어져 온(糸) 사'로 해독한다. 문맥상 백성들은 지금껏 '하늘의 뜻을 들어 임금을 교체하여 왔다'는 뜻이다. 중국측은 '변할 變'으로 해독한다.

⑥ {各戈}= : '각각, 낱낱이(各) 무력(창)으로 괴롭힐(戈) 각'으로 해독한다. 고문의 부호는 마침표(-)처럼 보이나 문맥상 중문부호다.

⑦ 賤·戔 : 상박은 賤이고 곽점은 '해칠 잔'이다. 문맥상, 창과 같은 무력으로 갈가리 찢는다는 곽점의 戔보다는 '타고난 신분이 낮은 자'를 칭하는 상박의 '천'이 어울린다.

⑧ 其= : 최초 누락 후 삽입된 글자다. 자리가 좁아 다른 글자의 약 1/3 크기로 써 넣었다. 상박에는 중문부호(=)가 있으나 곽점에는 없다. 문맥상 있어야 맞다. (원문편집이 어려워 다른 字로 대체했다.)

⑨ 皮(彼) : '가죽 피'로 '저 彼'의 古字다. 자전에 皮는 金文부터 쓰였으며 전문부터 나누어진 것으로 보인다. [고문자류편]p62 참조

⑩ 迪 : 나아갈 적迪, 이루다, 이끌다, 길, 도리

⑪ 女·如 : 문맥상 '얌전할, 얌전히 앉(아 있)을 女'로 해독한다. 고문은 女가 서술어로 많이 쓰인다. 중국측은 女를 '같을 如'로 해독하는데, 곽점 緇衣 제10장 즉 이 장에 如가 나온다. (상박의 두 번째 女를 如로 썼다) 한두 번 오기는 가능하겠으나, 그 많은 女를 如대신 오기했다는 것은 너무 나간 생각이다. 즉 女는 女다.

⑫ 見·視 : 상박에 쓰인 글자는 모두 '선 사람(儿)이 볼(目) 시(視)'꼴이고, 곽점은 모두 '앉아서 볼 견(見)'꼴이다. 자형으로 설명하면 視는 적극적인 뜻이고 見은 그냥 무심히 본다는 의미로 판단된다. 통행본은 見이다.

해설

저자의 번역을 보면, 실로 엄청난 내용이다. 군주(大人)가 백성을 생각하지 않고 허물이 커져 가면, 군주의 命이나 政事에 관한 말들은 신하들에게 말장난에 불과하다. 이에 백성의 삶은 피폐해지고 결국 백성은 天命을 받들어 군주를 바꾸려 할 것이다. 즉 공자는 天命을 들어 백성의 의표가 되지 못하는 허물 많은 우두머리는 언제든지 바꾸라고 말한다. 정말 무시무시한 내용이다. 까닭에 이 내용은 그대로 전해질 수 없다. 당연히 예기는 번역처럼 무슨 말을 하는 것인지 알기 어렵게 만들어져 있다.

한편 중국측의 죽간 석문·해독 문장은 상박 古文을 많이 벗어나 있다. 해독 문장들이 대부분 예기의 한자로 맞추어졌기 때문이다. 까닭에 문

장만으로는 번역이 매끄럽게 이루어질 수 없다.

大人不親其所賢 而信其所賤을 '대인들이 어진 사람을 친하게 여기지 않고 천한 바를 믿으면'이라 번역했는데, 대인을 군주로 보지 않고 고관 대작쯤으로 보는 듯 복수 접미사 '들'을 붙였다. 해독의 측면으로는, 저자가 岙辠로 석문한 것을 不親으로 해독하여, 처음부터 공자의 의중과는 멀어져 버렸다. 또 번역되지 않은 한자만 其,所,其 3자다.

敎此以失, 民此以變을 '교화하는 것을 잃게 되고 백성은 이로 인하여 변하게 되는 것이다.'로 번역했는데, 역시 앞의 此가 번역되지 않았고, 敎가 목적어로 失을 서술어로 하여 문법적으로 가능한지 의문이다. 기타 문맥을 따라 번역된 한자 즉, 變을 '변하게 되는 것이다'로 했는데 가능한 훈인지도 역시 의문이다. 오늘날 전하는 경전은 이런 식의 번역이 많다. 이는 전해오는 경전의 한자가 왜곡되어 문장이 되려면 어쩔 수 없는 번역방식이다. 최초 권위있는 자의 번역이 틀어졌기 때문에 시작되었을 것이다.

마지막 인용문《君陳》의 번역도, 두 번 쓰인 我는 전혀 번역되지 않았다. 한자와 매치되는 부분이 적고, 내용은 저자와 다르다.

곽점 이하 비교

곽점 치의

子曰 大人不新(親)其所賢 而信其所戔 {爻言}此以遊 民此以{卜曰又糸}《詩》員 "皮(彼)求我則 女不我得 執我{考戈}= 亦不我力"《君迪(陳)》員 "未見聖如其 (其)弗克見 我旣見 我弗迪聖■"

공자가 말씀하시기를, 대인이 그 어진 곳에 친하지 않고 그것이 갈기갈기 찢기는 것을 믿으면, 주고받는 말은 이 때문에 놀아나게 되고, 백성은 이 때문에 게시 받은 명판을 쥐고서 이어져 왔다. 시경으로 더하자면, 저가 나를 필요로 할 땐 나를 얻지 못할까 얌전하더니 나를 잡으니 무력을 생각하고 살피며 또 나에게 힘을 쓰지 않네. 군진으로 넓혀보면, '아직 聖人이 그를 같게 본 것은 아니니, (그는) 봄(見)을 이겨서 떨어야 하네. (하지만) 나는 이미 보았으니, 나는 聖人을 이끌기를 떨었네.'라고 하였다."

중국측 석문(해독)[1]

子曰: 大人不新(親)其所{臣又}(賢), 而信其所戔(賤); {爻言}(敎)此以{遊}(失), 民此以{繸}(變).《寺(詩)》員(云): "皮(彼)求我則, 女(如)不我得. 執我{考戈}(仇)= 亦不我力"《君迪(陳)》員(云) "未見聖 如其弗克見; 我旣見, 我弗迪聖."

해설

저자의 곽점 번역은 최대한 노력한 것이다. 곽점만 놓고 보면, 공자가 무슨 말을 하는 것인지 알기 어렵지만, 상박과 연결을 지으면 그래도 문장이 되는 것처럼 보인다. 인용문도 상박과 비교하여 크게 글자가 벗어나지 않았다. 그래서 문장은 되게 보이지만 이미 앞에서 공자의 문장이 흐트러졌기 때문에, 뜻이 무엇을 말하는지 알기 어렵다.

禮記 제15장

子曰 大人不親其所賢 而信其所賤 民是以親失, 而敎是以煩《詩》云 彼求我則 如我不得 執我仇仇 亦不我力《君陳》曰 未見聖 若己弗克見 旣

---

1 책은 大人을 大臣人으로, '='중문부호가 생략되어 있다. 오타로 보고 수정했다.

見聖 亦不克由聖.

공자가 말씀하시기를, 大人은 그 어진 곳에 친하지 않고 그 천한 곳을 믿는다. 백성은 이 때문에 잃음을 가까이하고, 가르침은 이 때문에 번거롭다. 《시경》에 이르기를, '저가 나를 구하려 할 땐 곧 당연히 나를 얻지 못할까 하더니, 나를 잡고서는 원수를 대하듯 또한 나에게 힘을 쓰지 않네.'라고 했다. 《군진》에서 말하기를, '아직 성인을 보지 못했을 적에는 자기가 볼 수 없는 것과 같이하더니, 이미 성인을 보고서는 또한 성인을 쓰지 못하네.'라고 했다.

해설

공자의 말은 곽점을 거쳐 예기는 완전히 바뀌었다. 상박이 없었다면 공자의 말은 정확히 전해질 수 없었을 것이다. 대인(군주)에게 저자의 상박 번역처럼 언급할 것이라고는 생각도 못했을 것이기 때문이다.

번역은 其를 관형사 '그'로 밖에 할 수 없다. 원래 其는 관형사 '그'가 아니라, 지시대명사로 보는 것이 맞다. 문장이 왜곡되면서 其의 품사를 불분명하게 만들어 버려, 관형사처럼 보이게 된 것이다. '그'로만 번역되는 문장은 왜곡을 의심해볼 필요가 있다고 본다.

民是以親失 而教是以煩은 죽간의 문장 {爻言}此以遊 民此以{卜曰又糸}을 흩으러 새로 만든 꼴이다. 此를 是로 고친 것은 의도적일 것이나 차이는 없다. 앞부분은 '잃음을 가까이하다'로 번역했지만, 문맥으로 보자면, '친함을 잃다' 또는 '친한 자를 잃다'의 꼴이 더 어울린다. 그러나 문법적으로 할 수 없다. 전체적으로 상박과 비교하여 親,賢,是,失,教,煩 등 중요 漢字 대부분이 바뀌었다. 결국, 공자의 말이 무엇을 말하는지 쉽게 이해되지 않는다.

인용문도 죽간과 통행본이 다르다. 《君陳》은 상박과 곽점에 두 번 쓰인

我를 빼버리고 다른 글자로 대치했다. 인용문도 껄끄러운 문장은 바꾼다. 이는 오늘날 전해지는 수많은 중국의 경전들이 왜곡되었다는 것을 말해준다. 특히 군주나 지배층에 관련된 문장은 거의 변질되었다고 보는 것이 바르다. 즉 중국 사상을 孔孟사상이라고들 하는데, 공맹사상은 적어도 戰國시대 以前期의 사상일 수는 있어도, 이후는 진실에서 멀어진 거짓이다. 오직 공맹사상 같은 것, 즉 공맹사상으로 포장된 전제군주 사상이 있었을 뿐이다.

제 10 장

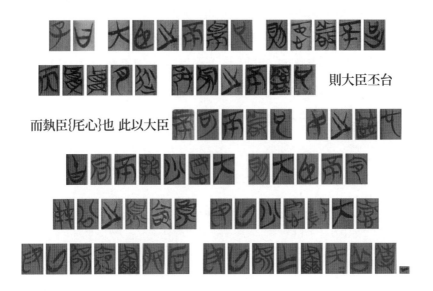

則大臣丕台

而執臣{尼心}也 此以大臣

석문 및 번역

子曰 大臣之丕臯也 則忠敬丕足 而富貴已{辶化}(過) 邦家之丕寧也 則
大臣丕台 而執臣{尼心}也 此以大臣丕可丕敬也 民之蒁也 古君丕與少
謀大 則大臣丕令 {苪苪}公之寡命員 '毋以少謀敗大{者心} 毋以辟御{書
首首}{爿女}后 毋以辟士{書首首}夫={𝗠口}使_'

> 자왈 대신이비죄야 즉충경비족 이{부}귀이과 방가지비녕야 즉대신비태 이예
> 신{팀}야 차이대신비가비경야 민지철야 고군비여소모대 즉대신비령 {석}공지
> 고명원 무이소모패대{짐} 무이피어{색}{장}후 무이피사{색}부부{구}사_

공자가 말씀하셨다. "大臣이 죄가 커지는 것이다 함은, 곧 충성과 공경
이 足할 만큼 커져서, 가득한 재물축적과 貴하기로 이미 化하여 지나쳐
버림이다. 나라가 安寧이 커지는 것이다 함은, 곧 大臣이 三公의 지위

(台)로 커져서 신하들이 두려운 마음을 심는다 함이라. 이(此) 때문에 大臣은 (아래가 임금에게) 공경을 커지게 할 수 있기가 커진다 함이니, 백성이 띠를 묶어 표하는 것이다 함이라. 옛날 임금이 少(대신)와 함께 大를 꾀함이 커지면, 大臣은 지시함(令)이 커졌었다.'《섭공의 고명인 것》을 더하자면, '적은 계략으로써 큰 놈의 마음을 부수지 말고, 다스림을 피함으로써 후비와 헛짓을 하지 말고, 관리(士)를 피함으로써 내시들 및 입을 닫은 아전과 뻘짓을 하지 말라.'고 하셨다."

참고 : 중국측 석문(해독) 및 번역

子曰: 大臣之不翠(親)也, 則忠敬不足, 而賏(富)貴✍迁(過), 邦家之不盁(寧)也. □□□□□□□
□□□□□□【11】不可不敬也, 民之蓝也, 古(故)君不與(以)少(小)悟(謀)大, 則大臣不令. 蚰公
之《悳(橐)》命》員(云):「毋吕(以)少(小)慗(謀)敗大耆, 毋吕(以)辟(嬖)御畵妝后, 毋吕(以)辟(嬖)士
畵夫=向(卿)使(士)■.」

*파손문장 : 則大臣不治 而褻臣托也 此以大臣 (상박(치의),p153)

공자가 말하였다. 대신들이 친하지 않는다면, 충성과 공경하는 마음이 부족하고 부귀가 이미 지나치기 때문이다. 국가가 안녕하지 않으면 대신들은 나라를 다스릴 수가 없으며 간신들이 중임을 맡게 된다. 그런 까닭에 대신은 공경하지 않을 수 없는데, 이는 백성들의 儀表이기 때문이다. 그런고로 군주는 小臣과 일을 도모하지 않고, 대신과 일을 도모하기 때문에 대신들이 원망하지 않는다. 《祭公之顧命》이 말하기를, "小臣의 계략을 가지고 대신의 계획을 망치지 말고, 嬖御(폐어, 비천한 출신으로 왕의 총애를 받는 사람)의 사람으로서 莊后(장후)를 버리지 말고, 폐어의 사로써 장사・대부・경사를 미워하지 말아야 한다."고 했다.

고문자 해독 : 통합

⓪ 則大臣조台, 而埶臣{厃心}也. 此以大臣은 파손글자다. 곽점 및 상박의 글자를 참고하여 저자가 글자를 상박에 맞췄다.

① {畐貝}(富) : '상畐하貝'꼴로, '재물이 가득할 부'로 해독되어, 문맥상 '엄청난 재물'로 풀이한다. 富의 의미다.

② {辶化}(過) : '질적으로 바뀌어(化) 있을 곳을 지나쳐 갈(辶) 과'로 해독한다. 문맥상 오늘날 통용되는 한자로 過도 통한다.

③ 寧 : 고문자 자형은 마지막 丁이 없다. '집에 퍼지는 마음이 가지런히 쌓여 있는'꼴로, 편안할 녕寧으로 석문한다. (저자는 문맥상, '지나친 고요함'으로 풀이했다.)

④ {母心}(謀) : '상母하心'꼴로, '꾀 謀모'의 금문꼴이다.

⑤ {者心} : '상者하心'꼴로, '놈의 마음, 사람의 마음'이다. 문맥상 '대신의 마음'이며, '그림, 계획'으로도 해석할 수 있겠다. 곽점 성지문지에는 '드러낼, 지을 著'와 통한다고 푼다. 중국측은 '놈 者'의 변형된 형태(상박(치의),p166)로 보며, 作과 음이 서로 통한다고 설명한다. 예기는 作이다.

⑥ {書首首} : '상書하首首'꼴로, '머리를 가까이하여 책 읽을 색'으로 해독한다. 문맥상 '뻘짓, 헛짓'으로 이해되며, 속뜻은 '정사를 돌보지 않고 주지육림하며 놀아나는'이 있다. 중국측은 首首를 百百으로 석문하는데 자형이 아니다. 곽점에서 {自自心}으로 바뀌며, 중국측은 이를 '숨쉴 息식'으로 해독했다.

⑦ {爿女} : '장대처럼 높은 곳(爿)에 있는 여인(女) 장'으로 '임금의 여인'을 의미한다.

⑧ 夫= : 夫에 이중부호 =이 있어 夫夫다. 여러 훈 중, 문맥상 '지아비,

남편'은 아니고, '사내, 또는 시중드는 사람'은 가능하다. 내용으로 봐 '내시들'로 풀었다. 곽점도 중문부호인데, 중국측은 합문부호로 보고 大夫로 번역했다.

⑨ {ㅆ口} : '접어진, 접힌(ㅆ) 입(口) 구'로, '입이 닫혀있다(접어져 있다), 말이 없다, 또는 닫힌 입'으로 해독한다. '입을 닫고 지시나 명령을 따르기만 하는'의 뜻을 나타낸다. 중국측은 向으로 석문하고 '시골 鄕, 마을, 고을'로 해독한다. 곽점, 통행본은 鄕이다.

⑩ {人卜曰又}(使·吏) : '좌人상屮중曰하又'꼴이다. 좌변에 '사람 人'이 더 있고, 卜이 屮(초)꼴인, {卜曰又}(吏·使)의 이체자로 본다. (곽점 노자는 {卜曰又}꼴이지만, 상박은 人이 없으면 '일 事'꼴과 같다). '계시받은 명판을 틀어쥔 사람'으로 풀어, '아전 吏', '사신, 시킬. 하여금 使'로 해독한다. 중국측은 使(士)로 석문·해독했다. 한편 곽점은 '일 事'의 고문자 꼴이며, 통행본은 士다.

⑪ 褻 : 더러울, 음란할 褻설 / 蕝 : (띠 묶어) 표할, 모을 절

⑫ 조(不) : 상박은 모두 조로 쓰였다. 까닭에 파손된 字도 조로 했다. 곽점은 불분명하고, 통행본은 모두 不이다.

⑬ {自조}(皐) : 고문자가 '상自하조'꼴이다. 문맥상 皐가 있어야 할 것인데, 앞 장과 달리 이렇게 쓰여 있다. 自가 있어 이체자로 본다. 중국측은 親으로 해독한다. 예기가 親이다.

⑭ 台 : '별 태'로, '삼공 또는 삼공의 지위'의 뜻으로 쓰였다. 字源의 설명으로는 '마음 갈(릴), 마음 풀어질 태'로, '나, 기뻐할 이怡'의 원자다.

⑮ {业业} : 해석하지 못한 古字다. 문맥상 이름인 까닭에 내용 번역과 연결되지 않는다. 편의상 '석'으로 한다. 곽점은 아래 '달 甘'이 있다.

중국측은 祭, 晉으로 예정했고, 예기는 葉이다.

| 해설

고관대작들 즉 大臣의 죄가 눈두덩이처럼 커지는 것은, 곧 군주에 대한 충성과 공경이 지나치게 커져서, 군주가 맹신에 가까운 믿음으로 자신의 눈을 가려, 가득한 재물과 고귀함으로 이미 化하여 지나쳐 버림이다. (군주는 그것을 경계해야 한다) 한편 나라에 안녕이 커지는 것은, 곧 大臣이 군주의 신하로써 삼공의 지위(台)를 확고히 하여 아래 신하가 두려운 마음을 심는 것이다. 이것이 바로 大臣을 통함으로써 군주에게 공경을 커지게 할 수 있기가 커진다 함이니, 백성은 군주에게 복종의 맹세로 띠를 묶어 표하는 것이다. 옛날 임금이 少(大臣)와 더불어 큰일(大)을 도모함이 커지면, 아래 신하와 백성들은 그것을 보고 대신을 두려워하니, 大臣은 臣이나 백성에게 지시함(令)이 커졌었다. 《섭공의 고명인 것》으로 더해보면, '자잘한 계략으로써 높은 곳에서 나라를 내다보는 큰 대신의 마음속 계획을 부수지 말고, 다스림을 피함으로써 후비와 머리를 맞대고 계책을 꾸미는 헛짓을 하지 말고, 관리(士)를 피함으로써 내시들 및 입을 닫은 아전과 머리를 맞대고 계책을 꾸미는 뻘짓을 하지 말라.'고 하셨다. 즉, 삼정승이 혹여나 자신의 꼭지에 오를까를 걱정하지 말고 나라와 백성을 위해 그들에게 국사를 묻고, 큰 후비와 놀아나면서 다스림을 피하려고 하지 말고, 직언에 입을 닫은 아전 및 내시들과 놀아나면서 정사에 관한 일을 보는 관리를 피하지 말라는 것이다.

상박의 내용은 도입부가 大臣에게 엄청 껄끄러운 글이다. 채찍을 언급하고 있기 때문이다. 또 인용문도 성군이라면 모를까 양귀비의 치마폭이나 주지육림에 빠진 군주에게는 있는 그대로 언급하고 설명하기는 어려웠을 것이다. 당연히 예기는 왜곡하였다.

| 곽점 이하 비교

곽점 치의

子曰 大臣之丕新(親)也, 則忠敬不足, 而{畐貝}(富)貴已{辶化}(過)也. 邦{爪家}(家)之丕寧也, 則大臣不台, 而埶臣{厇心}也. 此以大臣不可不敬, 民之𧄼也. 古君不與少{母心}(謀)大, 則大臣不{惜}.《{𡆅}公之寡命》員 "毋以少{母心}(謀)敗大{者心}, 毋以卑御{自自心}{爿女}句, 毋以卑士{自自心}夫=卿事■"

상박과 비교해 畠가 新으로, 슌이 새로운 고문자 {惜}로, 그리고 인용문의 한자 약간이 바뀌었을 뿐이다. 하지만, '클 丕'와 '아니 不'의 혼동과, 단정형 어미 也의 위치 변화 등으로 인해 전체적으로 번역이 어렵다.

참고 : 중국측 석문(해독)

子曰: 大臣之不新(親)也, 則忠敬不足, 而{貝畐}(富)貴已{辶化}(過)也. 邦{爪家}(家)之不寧也, 則大臣不台(治), 而埶(褻)臣{厇心}(託)也. 此以大臣不可不敬, 民之{兹}(𧄼)也. 古(故)君不與少(小){母心}(謀)大, 則大臣不{惜}.《{𡆅}公之(顧)命》員(云); "毋以少(小){母心}(謀)敗大{者心}(作), 毋以卑(嬖)御息(塞){爿女}(莊)句(后), 毋以卑(嬖)士息(塞) 大夫·卿事(士).

해설

新(親)과 인용문장 후미 말고는 상박과 거의 비슷하다. 그런데도 최교수의 번역은 저자의 상박과는 상당히 다르고 눈치채기도 어렵다. 단 몇 자를 고쳐도 그렇게 되는 것이다. 결국은 丕가 맞는지 不로 고쳐진 것인지 알 수 없게 된다.

중국측 곽점 석문·해독을 보면, 장의 끝부분 '夫='를 夫夫로 석문하지 않

고 大夫로 해독했다. 중문부호(=)를 합문부호로 본 것이다. (예기가 大
夫다) 하지만 저자가 앞서 언급했듯이 합문은 차고 넘쳐도 합문부호는
없다. =은 중문부호이지 합문부호가 아니다. 당연히 夫夫가 맞다.[1]

禮記 제14장

子曰 大臣不親 百姓不寧 則忠敬不足 而富貴已過也 大臣不治 而邇臣
比矣 故大臣不可不敬也 是民之表也 邇臣不可不愼也 是民之道也 君毋
以小謀大 毋以遠言近 毋以內圖外 則大臣不怨 邇臣不疾 而遠臣不蔽矣
葉公之顧命曰 毋以小謀敗大作 毋以嬖御人 疾莊后 毋以嬖御士 疾莊
士·大夫·卿士.

공자 가라사대, 대신이 친하지 않고, 백성이 편안하지 않다면, 곧 충성
과 공경이 족하지 않으면서, 富貴가 이미 선을 넘어버린 것이다. 大臣이
나라를 다스리지 않으면, (왕족이나 내시와 같은) 가까운 신하의 무리가
이것이 아닌가? 그러므로 대신은 공경치 않을 수 없으니, 백성의 사표
인 것이다 함이라. (반대로) 가까운 신하는 삼가지 않을 수 없다 함이니,
(이것이 군주가 백성을 사랑하는) 백성의 道인 것이다 함이라.
군주는 작음으로써 큼을 꾀하지 말고, 遠으로써 가까움을 말하지 말고,
안으로써 밖을 도모하지 말아야 한다. (이러면) 대신은 원망하지 않고,
近臣이 병을 나게 하지 않으면서, 먼 데 신하가 가리지 않을 것이다.《섭
공의 고명[2]인 것》에 가로되, 작은 꾀로써 큰 지음을 실패하게 말며, 임금
의 사랑을 받는 사람으로써 장후를 병나게 하지 않으며, 임금의 사랑을
받는 장정(士)으로써 선비와 대부와 경사를 병나게 하지 말아야 한다.

1　문자 아래 '˭'이나 혹은 '˳'의 부호는 重文 이외에 한 자가 두 자를 의미한다는 합문(合
　文)을 표시하기도 한다.(상박(치의),p55

2　임금이 임종 때 신하나 세자에게 남기는 유언

해설

상박의 글자를 많이 바꿔, 大臣을 포함한 신하의 충성 이야기로 문장을 바꾸었다. 그래서 문맥을 확실하게 나라의 안녕을 위해서는 대신을 공경하고 협조해야 한다는 식의, 대신이 필요한 글로 만들었다. 하지만 자세히 뜯어보면 예기는 문장이 중구난방이다. 원본이 아니기 때문이다. 전체적으로 상박과 전혀 질과 깊이가 다르다.

이장은 사라진 글자를 언급해보자. 인용문 마지막 단어로, 상박은 {厶口}使(吏)로 쓰인 것이 곽점에서는 卿事로, 예기는 卿士로 나온다. 사라진 글자가 어떤 대상에게 껄끄러운 글자나 내용이 아니라면, 같은 치의편 제21장에 {厶曰}로 사용된 한자를, 굳이 곽점이 다른 글자(卿事)로 바꾸지 않았을 것이다. 즉 {厶口}자는 문맥상 이곳에 쓰기 어려운 자다. 내용으로 보면, {厶口}吏는 사람을 뜻하기 때문에 곽점의 '일 事'로는 문맥이 이루어지기 어렵다. (이런 이유로 중국측은 事를 '선비 士'로 해독한다). 즉, 최초 상박의 {厶口}吏는, 지식인들인 자신과 같은 신하들에게 아주 껄끄러운 것이어서, 곽점에서 고문자와 발음이 유사한 鄕事로 고친 것이다. 이것을 알 수 없는(?) 漢代의 학자가 事는 의미적으로 맞지 않아 士로 고친 것이 오늘날의 예기다.

▎쉬어가기 : 丕와 不 비교

상박은 가로 획이 명확히 그어져 있다. 반면 곽점은 전체적으로 선명함이 떨어진다. 곽점의 원문 사진을 크게 출간하지 않아서 그런 것 같기도 하고, 붓의 영향이기도 하고, 아니면 필사자가 내용을 정확히 이해하지 못해 어물쩍한 것도 있을 것 같다. 결국은 중요한 단어 또는 전후 문장으로 판단해야 할 것이다. 특히 치의처럼 죽간이 다르다면 정말 좋다. 검증이 쉽기 때문이다.

곽점 치의는 전체가 모두 '클 丕'로 보이나 단언할 수 없다. 이에 상박을 참조

했다. 한편, 중국측은 조를 인정하지 않고, 상박, 곽점 모두 '아니 不'로 석문한다.

[곽점 및 상박 치의에 쓰인 조와 不 비교 (각 편에서 선명한 것 선택)]

편명	상박	노자	치의	노목공	궁달
조				없음	없음
不					
편명	오행	당우	충신	성자	성지
조		없음			
不				없음	없음
편명	존덕	육덕	어1,2	어3	어4
조					없음
不	없음	없음			

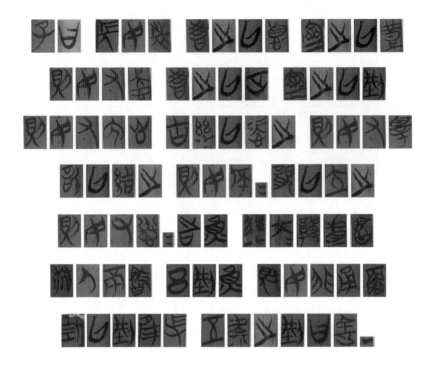

│ 석문 및 번역

子曰 長民{以勿伇} {爻言}之以悳 齊之以禮 則民又{口立心} {爻言}之以
正 齊之以型 則民又免心 古慈以愛之 則民又皋 信以結之 則民伓= 龍以
立之 則民又{小廾心}= 詩員 '{虍壬}大={龍廾}{虘又}{僉曰} 朿人丕(不)
{僉曰夂}' 呂型員 '{貝毛}民非甬儒 折以型隹{乍又} 五{虍示}之型曰{全
止}_'

자왈 장민{자} {교}지이덕 제지이례 즉민우{위} {교}지이정 제지이형 즉민우
면심 고자이애지 즉민우죄 신이결지 즉민배배 용이립지 즉민우{손}{손} 시원
{호}대대{용}{차}{험} {출}인불{험} 여형원 {포}민비용령 절이형최{작} 오{호}지
형왈{전}_

공자가 말씀하셨다. "우두머리와 백성이 덕으로써 말을 주고받고, 예로써 (격식에 맞게) 가지런함이 넉넉하면, 백성은 신분에 맞는 일상의 마음을 틀어쥐는 법이다. 거짓없는 바름(正)으로써 말을 주고받고, 모범으로써 (격식에 맞게) 가지런함이면 백성은 (실수도) 이해로 면해주는 마음을 가지는 법이다. 옛날, (우두머리의) 자비로움이 사랑인 것으로써면 곧 백성은 매운 벌을 틀어쥐었고, 믿음이 한 몸처럼 맺어지는 것으로써이면 곧 백성은 (군주의 신뢰보다) 배 배였었고, 龍(군주)이 올곧게 서 있는 것으로써이면 곧 백성은 (군주의) 평온한 마음으로 평온한 마음을 틀어쥐었었다. 《시경》으로 더해보면, '호위무사는 용을 받듦이 크고 커서 (흉포한 마음 즉) 사나움을 가졌다고 많은 사람이 한마음으로 말한다. (즉 백성은 그들을 싫어하고 미워한다). (반면) 차조처럼 백성에 친근한 지배층 사람은 (그 人德을 존경하여) 많은 사람이 한마음으로 말하며 헐뜯지 않는다.'고 했고, 《여형》으로 더하자면, '재물이 터럭만큼도 없는 민초는 혼령이나 영혼처럼 정신을 꿰어 씀이 (즉 자신의 현 상황을 하늘의 뜻으로 포기하거나 또는 깨우침이) 아니며, (백성이 입신양명을) 꺾음은 (군주나 우두머리의) 높은 본보기(모범)로써 잠시 틀어쥠이니, 다섯 호랑이 가면을 쓰고 보는 자가 본보기(모범)인 것은 가로되 (상처 없이, 즉 칼을 사용하지 않는) 온전한 멈춤이다.'는 말이다."

▌참고 : 중국측 석문(해독) 사진 및 번역

子曰:【12】 長民者耆(教)之呂(以)悳(德), 齊之呂(以)豊(禮), 則民又(有)卲心; 耆(教)之呂(以)正(政), 齊之呂(以)型(刑), 則民又(有)免心. 古(故)慈(子)呂(以)悉(愛)之, 則民又(有)罕(親); 信呂(以)結之, 則民怀=(不怀); 龍(恭)呂(以)位(涖)之, 則民又(有)愻(愻心). 《吉(詩)》員(云):【13】「虞(吾)夫=(大夫)騂(恭)虘(且)儚(儉), 杕人不僉」, 《呂型(刑)》員(云):「賦(苗)民非甬(用)靈(命), 折制呂(以)型(刑), 隹(惟)复(作)五虐之型(刑)曰金■」」

* 以位(涖)之는 고문이 立이어서 以立(涖)之의 오기로 보인다.

공자가 말하였다. 백성을 다스리는 자는 덕으로써 가르치고, 예로써 정제(整齊)를 시키면 백성들은 즐거운 마음으로 따르게 되고, 정령(政令)으로써 가르치고, 형벌로써 정제(整齊)를 시키면 백성들은 달아나게 된다. 그런 고로 군주는 백성을 자식을 사랑하는 마음으로 사랑하면 백성들과 친해지고, 믿음을 가지고 맺으면 백성은 배반하지 않으며, 공손한 마음으로 임하면 백성은 또한 순종하는 마음을 갖는다. 《시경》에서 말하기를 "우리의 대부 모두가 공경하고 절검하니 검소하지 않은 자 없네."라고 했고, 《呂刑》은 "善意적인 다스림을 쓰지 않고, 형벌을 만들어 백성을 다스리고, 오직 오학의 형벌을 만들어서 법이라고 했다."라고 했다.

▎고문자 해독

① {口立心} : '상口중立하心'꼴로, '입(口)이 위치한(立) 마음 위'로 해독한다. 문맥상 주어진 '신분상의 위치에 맞는 마음'을 뜻한다. 상박 고원문은 한(一) 자가 분명한데, 중국측은 글자를 분리하여 두 자인 {口立}心으로 석문했다. 이는 곽점과 통행본이 2자로 분리되어 있기 때문이다.

② {旡心}(愛) : '상旡하心'꼴로, '물릴, 외로 쏠리는 {旡(기,무)} 마음(心)'으로, '일방적으로 한쪽으로 쏠리는 마음'을 뜻하여, 통용 한자로 '귀애할, 사랑할 愛'다.

③ 辠 : '상自하辛'꼴로, 罪의 古字인 辠다. 중국측은 親으로 해독한다. 그러나 곽점으로 넘어오면, 군주의 힘이 상당히 강성해진 듯 新(땔깜 나무 薪의 원자)으로 내용을 바꾼다.

④ {小廾心}= : '상小중廾하心'꼴로, '작음(小)을 받드는(廾) 마음(心) 손'으로 해독한다. 문맥상 '평온한 마음'이다. 곽점은 愻心, 통행본은 孫

心이며, 상박과 달리 중문부호는 없다. 앞 자와 대칭을 이루기 위해 이 글자도 두 자로 분리한 것으로 보인다.

⑤ 大= : 원문은 분명한 大다. 문맥이 가능해 저자는 이것을 취했다. 한편, 중국측은 夫=로 석문하고 (大夫)로 해독한다. 또한, 곽점은 夫=고, 예기는 인용문 자체가 없다.

⑥ {龍廾} : '상龍하廾'꼴로, 임금인 '용을 받들 용'으로 해독한다.

⑦ {虐又} : '상虐하又'꼴로, '모질고 사나움(虐)을 틀어쥘(又) 차'로 해독한다.

⑧ {僉曰} : '상僉하曰'꼴로, '많은 세상 사람이 한마음으로(僉) 말할(曰) 험'으로 해독한다.

⑨ 林 : 古字는 '차조(朮)가 연이어진 출'자로, 차조(朮출)처럼 찰기가 많아 서로 '찰싹 달라붙다'는 뜻이다.

⑩ {僉曰攵} : '상僉하曰우攵'꼴로, '많은 세상 사람이 한마음으로(僉) 말하여(曰) 때릴(攵) 험'으로 해독한다. 8번 고문에 攵이 있는 꼴이다.

⑪ {貝毛} : '좌貝우毛'꼴로, '재물(貝)을 터럭(毛)으로 여기다'는 의미다.

⑫ 霝 : '상雨하㗊'꼴로 석문한다. '비오다, 착하다, 떨어질 령霝'자이나 여기는 '신령 靈'과 同字로 해독한다. (자전은 古字나 同字의 표현은 없다) 곽점에서 珵로, 예기는 命으로 바뀐다. 중국측은 霝으로 석문하고, 책에는 「李零…은 '珵'자는 '臻'자의 통가자로 쓰인다 하였다. 臻·靈·令은 모두 '善'의 의미가 있다.」(p265)고 쓰여 있다. 이를 바탕으로 최교수가 命으로 해독한 것 같다.

⑬ {乍又} : '상乍하又'꼴로, '갑자기, 잠시(乍) 틀어쥘(又) 작'으로 해독

한다. 여기는 문맥상 '갑자기'보다는 '잠시'로 한다.

⑭ {虍示} : '상虍하示'꼴로, '호랑이 가면을 쓰고(虍) 보는 자(示) 호'로
해독한다. 곽점에서는 {㞷虎}꼴로 바뀌는데, 중국측은 {广虐}(虐)로
석문·해독한다. 예기가 虐이다.

⑮ {虍壬} : '상虍하壬'꼴로, '호랑이 가면을 쓰고(虍) 서 있는 자(壬) 호'
로 해독한다. '호전적인 무장'의 뜻이다. 중국측은 '나 吾' 및 '어조사
乎'로 해독했다. 여기서는 吾로 봤다. ※ 저자의 번역으로 봤을 때, 이
장에서 {호}는 군주를 최측근에서 호위하는 5명으로 구성된 '호위무
사'를 지칭하는 것 같다. 문맥상 상당히 폭력적이며 일반인들에게는
위협감이 드는, 감히 근접하기가 어려운 자다. 전체 문장으로 볼 때
{호}는 '무력을 선호하는 武將' 또는 '전쟁광' 같은 '그런 자'를 통칭한
것이다.

⑯ {全止} : '상全하止'꼴로, 완전한(히), 온전한(하게·히)(全), 멈출·그칠
(止) 전'으로 해독한다.

⑰ 豊(禮) : 禮의 古字다. 字源은 감주를 담는 굽 달린 그릇의 상형이다.

⑱ 丕(不) : 상박은 '클 丕'와 '아니 不'이 명확히 구분되어 있고 대부분
옳다. 이곳도 丕가 쓰였는데, 문맥으로는 {僉曰攵}이 부정적으로 해
석되어 不이 어울린다. 만약 '험'이 긍정적으로 해석된다면 丕가 맞
다.

해설

문장도 길고 내용도 상당히 많다. 더해 중문과 합체문자 형태의 글자도
유난히 많다. 아마 치의 제23장 전체에서 가장 많을 것이다. 이는 곧 전

해지지 않은 글자가 가장 많다는 뜻이자, 중국측 석문·해독의 오류가 가장 높을 수 있음을 뜻한다.

고문자만 석문이 되면, 저자의 번역처럼 상박은 문법에 맞추어 번역된 문장이 매끄럽고, 예외 글자없이 내용이 무엇을 말하고 있는지 완벽히 이해되는 문장이다. 물론 '다섯 호랑이 가면을 쓰고 보는 자'가 누구를 가리키는 지는 저자도 모른다. 느낌상 군주의 호위무사로 이해될 뿐이다. 이는 주나라 때의 직제를 연구한 사람이 답해야 할 부분이다.

곽점으로 넘어오면, 벌써 중요한 글자들이 바뀌고 -{以勿伇}가 者로, 則民伓=가 則民不伓으로, 大=가 夫=로, {乍又}이 乍로, {全止}가 法으로 등등- 예시문 여형 속 한자 {貝毛}民도 지워 문맥이 매끄럽게 이어지지 않는다. 특히 임금 또는 군주를 나타내는 龍과 {龍廾}이 곽점에서는 전혀 뜻이 다른 共으로 바뀌었다. 이렇게 중요한 글자들이 변하다 보니, 백성은 힘에 의한 폭정을 미워하고 싫어하고 멀리함으로 군주는 무력을 가까이하지 말고 德과 禮로써 백성에게 상처를 주는 말을 버림으로써 신뢰가 쌓이게 하여 나라를 안정되게 하라는 뜻이, 곽점에서는 문장이 불완전하고 내용이 일관적이지 않게 변했다. 석문한 한자를 중국측 해독을 참고하여 2차로 해독하지 않고는 뜻을 이해하기 어렵다.

한편 통행본은 내용이 형벌로 바뀌면서, 예시의 글이 통째로 바뀌었다. 이로인해 전혀 글 같지도 않은 문장이 되어버렸다. 통행본은 법에 의한 집행 및 법의 개념을 설명하는 문장이라 아마도 왕권강화를 바라는 법가 쪽의 소행이다. 지금은 전해오지 않은 한자가 상당히 많다 보니, 통행본도 글자가 틀려, 통일되지 않은 章이기도 하다.

▌곽점 이하 비교

곽점 치의

子曰 {イ長}民者{爻言}之以悳 齊之以(豊)禮 則民又懽(歡)心 {爻言}之以正 齊之以型 則民又{其子}心 古{幺幺子}(慈)以{死心}(愛)之 則民又新(親) 信以結之 則民不怀(倍) 共以位之 則民又孫心《詩》員 {虍壬}夫=共{虍又}{章僉} 朮人不斂《呂型》員 非甬 (埅) 折以型隹乍(作) 五{扩虎}之型 曰法■

공자가 말하길, "백성을 다스리는 자가 주고받는 말을 덕으로써, 가지런함을 예로써 하면, 곧 백성은 기쁜 마음을 가진다. 주고받는 말을 바름(正)으로써, 가지런함을 모범으로써 하면, 곧 백성은 그(군주)의 자식인 마음을 가진다. 옛날 자비로움이 사랑받는 것으로써이면 곧 백성은 친함을 틀어줬었고, 믿음이 맺는 것으로써이면 곧 백성은 배(倍)가 아니고, 함께 자리하는 것으로써이면 곧 백성은 순종하는 마음을 줬었다. 《시경》으로 넓혀보면, 호위무사는 아비들과 함께 사나움을 틀어줬었다고 사람들이 이구동성으로 표현한다. (반면) 백성에 친근한 지배층 사람은 많은 세상 사람이 거두어 숨기지 않는다.'고 했고, 《여형》으로 더하자면, '도달하여 꿰어 씀이 아니며, 꺾음은 (군주의) 높은 본보기(모범)로써 지음이니, 다섯 나뭇조각 소리가 본보기인 것이 가로되 法이다.'는 말이다."

참고 : 중국측 석문(해독)

子曰: {イ長}(長)民者{爻言}(教)之以悳(德) 齊之以(豊)禮 則民又(有)懽(歡)心 {爻言}(教)之以正(政) 齊之以型(刑) 則民又(有){其子}心 古(故){幺幺子}(慈)以{死心}(愛)之 則民又(有)新(親) 信以結之 則民不怀(倍) 共(恭)以位(莅)之 則民又(有)孫(遜)心《寺(詩)》員(云) {虍壬}(吾)夫夫共{虍又}{章僉}朮人不斂《呂型(刑)》員(云) 非甬(用)埅 折(制)以型(刑) 隹(惟)乍(作)五{扩虐}(虐)之刑曰法."

제 12 장

해설

 저자와 중국측 석문은 마지막 인용문 '여형'의 끝부분에 있는 한 자만 빼고 같다. (해독이 아니다). 상박은 원문과 같이

그림 1 그림 2

{虍示}로 쓰였고, 곽점은 [그림 1]처럼 쓰여 저자는 {爿虓}로 석문 했지만 중국측은 {疒虐}으로 석문하고 虐으로 해독했다. 석문이 저자와 상당히 다른 모양으로 나왔다. 그런데, 그림 원문을 보면 알겠지만 곽점 치의 다른 한자보다도 꽤 글자가 선명하고 爿을 뺀 虓자는 곽점 노자 등 여러 편에 쓰여 쉽게 알 수 있는 [그림2]의 古字와 유사하다. 그럼에도 불구하고 중국측이 이렇게 석문한 것은 오직 통행본이 '사나울 虐학'으로 되어있기 때문이다. 만약 저자처럼 석문을 하면, 다섯 가지 중형을 뜻한다는 五虐이 될 수 없기 때문이다.

차라리 저자처럼 석문하고 음성이 유사하여 이체자인 虐으로 해독한다는 식이 중국스러움이었는데 이 字는 전혀 다른 한자로 석문했다. 의도적이라면 지금쯤 전 세계 동양학자들을 향해 썩소를 보내고 있지 않을까?!

상박의 문장은 長民{以勿亼}이고 곽점은 {亻長}民者, 예기는 長民者다. 이때 상박 長民은 '우두머리와 백성'으로, 곽점은 '백성을 다스리는 자'로 하는 것이 가장 무난하다. 즉 이후의 행위를 상박은 둘 모두의 문제로 보는 반면, 곽점 이하는 군주로 한정한다. 이 문장은 제4,6,9,12장에 쓰였다.

여기서는 詩經 속 {虍壬}가 들어있는 문장을 가지고 이체자 해독의 문제점을 집중 논한다. 중국측 해독 원문은 吾夫夫共{虐又}{章僉}林人不斂이며, 저자의 석문과 비교하여 {虍壬}를 吾로 해독한 것만 다르다. 그러나 이를 바로 번역하지 않고, 중국측은 또 한 번 한자를 해독하고 있다. 글을 정리하면, 夫夫는 大夫로, {虐又}는 '잡을 攄사'로 해독하여 '또, 장차 且차'의 의미로, {章僉}는 '검소할 儉'으로, 林은 설명이 길고 '부정의

의미인 적다·미세하다인 靡로 해석할 수 있다'로 다시 주해한다. 이에 번역을 "우리(吾)의 대부 모두가(大夫) 공경하고(共,恭) 절검하니(儉) 검소하지 않은 자(人不斂) 없네(靡)."로 했다. ({虐又}와 攄와 且는 대응 글자를 찾지 못했다.)

여러분은 이 문장을 이렇게 해독(번역)할 수 있겠는가? 저자는 불가능하다. 이렇게 해독할 능력이 없다. 왜냐하면, 중국측의 해독된 문장은 음성학이나 음운학을 모르면, 고문을 썼던 이(古人)가 쓰고자 했다는 한자를 찾을 수 있는 방법이 없기 때문이다. 이것을 번역할 수 있는 사람은 대한민국에도 오직 한자의 음성학이나 음운학을 배운 극소수의 학자들뿐일 것이다. 이는 곧 簡帛의 고문은 중국 경학자가 해독하기 전에는 누구도 알 수 없다는 뜻이며, 그들의 해독이 곧 내용을 결정하는 이정표인 셈이다. 그러나 아쉽게도 이 석문·해독은 옳다고 해 드릴 수 없다. 왜냐하면, 그들의 석문은 대부분 통행본의 한자로 짜 맞추고 있기 때문이다. 거의 그렇다. 치의를 조금만 살피면, 독자도 금방 알 수 있다. 까닭에 오늘날 전해오는 중국의 경전들은 상당 부분 왜곡된 글귀들이 많다. 그 글귀들이 혹 금과옥조일지라도 노자나 공자의 글이 아닌, 누구인지 알 수 없는 설익은 지식인의 모조 글일 뿐이다.

저자는 노자도 문맥이 매끄럽지 않다고 생각했는데, 공자의 글귀는 원본과 비교하면 거의 새로운 글이다. 이는 노자의 글이 총론적인 글이라면 공자의 치의는 군주의 언행을 직접적으로 논한 좀 더 구체적인 글이기 때문이다. 치의가 왕도정치론일 줄을 그 누가 알았겠는가!

禮記 제3장

子曰 夫民教之以德 齊之以禮 則民有格心 教之以政 齊之以刑 則民有遁心 故君民者 子以愛之 則民親之 信以結之則民不倍 恭以莅之則民有孫心. 甫刑曰 苗民匪用命 制以刑 惟作五虐之刑曰法 是以民有惡德 而

遂絶其世也

공자 가라사대, 무릇 백성이란, 덕으로써 敎化하고, 예로써 가지런함이면, 곧 백성은 자신의 사정에 어울리는 마음을 갖는다. 다스림으로써 가르치고 형벌로써 가지런함이면 곧 백성은 도피하려는 마음이 있음이다. 그러므로 백성을 사랑하는 군주인 자는 자식이 사랑으로써인 것이면 곧 백성도 친했던 것이고, 신뢰가 맺음으로써인 것이면 곧 백성은 배반하지 않으며, 공손함이 다다름으로써인 것이면 백성은 유순한 마음이 있었다 《보형》이 말하기를, 묘의 백성은 명령을 쓰지 않고 형벌로써 제어코자, 오직 오학의 형을 만든 것이니 가로되 '법'이라. 이 때문에 백성은 덕을 미워하는 마음이 있어서 그들의 후사를 끊기에 이르렀다.

해설

죽간과 비교하여 내용의 질이 근본적으로 바뀐 것은, 문장의 가장 중요한 의미를 갖는 '모범, 본보기'를 뜻하는 型이 '죽이는 형벌'을 뜻하는 刑이 된 까닭이다. 그러다 보니, 원래 공자가 썼던 예시문을 그대로 사용할 수는 없었다. 곽점은 인용문 한 곳을 바꾸었지만, 통행본은 통째로 바꿔치기했다. 그것도 종족주의를 앞세워 滅族되었다는 아주 수준 낮은 예시문을 가져다 올렸다. 또한, 예시글은 인용글 자체로 끝맺는 것이 상례인데, 여기는 '是以' 이하의 글귀처럼 설명하는 글을 써 놓았다. 왜곡이 느껴지는 형식·내용이다.

한자의 번역도, 대표적인 뜻이 아닌 색다른 훈으로 번역되고 있는 것이 특징이다. 예를 들어, 倍(곱 배), 匪(비적 비), 孫(손자 손)이 대표적인 본뜻인데, 문맥상 '등지고, 배반하다', '아니다', '유순하다'와 같이 파생 훈으로 번역이 되었다. 이들은 모두 당시에 쓰였던 背, 不, 遜(愻)이라는 글자가 있다. 이는 왜곡된 문장으로 인해, 후세가들이 문맥을 맞추기 위해, 전혀 다른 글자인데도 불구하고 '훈'을 확장하여 이렇게 된 것이다.

(오늘날 한자가 다름에도 훈이 같은 異形同意자나 훈이 겹치는 漢字들이 넘쳐나는 것은 바로 이러한 이유가 주를 이룬다고 본다. 한자의 범람은 백성 때문이 아니라 군주 1인 때문에 발생했던 것이다.)

여담으로 통행본 속 苗族은 우리 동이족의 피가 흐르는 민족이다. 치우천황 시절에 중국의 헌원이라는 황제와 마지막 싸움에서 패퇴하여 일부가 산속으로 도피하여 번창한 것이 오늘날의 묘족이다. 중국의 한족은 묘족이 두려워 이런 글을 남긴 것이다. 아래는 책 설명이다. 왠지 웃프다.

「현행본《尙書》에서는 "묘민은 선한 일로 백성을 다스리지 않고, 형벌을 가지고 제어하고, 오직 오학(五虐)의 형벌을 만들어서 법이라고 했다"라 했다. 오학이란 黥(경)·刖(월)·劓(의)·宮(궁)·死刑(사형) 등 다섯 가지 중형을 말한다. 초간은 '苗民' 두 자가 없다. 후에 중화민족과 다른 적대적인 민족을 추가한 것이다.」(p264)

「'苗'는 치우(蚩尤)가 반란을 일으킨 구려(九黎) 땅에 사는 족속을 말한다.」(상박(치의), p183)

쉬어가기 : 상박 및 곽점에 쓰인 고문자 비교 (다른 꼴이 있어도 1개만 선택함)

구분	事	仁	使·吏	素	終	言
상박						
곽점						
구분	員	信	古	民	女	守
상박						
곽점						

제 13 장

則型罰丕足恥 而{亻少十}丕足懽

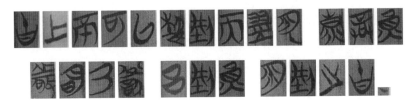

석문 및 번역

子曰 正之丕行 敎之不城也 則型罰丕足恥 而爵丕足懽也 古(故)上丕可
以埶型而{羽至}爵 康誥員 '敬明乃罰' 呂型員 '{亻釆}型之由_'

> 자왈 정지비행 교지불성야 즉형죄비족취 이작비족권야 고상비가이예형이{경}
> 작 강고원 경명내벌 여형원 {변}형지유_

공자가 말씀하셨다. "올바름(正道)이 行을 커지게 하는 것이지, 가르침
이 견고한 성(나라)을 만들지는 않는 것이다 함이라. 곧 (신하를) 본보기
로 벌주기는 부끄러워함이 충분히 커지고, 작위를 내림은 기뻐함이 충
분히 커진다 함이라. 까닭에 우(上)는 (신하에게) 본보기를 심음으로써
할 수 있기가 커지고 작위를 내림(관료를 시켜줌)으로 물줄기처럼 쭉 뻗
어 올랐다. 《강고》로 넓혀보면, '透明함을 恭敬하니 이에 (비로소) 벌을
줄 수 있다.'고 했고, 《여형》으로 더해보면, '(아래가) 본보기를 분별함은
(다 다스리는 우로 인해) 말미암은 것이다.'고 했다."

| 참고 : 중국측 석문(해독) 사진 및 번역

子曰: 正(政)之不行, 壴(教)之不戠(成)也, □□□□□□□□□□【14】也. 古(故)上不可目(以)
㪪型(刑)而翟(輕)㝢(爵). ≪康㝸(誥)≫員(云):「敬明乃罰」. ≪呂型(刑)≫員(云):「㓝型(刑)之由
(迪)■」.

*파손문장 : 則型罰不足恥 而雀不足懼 (상박(치의),p182)

공자가 말하였다. 정치가 행해지지 않고 가르침이 이루어지지 않으면,
형벌도 부끄러운 것이 못되며, 작록(爵祿)은 권할 것이 못된다. 그런고
로 윗사람은 형벌을 더럽히고 벼슬을 가볍게 여겨서는 안 된다.《강고》
가 말하기를「공경하여 형벌을 밝게 하라」고 했고,《여형》은「형벌은 도
리에 맞게 선포되어야 한다」고 했다.

| 고문자 해독 : 통합

⓪ 則型罰丕足恥 而{匸少十}丕足懼은 상박의 파손된 부분이다. 저자가
   곽점 치의 및 상박 치의의 다른 문장의 古字를 참고하여 상박 치의로
   맞추어 넣은 것이다. 중국측이 刑, 不로 해독한 것을 저자는 型, 丕로
   석문·해독했다.

① {匸釆} : '분별함(釆)이 튼 상자(匸)에 갇힌 변'으로 해독한다. '분별함
   이 상(군주)이 원하는 방향으로 터졌다'는 의미로, '군주가 원하는 방
   향으로 분별할 수 있다'로 풀이한다. (匸:古字는 반대 방향으로 터졌
   으나 의미는 같다)

② {羽巠} : '상羽하巠꼴이다. '물줄기처럼 곧게 쭉 뻗어(巠) 오를(羽)
   경'으로 해독한다. 군주나 나라가 융성한다는 뜻이다. 중국측은 '가벼
   울 輕'으로 해독했다.

③ {匸少十}(爵) : 고문자가 어렵다. 글자 모양이 匸(입이 반대로 터졌

다) 속에 少가 있고, ㄷ 밑에 十(확실하지 않다:새로 본다면 꼬리다)
이 있는 꼴이다. 문맥상 중국측을 따라 '벼슬, 신분의 위계, 작위를 받
을(줄) 작'으로 해독한다. 곽점은 '참새 雀작'으로 쓰였고, 爵으로 해
독한다.

④ 季(敎) : '교도할 季{爻子}'는 '가르칠 敎'와 동자다. 처음의 가르침은
'칠 攵'은 없다.

⑤ 罰 : 곽점도 같은 고문자다. / 懽 : 기뻐할, 들어맞을 환 / 巠 : 물줄기,
곧(게 뻗)을 경 / ㄷ : 부수로 튼입구몸, 상자 방

| 해설

공자는 나라를 다스리는 방법으로 바름(正) 즉, 정직 또는 正道를 제시
한다. 그것은 군주의 본보기다. 우(上)가 스스로 이렇게 행동할 때, 신하
에게는 부끄러움이 충분히 커지는 벌이 될 수 있고, 군주의 힘을 실은 벼
슬도 신하에게 줄 수 있는 것이다. 반면, 가르침은 솔선하는 교화가 아닌
까닭에 튼실한 나라를 만들지 못한다. 오직 물줄기처럼 쭉 뻗어 오를 수
있는 나라는 군주의 모범이 최선이다. 이런 공자의 뜻은 인용글 마지막
문장으로 압축될 수 있다. '본보기를 분별하거나 분별하지 못하는 것은
(우로) 말미암은 것이다.'

공자는 나라의 태평성대를 위해서는 신하를 잘 통솔할 수 있어야 한다
고 본다. 그것은 신하들의 行에 이정표가 되는 군주의 德에 기반한 솔선
하는 본보기(모범)이다. 바른 삶이 아닌 못된 본보기는 간신만 우글거릴
뿐으로 자신과 나라의 패망은 예비된 것이나 다름없다. 즉, 城이든 나라
든 사회의 불안은 제일 우(上)에 앉은 우두머리의 문제다. 이는 정도의
차이만 있을 뿐 동서고금을 막론하고, 어느 체제이든 통하는 말 아닌가?

중국측 번역은 군주가 솔선수범하여 본보기를 보이라는 문장을, 정치나 가르침이 제대로 행해지지 않으면 형벌도 제 역할을 못 한다는 식으로 바꾸었다. 엄청난 반전이다. 이는 곽점부터 내용이 상당히 바뀌어 예기로 이어진 문장 때문이다.

저자는 이번 상박 치의를 번역하면서, 예전 論語를 번역해 볼까 하여 접했던 문장과는 차원이 다름을 알았다. 종족을 떠난 공자의 말씀은 이래야 맞다. 종족에 맞춰 맥락도 없고, 문장도 어설픈 통행본의 문장들이 아니다.

생각건대, 중국의 역사는 戰國시대를 거쳐 진시왕으로 이어지면서 이전과는 전혀 다른 질적인 변화를 불러왔다. 그것은 분서갱유가 말해주듯, 이전까지 聖의 나라였던 상향식 정치가 사라지고 오직 命을 수행하는 하향식 정치만이 존재하게 되었다. 군주를 제외한 만백성은 眞僞와 상관없이 결정 난 정책을 따르기만 하면 된다. 이는 오늘날까지 이어진 중국인의 전통이 되었고, 중국은 극소수 지배집단만 제외하고 대부분 이성이 없는 강시들이 넘쳐나는 나라가 되었다. 사회, 경제, 문화, 역사, 그리고 철학도 모두 정치적으로 해석하는 나라. 그 순간 꼭지에 있는 군주가 가리키는 방향으로 가공되는 나라. 백성이 한 번도 지도자를 선택해 보지 못한 나라. 그게 그들의 빛나는 전통이다. 물론 백성이 강시로 전락하는 대는 漢文이 지대한 공헌을 했다.

책이 세상에 나오고 혹 그들에게 읽힌다면, 과연 그들은 어떤 반응을 보일까? 지금이라도 전해오는 가짜 말고, 진실된 공자의 글을 읽으면 좋으련만.

▌곽점 이하 비교

제 13 장

곽점 치의

子曰 正之丕行 {爻言}之不城也 則型罰丕足恥 而雀(爵)丕足懽也 古上
丕可以埶型而{羽坖}雀(爵)《康(誥)》員 "敬明乃罰"《呂型》員 "{番月}
(播)型之迪■"

상박의 敎가 {爻言}로, 여형의 인용문이 다를 뿐 같다. 번역을 생략한다.

참고 : 중국측 석문(해독)

子曰: 正(政)之不行 敎之不成也 則型(刑)罰不足恥 而雀(爵)不足懽(歡)
也 古(故)上丕可以埶(褻)型(刑)而{羽坖}(輕)雀(爵)《康{言丮}(誥)》員
"敬明乃罰"《呂型(刑)》員 "{番月}(播)型(刑)之迪."

고문자 해독

- {番月} : '달이나 고기(月)가 갈마들(番) 번'으로 해독한다. 왜곡된 글
  자인 까닭에 문맥상 의미는 중요성이 없다. 중국측은 '퍼트리고, 베풀
  고, 뿌릴 播파'로 해독한다.
- 迪 : '나아가고, 이끌고, 따르고, 떠나갈 迪'다. 상박의 '말미암을 由'가
  곽점에서 迪유로 바뀌어 그대로 통행본으로 이어졌다. 상박이 발견되
  지 않았다면, 문맥의 진실을 알기는 어려웠을 것이다.

해설

상박과 곽점은 문장이 상당히 비슷하다. 다만 중국측은 모두 丕이면서
해독 한자가 있어 참고의 번역처럼 다르다.
{番月}型之迪는 문법상 '{番月}型1·之3·迪2'로 번역하는 것이 가장 합리
적이다. 그런데 바뀐 한자로 인해 번역이 어렵다. 즉, {番月}는 '고기가
갈마들다', 型은 '모범(본보기)', '것 之', 迪는 '나아가다(이끌고, 따르고,
떠나가다)'로 해서, 이것을 가지고 '고기가 갈마드는 모범은 이끄는 것이

다'로 번역했을 때, 이 문장은 바로 이해되지 않는다. 결국, 이체자를 동원하거나 譯解者의 언변술을 통할 수밖에 없다. 왜곡본은 거의 이런 식이다. 전국시대 이후의 그들은 우두머리 앞에서 이처럼 말도 되지 않는 문장을 가지고 나름 궤변을 늘어놓았을 것이다. 한편 통행본은 문장이 되게 播刑之不迪로 고쳐져 있다. 곽점에서 이미 {番月}, 迪 2자가 바뀌어 문맥이 매끄럽지 않은 까닭에 不을 집어넣지 않고는 도저히 문장이 될 수 없어서다.

문장을 왜곡하는 경우 다른 한자이지만 전혀 새로운 한자는 드물다. 즉 생뚱맞은 글자를 가져오는 것이 아니다. 그런 예는 극히 드물고 대부분은 原文 언저리의 한자인 것이다.

죽간은 곽점 치의처럼 석문된 글자만으로는 문장이 되지 않아, 반드시 이체자에 의한 해독이 필요한 경우나, 곽점 노자의 異本처럼 뜻을 바꾼 고문이, 상박 치의처럼 진본에 가까운 고문과 섞여 있다. 이들은 현행 통행본의 징검다리 역할을 하는 왜곡의 초기 모습을 하고 있는데, 중국측은 오히려 이것으로 현행본을 인정하는 수단으로 사용한다.

상박이 발견되었음에도, 거슬러 올라가 공자의 原意를 찾기보다는, 상박을 통행본에 맞추어 釋文·注釋하는 것은 기가 찰 뿐이다. 오직 넓은 마음으로 이해되는 것은, 그들의 경전이 다 가짜일 수 있다는 위기감 때문에 인정할 수 없을 거라는 마음이다. 그러나, 그것은 커져만 가는 피노키오의 코일 뿐이다.

禮記 제13장

子曰 政之不行也 敎之不成也 爵祿不足勸也 刑罰不足恥也 故上不可以藝刑而輕爵 康誥曰 敬明乃罰 甫刑曰 播刑之不迪

공자 가라사대, 정치가 행해지지 않는 것이나, 가르침이 이루어지지 않는 것이다 함은, 작록(벼슬과 녹봉)으로 권하기도 충분치 않고, (매서운) 형벌로도 부끄럽기가 족하지 않음이다. 까닭에 우(上)가 형벌을 더럽히고 벼슬을 가볍게 여김은 不可하다. 《강고》가 말하길, '明을 공경하고서, 그리고 벌하라.' 《여형》에 가로되, '刑을 퍼뜨림은 나아가지 않는 것이다.'고 했다.

해설

예기는 틀어진 곽점의 문장에서 어울리지 않은 것을 수정하고, 문맥이 되게끔 고쳤다. 하지만 상박과는 이미 많은 곳이 달라져, 공자의 내용은 180도로 완전히 달라져 버렸다. 예기 치의는 질적으로 다른 글이다.

중국측 석문·해독으로 보면, 곽점은 통행본과 비슷하며 첨삭된 2곳과 조사만 다르다. 즉 곽점의 雀(爵)이 爵祿으로, 播刑之迪가 播刑之不迪로 되었을 뿐이다. 이에 대한 책의 각주다.

「159)《禮記》는 초죽서의 '爵'을 '爵祿'으로 풀어 쓰고,… 이외에는 기본적으로 초죽서의 내용과 같다.」(P266)

끝으로 인용문 敬明乃罰과 播刑之不迪의 번역을 살펴보자.

먼저 敬明乃罰은 한눈에 봐도, 敬2明1乃3罰4의 순서다. 이때 乃는 앞에 글을 이어주는 조사역할이 가장 기본이다. 그런데 책은 '공경하여 형벌을 밝게 하라'고 번역했다. 또 다른 자료도 이런 식이었는데, 저자로서는 이해하기 어려운 번역이었다. 다음 播刑之不迪 또한 播2刑1之4不迪3여야 맞다. 그런데 책은 '형벌은 도리에 맞게 선포되어야 한다'고 의역을 했다. (不자는 중국측 鄭玄이 衍文으로 보는데, 이를 따라 번역하지 않았다). 장 전체적인 문맥을 따라 했을 것이라 판단은 되나, 글자만으로는 이렇게 번역하기는 쉽지 않다. 또한, 목적어인 刑을 주어로 번역하는 것도 의문이다.

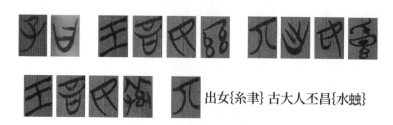

出女{糸聿} 古大人丕昌{水蚰}

{之口}員 {幺言斤}介出話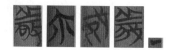

| 석문 및 번역

子曰 王言女{一絲} 丌出女緡 王言女素 丌出女{糸聿} 古大人丕昌{水蚰}
詩員 '{幺言斤}介出話 敬介威義_'

> 자왈 왕언여{사} 기출여민 왕언여소 기출여{율} 고대인비창{류} 시원 {서}이출
> 화 경이위의_

공자가 말씀하셨다. "왕의 말씀이 한 오라기 실처럼 흐트러지지 않음에
얌전히 앉는다면, 그것은 여민(낚시줄이나 동아줄과 같은 생명줄에 얌
전히 앉음)을 낳고, 왕의 말씀이 (때 묻은 것 없는) 흰 본바탕에 조용히
앉는다면, 그것은 여율(태평성대가 길게 이어지며 펼쳐지는 세상에 얌
전히 앉음)을 낳는다. 옛날 大人(의 나라)은 벌레(같은 신하)들이 물에
씻기어가(듯 사라져) 기쁨이나 좋은 일들이 무성하게 컸다. 《시경》으로
더해보면, '너를 침묵하면 (신하의 입에서 먼저) 이야기가 나오고, (반대
로) 너를 (높이) 공경하면 올바른 道理가 (그렇게 살지 말라고 너를) 威
脅한다.'고 했다."

子曰: 王言女(如)絲, 丌(其)出女(如)綸; 王言女(如)索, 丌(其)□□□□□□□□□□□□□□.
【15】 敬尒威義■.」

* 파손문장 : 出女{糸聿} 古大人不昌流 寺員 誓(慎)尒出話 (상박(치의),p191)

공자가 말하였다. 왕의 말이 실과 같으나 일단 나오면 이는 '綸(굵은 실
윤)과 같고, 왕의 말이 纶과 같으면 일단 나오면 이는 불(綍)과 같다. 그
런고로 대인은 헛소리를 하지 않는 것이다. 《詩經·大雅·抑》에서 "그대
의 행동을 조심하고 삼가서, 위엄있는 의태(儀態)를 공경토록 하라."라
했다.

┃ 고문자 해독 : 통합

⓪ 出女{糸聿} 古大人不昌{水蟲} 詩員 "{幺斤言}(慎)尒出話는 상박이
파손된 부분으로, 상당히 많은 편이다. 저자가 곽점 치의 및 상박 치
의의 다른 곳 문장을 참고하여 상박 치의로 맞추어 넣은 것이다.

① {一絲} : '상一하絲'꼴이다. '가는 실(絲)이 하나로 연결 되어지다(一)
또는 한 오라기 실처럼 이어질 사'로 해독한다. 중국측은 絲며, 통행
본도 絲다.

② 綸 : '낚싯줄, 새끼줄, 성할 綸민'자다. '낚싯줄 綸민'의 本字로, 맞추
어 연이을, 기운이 왕성할, 무성히 성 할의 뜻이 있다.

③ 素 : '흴, 생명주, 무지, 바탕 소'다. 누에고치에서 갓 자아낸 원래의
하얀 실이란 뜻에서, 본디, 본바탕, 희다의 뜻을 나타낸다. 곽점은 이
체자 꼴이다. 중국측은 '찾을 索'으로 석문하고 있으나, 번역은 통행
본을 따라 '벼리 纶윤'으로 한다. 이에 대한 설명은 없다.

④ {糸聿} : '좌糸우聿' 꼴로, '붓처럼 꼿꼿하고 명확한 律令들이 펼쳐지어 이어질 율'로 해독한다. 문맥상으로는 '德에 의한 통치가 만천하에 길게 펼쳐지는 태평성대'를 뜻한다. 중국측은 '엉킨실, 관을 묶는 굵은 줄 紼불'로 해독했다.

⑤ {水蚰} : '좌水우蚰'의 꼴로, '나라를 헤치는 벌레들(虫虫)이 물에 다 떠내려 갈(水) 류'로 해독한다. 문맥상 '깨끗한, 맑은'의 뜻이다.

⑥ {鬼心} : '발 없는 귀신(鬼)같은 마음(心) 외'다. 의미상 '사람의 마음을 꿰뚫다. 알아본다'는 뜻이다. 상박의 '위엄, 으르고, 협박할 威위' 자리에 쓰였다. 통행본은 예시문을 다른 문장으로 바꾸었다.

⑦ 絏 : 평상복, 사복 설 / 紼 : 엉킨실 불, (흐터지다.가리다,분간하다) / 纶 : 벼리 윤纶, 굵은 실, 다스리다 / 緡 : 낚시줄 민緡

| 해설

상박이 파손된 한자가 많지만, 다행히 곽점 문장으로 복원이 가능했다. 지금까지 했던 말들이지만 내용이 참 아름답다. 해설이 필요 없을 정도로, 번역만으로도 군더더기 하나 없이 완벽하게 쏙 이해되는 장이다.

중국측은 저자와 일부 석문이 다르고, 女를 如로 해독하는 것 등으로 인해 번역이 달라졌다. 공자가 한 말이, 군주와 대인을 달리 본 것인지, 군주와 대인을 같이 본 것인지 판단이 어렵다. 앞은, '군주는 여차여차한 까닭에, 대인도 찍소리 못한다.' 뒤는, '보기는 柔하지만 행하면 強한 것처럼 대인은 빈말하지 않는다'쯤으로 해석되나 둘 다 本意와는 멀다.

| 곽점 이하 비교

곽점 치의

子曰 王言女{一絲} 亓出女緇 王言女素 亓出女{糸聿} 古大人丕昌{水蚰}
《詩》員 {幺斤言}介出話 敬介{鬼心}義■

곽점은 상박과 시경 인용문 敬介{鬼心}義에서 {鬼心} 한 자만 다르다.
{鬼心}은 '귀신같은 마음'이 가장 좋아 보이나, 그렇게는 번역이 어렵다.
어쩔 수 없이 고쳐서 하자면, '너를 공경하면 올바른 道理가 마음을 꿰뚫
어 본다.'쯤이 적당하다.

참고 : 중국측 석문(해독)

子曰: 王言女(如)絲 其出女(如)結 王言女(如)索 其出女(如){糸聿}(緋)
古(故)大人不昌(倡)流《寺(詩)》員(云): "誓(愼)介出話 敬介悁(威)義
(儀)."

해설

저자의 釋文 上 두 죽간은 상박의 威를 곽점이 {鬼心}으로 바꾸어 놓은,
시경의 마지막 문장만 다르다. 까닭에 (해독이 아닌) 석문된 문장으로만
정확히 번역했더라도 새로운 사실들을 알 수 있었을 것이다. 하지만 중
국측은 女가 서술어인 것을 도저히 인정할 수 없는 듯, 곽점 그 어디에서
도 '말없이 얌전하다'로 번역한 적이 없다. 결국, 일부 석문도 다르고, 2
차 해독한 것도 있어, 전체적으로 저자의 곽점 문장과 달리 통행본의 전
반부처럼 나오는 결과를 빚었다. 당연히 번역은 달라졌다.

禮記 제7장

子曰 王言如絲 其出如綸 王言如綸 其出如綍 故大人不倡游言 可言也
不可行 君子弗言也 可行也 不可言君子弗行也 則民言不危行 而行不危

言矣 詩云 淑愼爾止 不諐于儀.

공자 가라사대, 왕의 말은 명주실과 같으나 그것이 나오면 벼리 줄과 같다. 왕의 말은 벼리 줄과 같으나 그것이 나오면 상여줄과 같다. 까닭에 대인은 流動하는 말 (이랬다저랬다 하는 말)을 부르지 않는다. 말을 할 수 있기는 하나 行이 不可하면 군자는 말을 떨었다 함이라. 行을 할 수는 있으나 말할 수 없으면 군자는 行을 떨었다 함이다. 곧 백성은 말로 行을 위태롭게 하지 않으면서, 行으로 말을 위태롭게 하지 않았다.《시경》에 이르기를, '맑고 깨끗하게 너의 그침을 삼가하면 의례에 허물이 안 된다.'"

해설

이 문장은 상박 및 곽점의 제14, 15장을 합한 것에서 제14장의 詩經 예시문만 빼버린 형태이다. 그렇게 해서 예기는 제7장에 놓았다.

나누어서 설명을 해도 왜곡되어 뜻이 이해가 어려운데, 두 장을 합하고 예시문을 빼버려, 전반부 내용이 쉽게 이해되지 않는다. 죽간과 비교하여 제14장에 해당하는 부분의 중요한 한자를 문장마다 한자씩 많이 바꾸어, 거의 새로운 문장이나 다름없다.

후반부는 죽간 제15장이다. 이 장에는 치의에서 처음 {尹子}(다스리는 분)이 쓰였다. 저자가 판단하기로 이 글자는 아주 중요한 한자다. 그럼에도 이 한자를 君子로 고치고 문장을 합쳐 통행본처럼 이어버렸다. 중국 측은 이를 따라 {尹子}을 君子로 석문한다.

제 15 장

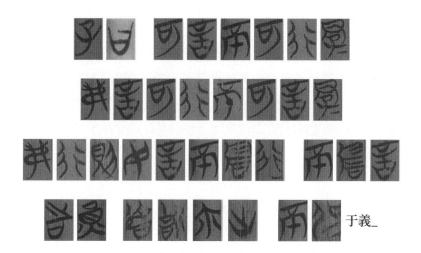

于義_

석문 및 번역

子曰 可言조可行{尹子}_ 弗言可行不可言{尹子}_ 弗行則民言조{匀后}行_ 조{匀后}言 詩員 '{弔口}{幺言斤}介止 조侃于義_'

:::
자왈 가언비가행{윤}_ 불런가행불가언{윤}_ 불행즉민언비{구}행_ 비{구}언 시원 {조}{서}이지 비간우의_
:::

공자가 말씀하셨다. "말을 하니 行을 하기가 커집니다. (하여) 다스리는 분(왕)이여. 말(言)을 떨고 行을 하면 말을 할 필요가 없습니다. 다스리는 분(왕)이여. (까닭에 반대로) 행을 떨어버리면, 백성의 말은, (지도자가 行하지 않은) 行을 뒤에서 나누기가 커지고, (덩달아, 군주를 포함한 나라 전반에 걸쳐) 말을 뒤에서 나누기도 커집니다. 《詩經》으로 더하자면, '조상할 수 있는 입으로 침묵함은 네가 멈춤이니, (좌고우면하지 않고) 강직한 믿음이 커지는 것은 사람의 바른 도리(義)를 향하여 감이다,'는 말이 있습니다."

참고 : 중국측 석문(해독) 및 번역

子曰: 可言不可行, 弓_(君子)弗言; 可行不可言, 弓■(君子)弗行. 則民言不舍行_(行, 行)不舍言. ≪告(詩)≫員(云):「告(淑)訢(愼)尒(爾)止, 不偈□□.」

공자가 말하였다. 말만하고 행동으로 옮기지 못할 것은 군자는 말하지 않으며, 행동만 하고 말하지 못할 것 또한 군자는 행하지 않는다. 백성들의 말은 그 행동보다 넘어서지 않고, 행동은 말을 넘어서지 않는다.≪詩經·大雅·抑≫에 말하기를 "그대의 행동을 조심하고 삼가서 그 위엄 있는 의표에 허물이 없이 하라."고 했다.

고문자 해독

⓪ 상박 파손 한자는 于義 2자이며, 곽점에서 취하여 넣었다. 중국측도 같다.

① {尹子}_ : '상尹하子'꼴로, 君子는 나왔으나 {尹子}은 처음이다. '다스리는 분 윤'으로 해독한다. '성지문지'에도 쓰였다. 다스리는 자의 통칭일 수도 있겠으나, 공자의 글로 보아 최소 노자의 侯王과 같은 꼭지(왕)를 뜻한다. 표점(_)이 있어 이곳에서 문장을 끊어 읽어야 한다. 한편 곽점은 君子로 고치고 표점(_)도 사라져, 내용이 전혀 다른 방향으로 흘러가 버린다. 예기도 君子다. 하지만 상박에는 君子, 君, 尹 모두 쓰여 있어, 군자를 대신해 {尹子}을 썼다고 볼 수 없다. 당연히 곽점과 통행본은 왜곡이다.

② {匀后} : '상匀하后'꼴로, '뒤에서(后:後의 이체자) 나눌(匀) 구'로 해독한다. 문맥상 부정적인 의미를 나타낸다. 대놓고 말하지 못하는 '뒤 담화'고 '뒤에서 험담하다'는 뜻이다. 중국측은 {今石}으로 석문할 뿐, 해석이나 설명은 없다. 곽점도 다른 꼴 한자며, 통행본은 '위태할 危'다.

③ {弔口} : '상弔하口'꼴로, '조상하고, 문안하고, 안부를 물을(弔) 입(口) 조'로 해독한다.

④ 侃 : '믿음(信의 약자)이 강물처럼 흘러(川), 굳세고, 강직하고, 조용하고, 화락할 侃간'이다. 중국측은 「(侃)자는 謇(건)과 같은 자로 '허물'이라는 의미인 愆자와도 같은 자이다.」(p268)로 풀었다. 통행본이 '허물, 과실, 잘못 愆'이기 때문이다. 한편 자전은 '굳셀 剛'의 古字로 표현하기도 한다.

⑤ 匀 : 고를 (균), 나눌, 가지런할, 균형이 잡힐, 두루 미칠 (윤)

| 해설

곽점부터는 글자도 변질되고, 표점도 바뀌었을뿐더러 예기는 고쳐진 상태로 다른 장에 통합되었기 때문에, 이 장은 지금까지 몰랐던 완전히 새로운 문장이다.

이 장은 마침표 외에 표점이 가장 많이 들어간 곳이다. 특히 {尹子}자 뒤에는 어김없이 마침표가 있다. 처음에는 '오류인가?' 생각했으나, 상박 치의를 모두 번역한바, 표점이나 글자의 오류는 없었다.

고문의 번역은 기본에 충실해야 한다. 즉, 있는 꼴 그대로 직역을 하는 것이다. (석문의 어려움이 있으나, 이는 어쩔 수 없는 숙제다) 그래서 문장이 반듯하게 번역이 되면 이는 원본이 맞다고 봐야 한다.

저자가 판단하기로, 상박이 장을 나눈 표점(_)을 문장 속에 사용한 것은, 글쓴이가 오독의 오류가 발생할 수 있음을 사전에 예측하고, 그것을 예방하고자 함이다. 그것을 증명이라도 하듯, 곽점 치의는 전혀 다른 뜻의 글로 바뀌어 버렸다. 이에, 예기는 완전 다른 이야기를 한다.

내용은 굳이 설명이 필요 없을 정도로 명확히 쓰였다.

중국측의 석문·해독을 따른 번역은 논리성도 약하고 뜻도 이해되지 않을 정도로 문장의 연결이 매끄럽지 않다. 내용에 있어서 군자의 언행과 백성의 언행 간의 차이점도 느껴지지 않는다. 특히 군자나 백성의 언행은 말한 것과 행한 것이 '꼭 같다'는 의미로 해석되는데, 이는 최고의 삶이라고 할 것이다.

곽점 이하 비교

곽점 치의

子曰 可言丕可行 君子弗言 可行丕可言 君子弗行 則民言丕{阝 禾心}行 丕{阝 禾心}言《詩》員 "{弔口}{幺斤言}尒{之止} 丕侃于義■"

공자 가라사대, 말을 하면 행을 해야 함이 커지니 군자는 말을 떨고, 행을 해도 말을 하기가 커지니 군자는 행을 떤다. 곧 백성의 말은 {언덕에 어우러지는 마음}으로 행하기가 커지고, 언덕에 어우러지는 마음으로 말하기도 커진다. 《시경》으로 더하자면, 조상할 수 있는 입으로 침묵함은 네가 멈춘 것이니, 강직한 믿음이 커짐은 사람의 바른 도리(義)를 향하여 감이다,'는 말이다.

참고 : 중국측 석문(해독)

子曰: 可言不可行, 君子弗言; 可行不可言, 君子弗行, 則民言不{阝 禾心}行, 不{阝 禾心}言《寺(詩)》員(云) "{弔口}(淑)誓(愼)尒止 不侃(譽)于義(儀)."

고문자 해독

제 15 장

- {之止} : '상之하止'꼴로, '멈추는 것'의 뜻이다. 중국측은 止로 해독했다. 상박과 통행본이 止이기 때문이다. 한편 止는 상박에 2회 쓰였는데, 바로 다음 장에 한 번 더 나온다. 그런데 중국측은 이곳과 달리 그곳은 '갈 之'로 석문했다. 곽점·예기도 모두 止여서 실수로 봤는데, 그것은 아닌 것 같다.
- {阝禾心} : '상阝 禾하心'꼴이다. '언덕(阝)에 和한(禾) 마음(心) 화'로 해독한다. 의미상 '지도층과 어우러지는 마음'이다. 상박의 글자 {勾后}을 왜곡한 것이기에 의미는 없다.

해설

내용으로 보아서, 상박은 다스리는 분 즉 지도자에 대한 글인데, 곽점이 {尹子}을 君子로 고치고, 3회나 더 사용한 장 마침표(_)와 같은 표점을 지워, '다스리는 지도자'에게 쓴 글을 일반적인 인품을 가진 君子에게 쓴 글처럼 내용을 바꾸었다. 특히 다스리는 분의, 말을 떨어버린 行이 얼마나 중요한지를 설명하는 공자의 글이, 곽점에서 전혀 다른 띄어 읽기와 바뀐 한자로 인해 내용이 엉뚱하게 변해버렸다. 지금까지 곽점이 상박과 이처럼 왜곡되어 틀린 경우는 드물었던 것 같다.

곽점 석문은 뒷부분이 상박과 유사한 반면, 앞부분은 상박의 뜻을 전혀 타나 내지 못하고 있고, 문장으로도 이해되지 않는다. 하지만, 문장이 對句로 되어, 이것도 의미심장하게 해석하면 마치 그것이 공자의 말처럼 보일 수는 있겠다 싶다.

인용문 詩經의 경우, 총 8자 중에서 爾,不,于 3자만 고치지 않았다. (상박으로 치면 조도 빠져야 해 2자다). 이 정도면 새로운 글이다. 즉, 통행본 시경 역시 일부분 왜곡된 작품이라고 보면 맞다.

禮記 : 앞 제14장과 동일 (문장의 뒷부분이 죽간의 제15장에 해당한다.)

쉬어가기 : 《곽점초묘죽간》의 '城之聞之'편 보기

《성지문지》는 모두 40매로 죽간 길이는 32.5㎝이다. 제목은 제1간 첫 줄에 나오는 한자다. 책은 成之聞之로 해독해, '듣는 바로는'으로 했고, 저자는 成을 城으로 하고, '견고한 성(나라)인 것은 듣는 것이다'로 번역했다. 이 4자는 글을 쓴 古人의 주장 글이자 핵심어다.

책은 내용 설명을 「"하늘에 내린 큰 법칙으로 인륜을 다스린다."라는 내용이 가장 핵심이다. 이외에 인륜의 법칙 및 교화의 중요성, 개인의 수양인 덕행을 강조하였다.」(p391)고 설명한다. 한편 저자는, 책의 설명에 동의하면서, 군자의 덕치를 주장하는 정치에 관한 이야기, 즉 정치서의 내용이 더 깊이 들어있다고 본다. 특히 {尹子}, 君子, 聖人, 軍 등이 쓰여 있어 내용이 상박 치의와 궤를 같이할 것으로 예측한다. 다만 예측일 뿐, 저자가 번역을 다 하지 못해 어느 정도의 깊이인지는 알 수 없다. 처음부터 3簡까지 비교다.

석문(해독) 및 번역

城之{昏耳}(聞)之 曰 古之甬民㙸, 求之於{己口}爲恒 行丕信則命丕{辶从}, 信丕{者心}(著)則言丕{樂矢}. 民丕{辶从}上之命, 丕信其言, 而能 {合心}㥯㙸 未之又也. 古{尹子}=之立民也, 身備善以先之, 敬{幺言斤}(愼)以{有又}之, 其所才㙸內{矣心}

단단히 쌓은 城인 것(즉 튼실한 나라)은 (오직) 해 저물도록 듣는 것이다. 가로되 옛날 (군주가) 가지런하게 백성을 꿰어 이끌었던 것은, 자기 입에서 찾은 것으로 영원함을 삼았기 때문이다. (군주의) 행실에 (백성의) 믿음이 커지면, (군주의) 命에 쫓아감이 커지는 법이고, (군주의) 신뢰에 (충성을) 분명히 드러냄(著)이 커지면 말에 퍼지는 즐거움도 커지는 법이어서, 백성은 上이 命하는 것을 쫓길가 커지고, 그의 말을 신뢰함도 커질 뿐이지, 능히 (백성의) 마음에 머금은 德을 가지런히 틀어쥔 것이 아니다 함이라. (즉 백성은 군주의 언행을 보고 그냥 따르는 것이지, 군주의 내면에 德을 쌓은 것을 보고 군주를 따르는 것이 아니다) 옛날, 다스리는 분(군주)을 세운 것은 백성이다 함이라. (이런 까닭에 군자가) 몸이 누구나 좋도록 준비함은 (세상 제일) 먼저인 것으로써 이며, (반대로 다스리는 자가) 자잘한 말도 끊어진 침묵을 공경함은 (백성을) 틀어쥐어 소유한 것으로써이니, 그것은 (백성에 대한 군주의) 의심이 내면에 가지런히 쌓여 있는 바다.

고문자 해독

- 곽점에서 특이하게 又와 有가 같은 編에 들어있는 곳이다. 자전에는 又는 有의 古字로 설명되어 있다. 즉 같은 한자다. 그런데도 달리 쓰인것은 여러 가설이 가능하겠지만, 이곳에서는 다음과 같이 본다. 즉, 有는 소유의 개념이다. 반면 又는 '틀어쥐다'는 뜻으로 '잡았다'는 뜻에 더 가깝다. (執과는 또 다르다) 교집합은 '소유'지만 의미상 약간의 차이는 있어 보인다. 좀 더 연구가 필요하다고 본다.
- {尹子}之立 民也는 도치문장으로, 立{尹子} 民也가 원문장이며, '다스리는 분(왕)을 세우다'이다. 한편, 원문장 대로 '{尹子}='꼴로 본다면, '그러므로 {다스리는 분}이여! {다스리는 분}은 백성이 세운 것이다 함이라.'로 번역할 수도 있다.
- 쓰 : '가지런히 쌓인(을) 쓰제'의 이체자 꼴이다. 원문은 곽점 노자와 비교하여 가로(一)획이 하나 더 있다. 중국측은 '놈 者'다.
- {辶从}(從) : '쫓을 종'이다.
- {者心}(著) : '놈(者)의 마음(心) 저'로 의미상 '내심의 마음이 드러나 분명히 알 수 있다'는 뜻으로 '분명할, 드러날, 지을 著'의 고자나 이체자로 본다. 중국측도 著다.

- {樂矢} : '즐거움이(樂) 널리 퍼질(矢) 락'으로 해독한다. 중국측은 樂 이다.

- {尹子}= : '다스리는(尹) 분(子) 윤'으로 문맥상 '우두머리의 통칭'이 거나 그들의 꼭지인 '왕'으로 해독한다. 밑에 중문부호 (=)가 있다. 의미상 있을 필요가 없어 보이지만, 번역은 가능하다. 치의처럼 상박의 '{尹子}_'을 곽점이 '{尹子}='으로 고쳤다고 생각할 수도 있지만, 번역이 불가능하다. 중국측을 참고한 최교수의 석문은 중문부호가 아예 없다.

- {幺言斤} : '자잘한(幺) 말도(言) 끊어진(斤) 허'로 해독한다. 의미상 '침묵'의 뜻이다. 중국측은 '삼갈 愼'이다.

- {矣心}(疑) : '의심할 疑'의 古字나 이체자로 해독한다. 중국측은 '어조사 矣'다. 한편, '노목공문자사'에서는 '탄식할 噫희'로, 또 다른 곳에서는 저자의 석문과 같은 疑도 있다.

참고 : 중국측 석문(해독) 및 번역

成之{昏耳}(聞)之曰 古之甬(用)民者, 求之於{己口}(己)爲亙(恒). 行不信則命不從, 信不{㠯者}(著)則言不樂. 民不從上之命, 不信其言, 而能{含心}(含)悳(德)者, 未之又(有)也. 古(故)君子之立民也, 身備(服)善以先之, 敬{幺言斤}(愼)以之, 其所才(在)者內{心矣}(矣)

듣는 바로는, 고대의 백성을 다스리는 자들은 백성을 다스릴 때 자기 자신에게서 그 원인을 찾는 것을 가장 변함없는 일상적인 일로 여겼다. 즉 자신의 행위가 信用이 없으면 백성은 명령을 듣지 않으며, 또한 신용을 보여주지 않으면 백성은 즐거운 마음으로 따르지 않는다. 백성이 천자의 명령에 복종하지 않고 그 말한 것을 신임하지 않는데도, 그의 은덕을 마음에 간직하고 있는 자는 여태껏 없었다. 때문에 군자가 백성을 잘 다스리고, 자신은 솔선수범하여 백성이 귀감이 되고, 근면 성실하게 백성을 삼가 공경하고 신중히 이끌어야 만이, 그 속에 담겨진 일(백성을 교화하고자 하는 일)이 백성의 마음 속 깊이 새겨진다.

해설

저자의 석문과 중국측 석문해독을 비교하면, 많은 한자가 바뀌지 않았다. 까닭에 내용면에서 정치의 원인을 군주 자신에게서 찾는다는 큰 틀은 일치한다. 하지만 비교하고 검토할 것은 있을 것이다.

子曰 {尹子}_道人以言 而{瓦之}以行

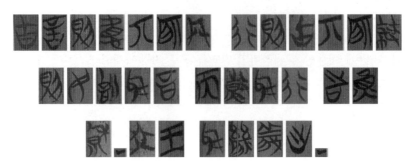

▍석문 및 번역

子曰 {尹子}_道人以言 而{瓦之}以行 古言則{虍心}其所終 行則旨其所
蔽 則民{幺言斤}於言 而{堇攵}於行. 詩員 '穆_文王, 於幾義止_'

> 자왈 {윤}_ 도인이언 이{항}이행 고언즉{차}기소종 행즉지 기소패 즉민{서}어
> 언이{근}어행 시원 목_문왕 어기의지_

공자가 말씀하셨다. "다스리는 분이여! 지배층 사람(人)을 인도함(道)은
(폭력적인 지시가 아니라) 말로써이고, 영원한 것은 行實로써입니다. 옛
날 (군주의) 말은 곧 사나운 권력자의 마음이니, 그것은 (토론의 시작이
아니라) 끝인 것이요, (군주의 표출된) 行은 곧 (화살이 시위를 떠난) 뜻
이니, 그것은 (모든 것을) 덮었던 것입니다. 곧 백성은 (군주의) 말에서
침묵하며, (군주의) 行에서 (순수한) 본바탕을 때림입니다. 《시경》으로
더하면, '여민동락하며 화목하도다! 문왕이여. 미세한 幾微에서 (시시비
비인) 義가 그쳤구나.'는 글이 있다."

참고 : 중국측 석문(해독) 및 번역

□□□□□□□□□□□□□□□. 【16】 古(故)言則慮丌(其)所冬(終), 行則旨(稽)丌(其)所敝(敝); 則民訢(愼)於言而敎(謹)於行. 《旹(詩)》員(云): 「穆-(穆穆)文王, 於幾義之■.」

* 파손문장 : 子曰 君子道人以言 而{瓦止}以行 (상박(치의),p200)

공자가 말하였다. 군자는 말로써 사람을 인도하고, 행동은 항상심을 잃지 않는다. 그런 까닭에 말은 반드시 그 끝나는 바를 신중하게 여기고, 행동은 반드시 그 폐단되는 바를 생각한다. 그러면 백성은 말을 조심하고 행동을 삼갈 것이다. 《詩經·大雅·文王》에서 말하기를 "깊은 덕을 지닌 문왕이여 끊임없이 존경하소서."라 했다.

고문자 해독 : 통합

⓪ 子曰 {尹子}_道人以言 而{瓦之}以行은 곽점에서 취하여, 저자가 상박의 내용으로 고쳐 넣은 부분이다. 즉 제16장의 문맥과 앞장이 {尹子}인 것을 감안하면, 곽점의 君子도 {尹子}_였을 것이다.

① {虐心} : '상虐하心'꼴로, 군주의 '모질고, 사나운(虐) 마음(心) 차'로 해독한다. 문맥상 군주의 말이 토론을 막아버리는 형국을 이르는 말이다. / 古文이 且의 一이 생략된 꼴이 아니라면 {虍自心}로 석문 할 수 있고, 이 경우는 '호랑이 가면을 한 권력자(虍) 자신(自)의 마음(心) 하'로 해독한다. 문맥도 가능하다.

* {虍冒心} : (곽) 상박의 {虐心}자리에 쓰였다. '호랑이 가면을 쓰고(虍) 무릎쓸, 번성할, 이기고, 나아갈(冒) 마음(心) 창'으로 해독한다. '강압적으로 나아가려는 마음'을 뜻한다.

② 攵(終) : 攵자는 '끝나다, 마무리하다, 마치다'는 뜻을 가진 終의 古字다. 갑골문, 금문은 상형으로 새끼줄이나 실의 양 끝을 묶은 모양으

로, 풀리지 않게 일을 마무리했다는 의미에서 끝맺음, 끝을 나타낸다. 그러나 후에 冬자가 '겨울'이라는 뜻으로 가차(假借)되면서 지금은 여기에 '실 糸'자를 더해 終자로 쓴다.

* {夂日}(冬); 冬의 원자로, '상夂하日'꼴이다. 해(日)의 실매듭(夂치)으로 풀 수 있다.

③ {釆市} : 상박의 '덮을 蔽' 자리에 쓰였다. '슬갑(군주)(市)을 분별할(釆) 불'로 해독한다. 문맥상 '군주의 그릇이나 됨됨이를 분별한다'는 뜻이나, 왜곡임으로 의미는 없다.

④ {堇夂} : '진흙 본바탕을(堇) 칠(夂) 근'으로 해독한다. 문장의 뜻은 '하늘로부터 받고 태어난 순수한 본바탕을 일깨우다'는 뜻이다.

⑤ 幾 : '실마리, 낌새, 희미할, 미세할 幾'다. 여러 가지 뜻이 있으나, 여기서는 幾微다. 곽점은 '열흘 旬(?)'으로 썼다. 중국측은 '사람 많을 偘'으로 석문하고 '이을, 낳을, 모을 緝'으로 해독한다. 예기가 緝이다.

⑥ 止 : '그칠 止'로 쓰였다. 중국측은 특이하게 之로 석문했다.

⑦ {瓦之} : '상瓦하之'꼴로, '영원한(瓦) 것(之) 항'으로 해독한다.

⑧ 旨 : '뜻, 맛있을, 아름다울 旨'다. 곽점은 {食旨}꼴로 바꿨는데, 중국측은 '상고할, 헤아릴, 쌓을 稽계'로 해독한다. 禮記도 같다.

※ 곽점의 古字는 중국측이 {𦣻旨}로 예정한 반면, 최교수는 {𦣻旨}로 예정하고 있다.(p269) 저자는 최교수의 석문이 바르다고 본다. 앞 제5장의 命令과 이것을 봤을 때, 최교수도 古字를 직접 석문했다는 느낌을 받았다. 그럼 '왜 저자처럼 하지 않았지?!'하는 의문만 남는다. 진짜 왜 저자처럼 하지 못했지! 그루밍이라는 것이 사이비 종교보다 학문

제 16 장

에 더 심한 것은 아닌가?!

해설

문장이 직설적이며 그동안 주장했던 내용을 정리하는 듯한 인상을 준다. 군주 즉 생사여탈권을 쥔 우두머리가 일방적인 말보다는 신하의 말을 먼저 들어주고, 지시보다는 먼저 行하라는 것에 대한 구체적인 이유가 쉽게 설명되어 있다.

중국측의 석문은 저자와 2곳, 해독은 많이 다르다. 중국측 해독 문장은 예기와 거의 일치한다. 오늘날의 경전은 거의 이러한 문맥인데, 그러다 보니, 道를 '인도하다'로, 뒤의 {瓦之}以行은 以言과 달리 '행동은 항상 심을 잃지 않는다'처럼 일반적인 문법과 한자의 훈으로는 번역이 어려운 방법으로 번역한다.

곽점 이하 비교

곽점 치의

子曰 君子道人以言 而{亙之}以行 古言則{虍冒心}其所終 行則{食旨}其所{采市} 則民{幺言斤}於言 而懂於行《詩》員 "穆=文王, 於偮(緝){辶} (熙)敬{之止}■"

공자가 말씀하길, "군자는 말로써 사람을 인도(道)하고, 영원한 것은 行으로써이다. 옛날 말은 곧 강압적으로 가려는 마음이니, 그것은 끝인 바요, 行은 곧 뜻을 먹어버린 것이니, 그것은 군주를 변별하는 바다. 곧 民은 말에서 침묵하고, 行에서 근심한다. 《시경》으로 더하면, '아름답고 공경스러운 문왕. 많은 사람이 화락함에서 공경이 그쳤구나.'는 글이 있다."

참고 : 중국측 석문(해독)

子曰: 君子道人以言 而{瓦之}以行 古(故)言則{慟}(慮)其所終 行則{旨}(稽)其所幣(敝); 則民誓(愼)於言 而憧(謹)於行《寺(詩)》員(云) "穆穆文王, 於偮(緝){㠩}(熙)敬止."

해설

상박과 비교하여 중요한 몇몇 한자가 바뀌었다. 그러나 그 몇 글자가 내용을 정확히 읽지 못하게 만들고 결국은 상박의 본뜻과는 전혀 다르게 흘러가게끔 만드는 해악을 끼쳤다. 특히 {尹子}를 君子로 바꾼 것과, 인용문 詩經을 전혀 다른 내용으로 고쳐 상박의 내용을 알 수 없도록 만들었다.

중국측 시경 번역문을 보면, "깊은 덕을 지닌 문왕이여 끊임없이 존경하소서."로 하는데, 의도는 아닐 것이나, 이는 문왕보고 존경하라는 글처럼 읽혀져 논리성이 약해 보인다.치의 전체적으로 볼 때, 상박과 곽점은 漢字나 문장이 많이 틀어지지는 않았다. 하지만 상박에서 상당히 중요한 뜻을 나타내는 漢字를 바꾸거나, 표점(_)을 지우거나 중문부호(=)로 바꿔, 오늘날 통행본이 만들어지게 된 중요한 역할을 했다. 이에 통행본은 眞意하고는 상당히 동떨어진 글이 되었다.

죽간이 발견되기 전에는 '통행본이 곧 공자나 노자의 글이다'고 생각했다. 사실 非專門이라 생각도 해 보지 않았다. 이는, 저자의 책이 나오기 전까지 대부분의 독자도 그럴 것이다. 그러나 사실은, 곽점 치의가 말하듯, 戰國時代부터 중국의 철학은 군주 1인을 위해 정치적으로 왜곡되기 시작했다. 그것을 주도한 것이 지배층과 학자들이다. 지금도 타민족 타국의 문화와 역사를 낯빛도 변하지 않고 왜곡하는 그들을 보면서, 우리 학자들이 볼 것도 없는 그들에게 교육받은 것을 자랑하는 것이 이상하게만 여겨졌다. 중국이나 일본처럼 왜곡된 사회가 정상처럼 유지되는 것은, 누가 뭐라 해도 간·쓸개 다 버리고 그 시대의 권력자에 빌붙어 연명하는 지식인의 잘못이 크다.

禮記 제8장

子曰 君子道人以言 而禁人以行 故言必慮其所終 而行必稽其所敝 則民謹於言 而愼於行 詩云 愼爾出話 敬爾威儀 大雅曰 穆穆文王 於緝熙敬止

공자 가라사대, 군자의 道는 사람에게 말로써 이고, 하지 말라는 금지는 사람에게 行으로써 이다. 그러므로 말은 반드시 그것이 끝나는 바를 생각해야 하고, 행실은 반드시 그것이 닳아서 못쓰게 되는 바를 헤아려야 한다. 곧 백성은 말에서 삼가고 행실에서 조심한다.《시경》에 말하기를 '너의 입으로부터 나오는 말을 삼가고 너의 危儀를 공경하라.'《대아》에서 가로되, '맑고 깊은 문왕이여, 영원히 빛나리. (빛을 이음에서 공경이 멈추다.)'

해설

번역문은, 그것 자체로는 좋은 글처럼 보이지만, 상박의 내용이 전혀 읽혀지지 않는다. 정치적인 부분은 그 어디에도 찾을 수 없다. 그런데도 문왕이 나온다. 정치의 글이 아니라면 문왕은 굳이 나올 이유가 없는 것이다.

예기는 시경 인용문이 하나 더 들어있고, 글자도 삽입되어 있다. 물론 고쳐진 글자는 상당하다. 한편, 최교수는 첫 부분을 '군자는 말로써 사람을 인도하고, 경계하기를 행동으로 한다.'(p269,각주174)로 번역한다.

제 17 장 ──────────────

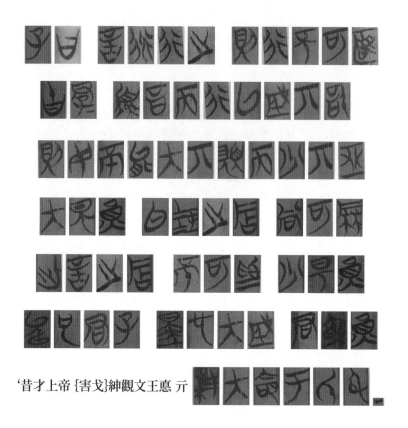

'昔才上帝 {害戈}紳觀文王悳 亓

| 석문 및 번역

子曰 言{彳幺丁}行之 則行不可匿 古(故){尹子}_ 寡言而行以城亓信 則
民丕能大亓{耑頁}而少亓亞 大雅員 '白珪之砧 尙可磨 此言之砧 不可
爲' 少雅員 '{以身}也君子 {曰亦土}也大城' 君奭員 '昔才上帝 割紳觀文
王德 亓集大命于氏身_'

자왈 언{생}행지 즉행불가닉고{윤}_ 과언이행이성기신 즉민비능대기{단}이소
기아 대아원 백규지침 상가마 차언지침 비가위 소아원 {신}야군자 {역}야대성
군석원 석재상재 할신관문왕덕 기집대명우시신_

공자가 말씀하셨다. "말이 뭇사람들이 오가는 저자거리(行)로 이어져 (幺) 나간 것은, 곧 行이 숨기(隱匿)가 不可하니, 그러므로 다스리는 분이여.말을 과부처럼 홀로 두고서 나아감(行)은 그들의 믿음을 단단한 성처럼 견고히 함으로써이니, 곧 백성은 큰 그들의 머리꼭지(왕)를 能히 커지게 할 뿐 그들의 다음(뒤로)은 적었습니다. 《시경 속 大雅》로 더해보면, '흰 瑞玉의 흠(돌의 점砧)인 것은 오히려 갈 수 있지만, 이게 말의 흠집인 것은 다시 만들 수가 없다.'고 했고, 《시경 속 小雅》로 더해보면, '(말이 아닌) 몸으로써 실천 함이 군자이니, 해가 뉘엿뉘엿하기까지 정사에 열중함은 (내실이) 크고 단단한 성(나라)이다.'라고 했고, 《君奭》의 말로 더하자면, '아주 오랜 옛날부터 있는 상제가, 낱낱이 세밀하게 문왕의 덕을 관찰하여, 그는 씨족의 몸(문왕)에게 大命을 모았다.'고 했습니다."

▍참고 : 중국측 석문(해독) 및 번역

子曰: 言衙(率)行之, 則行不可匿。古(故)尋 ■(君子)募(寡)言而行, 呂(以)叟(成)亓(其)信, 則民不
【17】 能大亓(其)顏(美)而少(小)亓(其)亞(惡)。《大虽(雅)》員(云):「白珪(圭)之砧, 尚可磊(磨);
此言之砧, 不可爲。」《少(小)虽(雅)》員(云):「夋也君子, 鉥(則)也大墬(成)。」《君奭》員(云):「
□□□□□□□□□□, □【18】 集大命于氏(是)身■。」

* 파손문장 : 昔才上帝 {害戈}紳觀文王悳 其 (상박(치의),p211)

공자가 말하였다. 말한 바에 따라 행해야 하는데, 그 행위는 은닉하기 힘들다. 그런고로 군자는 말을 적게 하고 행동으로써 그 믿음이 이루어지도록 한다. 그렇게 하면 백성은 그 아름다운 것을 크게 하고(과장하지 않고), 그 악한 것을 작게(축소) 할 수 없다. 《大雅·抑》은 말하기를 "흰 구름은 흠집(허물)을 갈면 되지만, 말은 흠집(허물)을 어떻게 할 수가 없다네."라 했고, 《小雅·車攻》은 "진실로 군자이고 정말 큰일 이루시겠네." 라고 했고, 《君奭》은 "옛날의 하나님은 문왕의 덕행을 신중하게 관찰하시어 천명이 그대 몸에 내리셨네."라고 했다.

| 고문자 해독 : 통합

⓪ 파손된 문장은 곽점에서 취해 昔才上帝 割紳觀文王德 亓를 넣었다.

① {彳幺亍} : 行 안에 幺(糸)가 들어있는 꼴이다. '저자거리(行)로 이어
질(糸) 생'으로 해독한다. 문맥상 '많은 사람이 갈마드는 저자거리에
까지 군주의 말이 이어졌다, 즉 백성에게까지 퍼졌다'는 뜻이다. 중국
측은'인솔할, 거느릴 率'이다.

② {石朩}(磨) : 고문자 꼴이 '상石하朩'꼴이다. 부수(广)가 없이 위아래
가 바뀐 '갈 磨마'의 이체자 이거나 원자로 해독한다.

③ {耑頁} : '좌耑우頁'꼴로, '머리(頁)의 끝, 꼭지(耑) 단'으로 해독한다.
의미적으로 '군주'를 지칭한다. 중국측은 석문은 같으나, '아름다울
美'로 해독한다. 이미 제1장에 같은 글자가 있었고, 역시 같은 뜻으로
해독한다.

④ {厶身} : '상厶(以)하身'꼴이다. '몸(身)으로써(以), 몸을 쓸 신'으로 해
독한다. 중국측은 '가다, 천천히 걷는 모양 夋'으로 석문한다. 앞서
제3장에서도 이 글자를 '준'으로 했는데, '以人(身)'이 분명함에도 다
른 곳과 달리 굳이 그렇게 한 이유를 모르겠다. 그렇게 석문하고 '몸
躬'의 이체자로 해독할 필요가 있나 하는 생각이 든다.

⑤ {曰亦土} : '상曰중亦하土'꼴이다. '하루 해(曰)가 사람의 겨드랑이
(亦)에 낀 땅(土) 역'으로 해독한다. '해가 사람의 겨드랑이에 걸릴 만
큼 즉 해가 뉘엿뉘엿해질 때까지 열심히 일함'을 뜻한다. 중국측은
{曰火土}로 석문하고, 則으로 해독한다. 한편 곽점에서는 {尸員土}로

바뀌는데, 중국측은 {則土}으로 석문하고 '뒷간,기울,섞일 厠'으로 해독했다.

⑥ {書戈}(割)紳 : 상박은 잔실된 문자로 곽점에서 취했다. 곽점 글자도 왜곡된 느낌이다. 중국측을 따라 割紳으로 해독하고 '신중하게 계속해서 관찰하다'는 의미로 풀었다.

⑦ 不可爲 : 상박 원문의 不은 일직선으로 내린 후 점을 찍다만 형태다. 이는 필사자가 붓을 놓은 흔적이다. 곧 필사자가 문장을 이해하고 쓴 것이 아니라는 증거다.

⑧ [한자] 砧 : 다듬잇돌, 모탕 침 / 夋 : 천천히 걷는 모양 준 / 珪 : 서옥 규 / 奭 : 클 석 / 氒 : 그 궐(厥의 古字) / 紳 : 큰 띠, 묶다, 다발 지을 신

해설

말이 뭇사람들이 오가는 저자거리로 퍼진 것 즉 백성에게까지 퍼져 나간 것은 行을 숨기기가 불가하다. 까닭에 머리꼭지 즉 왕이 한 말도 궁궐을 넘어 저자거리 백성들의 입으로 퍼진 것은 결국은 온 세상 백성들이 다 알게 되어, 한 번 한 말을 구부려 행하기나, 행하지 않거나, 다시 숨길 수가 없는 법칙과도 같은 것이다.

그러므로 다스리는 분은, 백성의 목소리를 들어 다스리는 聖人처럼, 자신의 말은 과부처럼 홀로 떼어 가슴에 두고서 나아감(行)이 백성들의 신뢰를 단단한 성처럼 견고하게 만들 수 있는 것이다. 즉 백성은 말보다는 행실로 보여주는 그를 신뢰하여 언제나 그를 그들의 머리 위 꼭지(왕)로 모시기에, 그가 行함에는 반드시 백성을 위한 어떤 뜻이 있을 것이라는 신뢰가 단단한 성처럼 견고히 자리했다. 이는 곧 큰 그들의 머리꼭지를 능히 더 커지게 할 수 있기가 컸으니, 백성의 마음속에 그가 다음이었던

것은 자식의 혼사나 부모상과 같은 극소수의 일이었을 때뿐, 언제나 자신들보다 먼저였었다.

시경 속 大雅로 더해보면, '새하얀 瑞玉에 있는 흠은 갈아서 지우거나 없앨 수 있지만, 함부로 뱉어버린 말의 흠집은 안 했다고 하고 다시 뱉을 수가 없다.'고 했고, 시경 속 小雅로 들어가면, '군자란 동서고금을 막론하고 말보다는 몸으로써 人·民들 보다 먼저 직접 실천하는 것을 보이는 것이라 할 수 있으니, 왕 또한 말이 아니라 몸소 행동으로 나라와 백성을 위한 정사 보기를 해가 저물도록 열심히 함으로써 나라는 내실이 튼실하여 크고 단단한 나라다고 할 수 있다. (왕이 군자 소리 즉 성군의 말을 들으려면 그렇게 정사에 임해야 한다)'라고 했고, 군석의 말로 넓혀보면, '아주 오랜 옛날부터 있는 상제가, 낱낱이 세밀하게 문왕의 덕을 관찰하여, 華山族(씨족)의 몸통(문왕)에게 大命을 내려 민초들을 한 나라로 모이도록 틀어쥐게 했다.'고 했다. 즉 그런 나라가 문왕의 나라였다는 것이다.

이 장도, 장 마침표 안에 또 다른 마침표(표점)가 있다. 역시 그곳에서 문장이 끝나야 한다. 하지만 곽점이 이것을 지우고, 다시 통행본으로 이어지면서, 정확한 말은 끊어졌다. 다만 이 장은 문장이 길어, 곽점의 번역은 의미가 상박처럼 이루어지지 않았지만, 뜻이 크게 벗어나지는 않았다.

곽점 이하 비교

곽점 치의

子曰 言從行之 則行不可匿 古君子{見寡}言 而行以城{凵又丌}(其)信, 則民不能大{凵又}(其){妣}而少{凵又丌}(其)亞《大雅》員 '白珪之石, 尙可

{朩石}(磨)也; 此言之砧, 不可爲也.'《少雅》員 '{以身}也君子, {尸員土}也大城'《君奭》員 '昔才(在)上帝, {害戈}紳觀文王德, {凵又}(其)集大命于乇身■'

공자가 말씀하기를, "말은 行을 쫓는 것이니, 곧 行은 은닉이 불가하다. 옛날 군자는 말을 적게 보였다. 그래서 行은 그들의 신뢰를 성처럼 단단하게 함으로써이니, 곧 백성은 큰 그들의 아름다움(嫩)에 능하지 않을 뿐, 그들의 다음은 적었다.《시경》속 大雅로 더해보면, '흰 瑞玉의 흠인 것은 오히려 갈 수 있다 함이나, 이게 말의 흠집인 것은 만들기가 不可하다.'고 했고,《시경》속 小雅로 더해보면, '몸으로써다 함이 군자이니, 땅위에 말씀이 빛난다 함은 큰 성(나라)이다.'라고 했고,《君奭》의 말로 더해보면, '아주 오랜 옛날부터 있는 상제가, 낱낱이 자세하게 문왕의 덕을 관찰하여, 씨족의 몸(문왕)에게 大命을 모아줘 (民이) 그에게 모이게 했다.'고 말했다."

참고 : 중국측 석문(해독)

子曰: 言從行之 則行不可匿 古(故)君子{俱}(顧)言 而行以成其信, 則民不能大其{嫩}(美)而少(小)其亞(惡)《大{曰虫}(雅)》員(云): "白{玉圭}(圭)之石, 尙可{朩石}(磨)也; 此言之砧(砧), 不可爲也."《少(小){頋}(雅)》員(云): "{身目}(允)也君子, {則土}(厠)也大成《君奭》員(云): "昔才(在)上帝, {害戈}(割)紳觀文王德, 其集大命于乇(厥)身."

해설

상박의 {彳糸亍},寡,{耑頁},{曰亦土} 등이 곽점에서는 從,{見寡},{嫩},{尸員土} 등으로 바뀌었다. 바뀐 글자들은 문장의 뜻을 가를 수 있는 중요한 것들이다.

특히 상박의 표점이 사라지고 {尹子}이 君子로 바뀌고, 군주를 상징하는

{耑頁}이 {姝}로 바뀌다 보니, 行을 강조하는 글로 문맥은 되어 보이지만, 왕과 같은 꼭지에 관한 글이라는 것은 알아보기 어렵다. 당연히 이런 것들로 인해 문장을 상박처럼 번역할 수 없다. 상박이 있어서 그나마 가능했을 뿐 저자는 정말 어려웠다.

공자의 정치 이야기는 앞 장에서 언급했듯이 말의 폐해가 실로 엄청나니 말을 가슴에 묻고 行하기를 권하는 것이다. 이는 앞 장에서 이어져 온 말이자, 이미 제1장에서부터 '항백'으로 나타났다. 저자는 그것이 왕도 정치라고 생각한다. 백성은 이런 왕을 볼 때 절대적인 신뢰를 보낸다는 것이다.

禮記 제24장

子曰 言從而行之 則言不可飾也 行從而言之 則行不可飾也 故君子寡言而行 以成其信 則民不得大其美 而小其惡 詩云 白圭之玷 尙可磨也 斯言之玷 不可爲也 小雅曰 允也君子 展也大成 君奭曰 昔在上帝 周田觀文王之德 其集大命于厥躬

공자 가로되, 말이 쫓으면서 나아가는 것은, 곧 말이 꾸미기가 不可하다 함이라. 行이 쫓으면서 말하는 것은, 곧 行이 꾸미기가 不可하다 함이라. 그러므로 군자는 말을 적게 하면서 行하여, 그의 신뢰를 이룸으로써면 곧 백성은 그의 아름다운 것을 크게 얻지 않으면서 그의 나쁨을 작게 했다. 《시경》에 이르기를, '흰 구슬의 티는 오히려 갈 수 있다 함이나 말의 허물인 것은 어떻게 할 수 없다 함이라.' 《소아》에 가로되, '미쁘다 함은 군자니, (그가 정사를) 펼친다 함은 크게 이룰 것이다.' 《군석》에 가로되 '예전부터 있은 상제가 봉토(田)를 두루 돌며 문왕의 덕을 관찰하여, 그의 몸에 大命이 모이게 했다.'

제 18 장 —————————

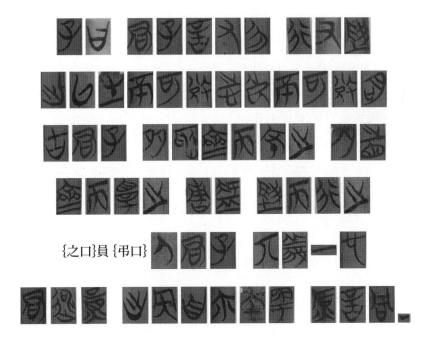

석문 및 번역

子曰 君子言又勿 行又{阝丰土} 此以生丕可敓志 死丕可敓名 古君子 多聞
齊而守之 多{之柬} 齊而皋之 靑(知齊) {阝丰土}而行之 詩員 '{弔口}人君
子 丌義一也' 君陳員 '出內自尒師{雨于} 庶言同_'

자왈 군자언우물 행우{풍} 차이생비가탈지 사비가탈명 고군자 단문 제이수지
다{간} 제이죄지 청{지} {풍}이행지 시원 {조}인군자 기의일야 군진원 출내자이
사{우} 서언동_

공자가 말씀하셨다. "군자는 말로 온갖 사람(勿)을 틀어쥐고, 行으로 좋
은 세상을 틀어쥔다. 이것 때문에 살아서는 (온갖 사람의) 뜻을 빼앗을
수 있기가 커지고, 죽어서는 (살아서의 언행이 온 세상에 대대로 칭송됨

으로) 이름(名聲)을 빼앗을 수 있기가 커진다. 옛날 군자는 (民의 말을) 많이 듣고 가지런하게 지켜냈던 것이요, (상벌의 잘잘못을) 많이 가리어 (民을) 가지런하게 벌을 물었던 것이요, 푸른 청년기에 앎이 가지런하게 갖추어져 평화롭고 안정된 땅으로 나아갔던 것이다.《시경》으로 더해보면, '조상하는 입을 가진 (지배층) 사람은 군자이니, 그는 마땅히 행해야 할 도리(義)가 하나로 크다 함이라.'《군진》으로 더해보면, '안(內)을 나서면 저절로 너는 모두가 간절히 기원하는 (三權을 쥔) 太師이니, 驅除하는 말은 같아야 한다. (즉 저자거리로 나가는 순간 너는 사법 행정을 가진 재판관이니, 행사하는 말은 한결같아야 백성들이 믿고 따를 것이다)'고 하였다."

참고 : 중국측 석문(해독) 및 번역

子曰: 君子言又(有)勿(物), 行又(有)陸, 此呂(以)生不可敓(奪)志, 死不可敓(奪)名. 古(故)君子多眊(聞), 齊而守之; 多旨(志), 齊而罕(親)之, 靑(精)쉾(知), 陸而行之.【19】 □□□人君子, 亓(其)義(儀)一也.」《君連(陳)》員(云):「出內(入)自尒帀(師)雩, 庶言同■.」

공자가 말하였다. 말은 징험(徵驗)이 있어야 하고, 행동은 법칙이 있어야 한다. 이렇게 생활하면 뜻을 빼앗을 수 없고, 죽어도 이름을 빼앗지 못하게 된다. 고로 군자는 많이 듣고 이를 바르게 해서 지켜 나가며, 많이 인식하고 바르게 해서 가깝게 하며, 깊이 이해하고 간략히 해서 행하여야 한다.《曹風·시구》에서 말하기를 "어진 군자는 행동거지가 한결같네."라 했고,《상서·군진》에서 말하기를 "대중의 의견을 좇아서 행하면 모든 사람의 의견이 일치한다."고 했다.

고문자 해독 : 통합

Ⓞ 파손된 자는 詩員 {弔口}다. 중국측은 詩云 淑이다.(상박(치의),p223)

① {阝丰土} : '상阝丰하土'꼴로, '높은(阝) 풍채(丰)가 땅(土) 위에 있을,땅을 높고 크고 아름답게 할 풍'으로, 문맥상 '사는 곳을 사람이 사는 평화롭고 행복한 곳으로 만든다'는 뜻이다.

② {之柬} : '상之하柬(木이 없음)'꼴로, '자루에 선별되어 들어있는(柬) 것(之) 간'으로 해독되어, 문맥상 '臣民이 잘하고 잘못한 것, 즉 賞罰을 가리다'로 해석한다. 중국측은 志로 해독하고, 책은 識(인식하다, 학습하다)의 의미로 쓰인다고 풀었다.

③ 皋 : '코(自)가 메운(辛), 코와 문신을 세기는 도구(辛)'꼴로, 罪의 古字다. 확장하여 '메운 벌, 죄를 묻다'의 의미다. 중국측은 新으로 해독한다. 잘못된 문맥으로 따져 풀었거나, 곽점이 新이고, 통행본이 親으로 쓰인 까닭일 것이다. 新은 字源이 '땔나무 신新'으로 '하찮다'는 뜻이면서, 한편으로는 '한 나무에서 나누어진'것을 뜻하여 '가까울 親'의 의미다. 후에 땔나무의 뜻으로는 '풀 艹초'가 더해져 薪으로 쓰였다.

④ 帀(師) : 제8장의 古字와 같다. 중국측도 '두를 帀'으로 석문하고 師로 해독한다. 예기도 師다. 높은 관직인 太師로 해석한다.

⑤ {雨于} : '상雨하于'꼴이다. '기우제 雩우'의 고자로 석문하여, '간절히 기원하다'로 해독한다. 중국측은 '기우제 雩우'로 석문하고, '헤아릴, 염려할 虞우'로 해석한다. 곽점은 '어조사 于'고, 통행본은 虞이다.

⑥ 勿; 象形으로 갑골문부터 쓰였다. 활시위를 튕겨서 상서롭지 못한 것을 떨쳐 버리는 모양을 본떠, 假借하여 '금지'의 뜻을 나타내는 '없음(否定辭), 말라(禁止辭)'다. 그러나 이곳은 不用이다. 또 다른 훈으로는 '털 몰'이 있는데 '먼지를 떪'이라 풀이되어 있다. 즉 '털어져 날리는 먼지 같은 하찮은 것'이다. 이 뜻을 문장의 의미상 확장하여 생각

해보면, '먼지처럼 하찮다'는 의미보다는 '구분하거나 특정할 수 없는 수많은 인간' 즉 지금의 '사람'이다. 까닭에 중국측처럼 勿을 物로 해독해서는 안 된다.6-1) 物; 자전을 보면, 牛+勿, '勿'은 나쁜 물건을 불제(祓除)하여 부정(不淨)을 '씻다'의 뜻. 부정이 씻긴 산 제물인 소의 뜻에서, '물건'의 뜻을 나타낸다고 나와, 萬物과도 같다. 勿처럼 갑골문부터 쓰여서, 竹簡시대는 勿도 쓰였고, '소 牛'변이 있는 物도 사용되었다. 즉 따로따로 같은 시대에 쓰였다.

⑦ {耳昏}(聞) : '들을 문'의 이체자로 '귀 어두울, 어둡게 들을 문'이다. [고문자류편]에는 나오지 않고 자전에는 금문부터 쓰였으며, 자전 속 금문의 이체 꼴이다.

⑧ 丕(不) : 상박은 가로 획이 분명한 丕다. 통행본(곽점은 不明)이 不로 쓰였고, 그렇게 번역해도 문맥이 부드러워, 처음엔 필사자가 오기했나 했는데, 다시 보니 이런 뜻이 있었다. 곽점·통행본이 내용을 교묘하게 튼 것이다. 제8장과 함께 문장은 손보지 않고 丕를 不로 고치기만 해도 뜻이 통하는 곳이라 주의가 요구된다.

⑨ 內 : 석문은 저자나 중국측 모두 內로 했다. 다만 중국측은 入으로 해독했다.

⑩ 丰 : 예쁠 봉, 풍채 풍 / 丯 : 풀이 자라 산란할 개, 예쁠 봉 / 帀 빙 두를 잡

곽점 이하 비교

곽점 치의

子曰 君子言又勿 行又{辶_丰} 此以生不可敓志 死不可敓名 古君子多{昏

耳}(聞) 齊而獸之 多志齊而新之 精智{辶丰}而行之《詩》員 {弔口}人君
子 {凵又}(其)義{一戈}也《君逨(陳)》員 出內自尒師于 庶言同■

공자가 말씀하기를, "군자의 말은 온갖 사람(勿)을 틀어쥐고, 行은 위대
하게 가기를 틀어쥔다. 이 때문에 살아서는 뜻을 빼앗을 수 있기가 커지
고, 죽어서는 명성을 빼앗을 수 있기가 커진다. 옛날 군자는 듣기를 많이
해, 가지런하도록 사냥했던 것이요, 뜻이 많아 가지런하도록 가까웠던
것이요, 알곡 같은 지혜로 예쁘고 위대하게 살아가도록 行했던 것이다.
《시경》으로 더해보면, '지배층 사람을 입으로 조상할 수 있는 군자, 그의
道理는 하나다 함이라.'《군진》으로 더해보면, '안을 나가면 저절로 너는
동작을 하는(于) 太師이니, 독을 없애는 말은 한결같아야 한다.'고 하였
다."

참고 : 중국측 석문(해독)

子曰: 君子言又(有)勿(物), 行又(有){辶丰}(格) 此以生不可敚(奪)志, 死
不可敚(奪)名. 古(故)君子多{昏耳}(聞), 齊而獸(守)之; 多志齊而新(親)
之; 精智(知), {辶丰}(略)而行之.《寺(詩)》員(云): "{弔口}(淑)人君子, 其
義(儀)弌(一)也."《君逨(陳)》員(云): "出內(入)自尒帀(師)于(虞), 庶言
同."

해설

상박에서 '지킬 守'로 나온 것을 곽점이 굳이 더 어려운 글자인 '짐승 獸'
로 바꾸었다. 다행히 예기에 守로 쓰여 있어 중국측이 獸를 守로 해독했
다.《초간노자》도 이와 유사하게 바뀌었다. 그곳은 반대로 '사냥할 獸'
를 백서 이하 통행본에서 '지킬 守'로 바꾸었다. 문맥으로 보자면, 이곳
은 '지킬 守'여야 내용이 아름답고, 노자는 '사냥할 獸'가 맞다. 이런 것
은 왜곡이다.

중국측 석문을 보면, 앞부분을 君子言有物로 해독하고, (君子를 빼면 통행본과 같다. 이런 까닭에 통행본으로 공자의 뜻을 읽기는 사실 어려운 문제다) '말은 징험(徵驗)이 있어야 하고'로 번역한다. 즉 주체인 君子를 번역하지 않았다. 사실 직역은 '군자는 말에 物(이 있다. 을 소유하다.)'이고, (상박의 직역과 비교해 얼마나 어색한가! 왜곡 때문이다) 이때 物이 '徵驗(경험으로 앎)'의 훈을 갖는가를 따져야 하는 것이다. 당연히, 저자는 불가능하다고 본다. 그러나 중국측 석문·해독을 따라, 문장이 되게 하려면 어쩔 수 없이 이렇게 번역할 수밖에 없다. 군진의 문장도 곽점 저자의 석문은 상박과 于만 비슷할 뿐 같다. 하지만 최교수의 곽점은 예기와 비슷해져 있다. 이렇게 되면, 선택하는 훈이 달라질 수밖에 없다.

禮記 제19장

子曰 言有物而行有格也 是以生則不可奪志 死則不可奪名 故君子 多聞質而守之 多志質而親之 精知略而行之 君陳曰 出入自爾師虞 庶言同 詩云 淑人君子 其儀一也.

공자 가라사대, 말에 변별(物)이 있고, 行에 格式이 있으면, 이 때문에 살면서는 곧 뜻을 빼앗길 수 없고, 죽어서는 곧 이름을 빼앗길 수 없다. 까닭에 군자는 많이 들음으로 본연의 심성이 지켜지는 것과 같고, 많은 의지로 본연의 성질이 가까워지는 것과 같고, 자세하게 알아 간략하게 실행하는 것이다《군진》에 가로되, '스스로 너의 군대를 출입하여 헤아리니(虞) 무리(庶)의 말이 같다.'《시경》에 이르기를 '깨끗한 사람인 군자, 그의 법도는 하나다.'고 했다.

해설

예기는 앞부분에 공자가 주어로 쓴 君子가 빠졌다. 이것 때문에 통행본은 내용이 마치 글자나 아는 지배층을 대상으로 일반적인 이야기를 하는 것으로 보인다. 즉 큠子 하나를 빼고 죽간의 글자를 적당히 손질함으로써 큠子라는 글자가 정치와는 무관한 '학식과 덕망이 높은 사람'을 지칭하는 것으로 바꿔치기한 것이다. 그 후로 이 글자는 그렇게 되었다. 하지만 군자는 공자의 말 속에 설명되었듯, 관료가 되고 우두머리가 될 자질과 인성을 구비한 지도자 '깜'인 사람(人)으로, 민초들의 이정표가 되는 사람을 말한다. 따라서 관료도 군자일 수 있고, 지배층 인사도 군자일 수 있다. 이처럼 정치적인 내용의 경우, 오늘날까지 전해지는 경전은 대부분 내용이 변질되었다고 보면 바르다. 인용문의 문장도 죽간과 글자가 많이 바뀌어, 전혀 죽간의 본뜻을 알 수 없게 바뀌었다.

見其{釆市} 人句又言 {才匕}{昏耳}其聖 句又行

석문 및 번역

子曰 句又車 {才匕}見其{??車} 句又衣 {才匕}見其{釆市} 人句又言 {才匕}聞其聖 句又行 {才匕}見其成, 詩員 '備之亡皐_'

자왈 구우차 {지}견기{차} 구우의 {지}견기{불} 인구우언 {지}문기성 구우행 {지}견기성 시원 비지망고_

공자가 말씀하셨다. "戰車 틀어쥐기를 구부리면 (즉, 전쟁을 즐기기를 버리면) 비수를 품은 사람(위험한 인물)은 그가 차를 생활의 수단 즉, 人·民을 위해 사용함을 볼 것이다. 옷 틀어쥐기를 구부리면, (즉, 사치스러운 삶을 꺾으면) 비수를 품은 재목도, 그가 슬갑(지도자)을 분명히 할 (즉 군주의 인품을 갖춘) 사람임을 볼 것이다. 지배계층 사람이 말 움켜쥐기를 구부리면 비수를 품은 인물도 그가 말에 귀 기울여 다스릴 수 있는 사람(聖)임을 들을 것이다. (지배계층 사람이) 行 움켜쥐기를 구부리면, 비수를 품은 인물도 그가 이루었음을 볼 것이다. 《詩經》으로 더하면, '미리미리 준비함은 위험한 늪에 빠짐을 잊은 것이다.'고 했다."

子曰: 句(苟)又(有)車, 北見丌(其)駇; 句(苟)又(有)衣, 北□□□□□□□□□□□□□, 【20】
北見丌(其)成, ≪㠯(詩)≫員(云):「備之亡吴(敦)■.」

　　　　　* 파손문장 : 見其敝 人苟或言之 必聞其聲 苟或行之 (상박(치의),p224)

공자가 말하였다. 수레가 있으면 반드시 수레의 덮개가 있는 것이고, 의
복이 있으면, 반드시 옷의 수 무늬를 볼 수 있으며, 사람에게 행위가 있
다면 반드시 그 결과를 볼 수 있고, 말이 있다면 반드시 그 소리를 들을
수 있다.《詩經·周南·葛覃》에서 말하기를「의복을 입으니 아름답네」라
고 했다.

| 고문자 해독

① {才匕} : '좌才우匕꼴'로, '비수를 품은(匕) 재목(才), 또는 비수가 있
　　는 인물 지'로 해독한다. 처음 나오는 단어며, 문맥상 호시탐탐 군주
　　의 자리 또는 나라를 노리는 '위험한 인물'로 해석한다. (아직 단언할
　　수는 없다) 중국측은 저자처럼 석문 하였으나 그에 대한 解讀 字나
　　설명은 없다. 곽점과 통행본은 모두 '반드시 必'로 고쳤다.

② {??車} : 글자를 석문하지 못했다. 중국측의 경우, 釋文은 있으나 해
　　독하지는 못했다. 저자는 문장상 '차를 생활의 수단 즉 人·民을 위해
　　사용함'으로 해석했다.

③ {白矢}(皐); '상白하矢' 꼴로, '언덕, 못, 늪의 뜻인 皐고'의 금문에 흡
　　사하다. 문맥상 부정적인 의미로, '위험한 늪' 또는 '어렵고 험난한 고
　　비(상황)'의 뜻이다. 중국측은 駇으로 해독했다.

④ {釆市} : '상釆하市' 꼴로, 짐승의 갈라진 '발톱 변釆' 아래, 천자, 제후
　　가 앞으로 늘어뜨려 무릎을 덮었던 헝겊인 '슬갑 불市'이 있다. 釆은

'나눌, 분명히 할, 분별할 辨'의 本字다. '천자나 제후의 그릇(지도자)을 분별하는, 또는 분명히 할 사람 불'로 읽는다. 중국측은 '비단 幣폐'로 석문하고 '해질 敝'로 해독했다.

⑤ {曷攴} : '좌曷우攴' 꼴로, '막고(曷) 때려(攴) 부술(曷攴) 알'로 해독한다. 상박 {??車} 대신 곽점에 쓰인 한자다. 중국측도 석문은 같고 '우거질, 덮을 篅불'로 해독했다.

⑥ 成 : 저자의 입장에서 참 소중한 글자다. 자전은 갑골문부터 쓰인 것으로 나오는데, 죽간에는 좀처럼 나오지 않았다. 그래서 중국측은 城을 成으로 해독해 버렸다. 곽점 노자도 모두 城으로 나왔는데, 통행본이 成으로 쓰여서인지 중국측은 모두 成으로 해독했다. 여기도 대부분 土가 있는 성 城자인데, 이곳은 '이룰, 갖출, 완성하고, 평정하고, 정복할 成'이다. 한편, 곽점은 城이다.

⑦ 視(見) : 두 자 모두 '보다'는 뜻이다. 楚簡體인 곽점에서는 示가 없고, 目 아래 받침이 儿이면 視고, 앉은 다리 모양처럼 구부러져 있으면 見이다. 즉 오늘날 見꼴이 視다. 따라서 상박 치의에 나오는 '보다'는 모두 視가 맞다. 앉은 다리 모양처럼 구부러진 見은 상박 치의에는 나오지 않았다. 반면 곽점은 대부분 見꼴이다. 한편 중국측은 見으로 해독한다. 물론 곽점·통행본이 見이기 때문이기도 하다.

⑧ 懌 : 기뻐할, 순종할, 잇닿을 역懌 / 數 : 섞을 두, 싫어할 역 / 曷 ; 어찌(갈), 막을(알)

⑨ 聖 : 상박은 消失된 한자다. 곽점이 聖으로 쓰였는데, 이 字가 공자의 原意라면, 문맥상 공자는 聖을 다스리는 자의 최고단계인 聖人을 뜻하기보다는, (방법론의 하나로) 앞말과 對句의 의미로 '듣기'에 중심을 둔 것 같다. 즉 자신의 말을 앞세우기보다는 '말에 귀 기울여 다스

리는 사람(聖)'의 뜻이다. 중국측은 '소리 聲'으로 해독했는데, 통행본이 聲이다.

| 해설

처음 나온 고문자 {才匕}가 4차례나 쓰여 있다. 문맥상 정말 중요한 글자며, 이런 글자일 것이다고 추측은 가능하나 단언하기는 아직 이르다. 저자는 {비수를 품고 있는 사람}으로 해석하여 나라를 무너뜨리거나 왕권을 탈취하고자 하는 인물로 풀었다.

이 장은 전체적으로는 비수를 품고 있는 위험인물을 등장시켜 군주 또는 지배집단을 대상으로 경구의 글을 쓴 것이다. 즉 지도자의 선정이나, 덕행, 그리고 지배층의 인물됨도 다 보고 듣고 알고 있으니, 천년 사직의 나라를 건설하려면 백성들에게 길게 덕행을 이어가라는 내용이다. 그래서 마지막 인용문으로 결론을 맺는 꼴이다.

내용이 이렇다 보니, 군주나 지배계층에게 껄끄러운 글이다. 정확히 말하자면, 나라의 빈틈을 찾는 기분 나쁜 '비수를 품은 인물'이 있어 그렇다. 까닭에 군주만을 위해 백성을 괴롭히는 딸랑이 입에 오르기도 무서운, 지우고 싶은 한자다. 곽점이 {才匕}를 必로 바꾼 이유다. 이 단어는 폭군의 입장에서는 듣기조차 거북할 수 있고, 아첨꾼에게는 기분 나쁜 글자다. 결국, 상박 문장은 곽점처럼 엉뚱하게 바뀌어 통행본으로 내려왔다.

한편 중국측은 {才匕}를 저자와 같이 석문했으나, 어떤 자로 해독을 했는지는 보이지 않는다. 다만, 최교수의 번역을 봤을 때 必로 바꾼 것으로 보인다. 물론 곽점과 통행본을 참작했을 것이다.

③ '{才匕}' : '{才匕}'자는 意符가 '才'이고 聲符가 '匕'이다. 『說文解字』

에는 보이지 않는다. 『郭店楚簡』과 『禮記本』에서는 모두 '必'로 쓴다. (상박(치의),p223 인용)

기타 詩經도 상박 곽점 모두 備로 석문하고 服으로 해독했다. 통행본이 服이기 때문이다. 결국, 번역처럼 전혀 엉뚱한 문장으로 나왔다.

| 곽점 이하 비교

곽점 치의

子曰 句又車, 必見{凵又}(其){曷攴} 句又衣, 必見其{采巿} 人句又言, 必{昏耳}(聞)其聖 句又行, 必見{凵又}(其)城, 《(詩)》員 備之亡{白矢心}(皐心)■

공자가 말씀하기를, 전쟁을 위한 車를 틀어쥐기를 꺾는다면, 반드시 그가 막고 때리게 됨을 볼 것이다. 句又衣면 반드시 그는 슬갑(군주)을 분명히 할 사람임을 볼 것이다. 人句又言이면 반드시 그가 성인 됨을 들을 것이며, 句又行이면 반드시 그가 성처럼 견고함을 볼 것이다. 《詩經》으로 더하자면, 미리 준비함은 높은 마음을 잊는 것이다.

참고 : 중국측 석문(해독)

子曰: 句(苟)又(有)車, 必見其{曷攴}(第); 句(苟)又(有)衣, 必見其幣(敝); 人句(苟)又(有)行, 必見其成, 句(苟)又(有)言, 必{昏耳}聞其聖(聲). 《寺(詩)》員(云): "備(服)之亡斁."

해설

곽점이 상박의 중요 漢字 {才匕}를 必로 고쳐, 공자가 말하고자 하는 상박의 뜻을 정확히 알 수는 없지만, 다른 한자는 변화가 적어 해독없이 석문대로 번역했다면, 지도자의 언행이 어찌해야 하는지는 느낄 수 있었다고 본다. 물론 '누가'에 해당하는 {才匕}가 없어 공자의 마음속은 사라졌다. 그러나 중국측은 석문 후 이체자나 가차자로 다시 한번 문장을 해독한 까닭에, 그 방식을 따른 최교수의 번역은 통행본과 거의 유사한 내용이 되었다. 특히 번역에서 써먹지도 않은 句를, 아무리 예기가 苟로 쓰였다고는 하지만, 굳이 苟로 바꿀 필요가 있었나 하는 아쉬움이 남는다.

예기는 전체적인 내용이, '원인 없는 결과는 없다'나 '아니 땐 굴뚝에 연기 날까'와 같은 뜻과 비슷한 것처럼 보이나, 정확히는 무엇을 말하는지 모르겠다.

禮記 제23장

子曰 苟有車必見其軾 苟有衣必見其敝 人苟或言之必聞其聲 苟或行之必見其成 葛覃曰 服之無射.

공자 가라사대, 만약 수레가 있으면 반드시 수레의 덮개가 보이고, 만약 옷이 있으면, 반드시 옷이 해짐을 볼 수 있으며, 사람에게 만약 혹 말이 있다면 반드시 그의 소리를 들을 것이다. 만약 혹 行이 있다면 반드시 그가 이룬 것을 볼 것이다. 《갈담》에서 말하기를 '옷을 입으면 쏨(싫어함)이 없는 것이다.'

쉬어가기 : 죽간 누락 한자 삽입 방법

이 장이 쓰여있는 곽점 죽간 40간 뒷면에는, 필사자가 본문에 누락한 문장이 쓰여 있다. 최교수는 상박을 참고하지 않은 듯(?) 문장의 끝-詩員 앞-에 넣었는데 이는 틀리다. 최교수가 중국측 상박초간 석문을 따르지 않고 형주시박물관 소조가 석문주석한 책을 따라 번역한 것으로, 형주시박물관에서 잘못 석문한 것이다.

[전제] 상박의 파손된 글자 중 7字, 句又言, {才匕}{昏耳}其聖은 곽점을 필사한 자가 본문(즉 앞면)에 빠뜨린 후에 죽간의 반대편(背)에 써넣은 문장이다. 상박은 파손된 글자가 총 14자며 파손된 글자 다음에 시작하는 문장은 {才匕}見其成으로 이어져야 한다.

1. 곽점을 참고하면, 먼저 見其{釆市} 人句又行, 句又言, {才匕}{昏耳}其聖이 나올 수 있다. 하지만, 상박의 문장과 곽점의 문장이 달라 틀리다.

2. 최교수는 (곽점 문장처럼) 見其{釆市} 人句又行 {才匕}見其城, 句又言, {才匕}{昏耳}其聖으로 본다. 이렇게 고치면 대칭적인 문장은 맞지만, 상박의 문장과 곽점의 문장이 달라져 역시 틀린다.

3. 상박 곽점 두 문장을 참고하여 상박의 문장을 유추하면, 見其{釆市} 人句又言, {才匕}{昏耳}其聖 句又行, ({才匕}見其城)처럼 되어야 한다. 이는 말(言)이 行보다 먼저 언급되는 일반적인 형태와도 어울리며, 예기의 순서와도 같다.

4. 결론적으로 형주시박물관 소조가 석문·해독한 곽점의 순서는 틀렸고, 이를 따른 최교수도 잘못이다.

5. 이는 문장이 있는 죽간 40번(40背)를 보면, 背에 써진 句又言, 必{昏耳}其聖의 첫 글자 句의 시작점이 人句又行의 人字 살짝 아래에 위치해 있어, 저자의 예측이 맞았음을 증명한다.

최교수에게 아쉬움이 남는 곳이다. 최교수가 상박과 곽점을 조금만 유심히 살폈어도 알 수 있기에 더욱 그렇다. 하지만 4년여의 터울로 낸 2권의 책 모두 중국측의 석문을 따라 조금의 의심도 없는 듯, 그대로다. (p272 및 상박(치의),p227,230) 충분히 찾을 수 있는 문제였다.[1]

※ 주의 : 상박(치의) 중국측 上博楚簡原註를 보면, 상박쪽 관계자는 순서를

---

1   자료에 의하면, 상박은 1994년에 홍콩의 골동품점에서 구입하였고, 곽점은 1993. 10.에 발굴하였고, 95년에 세상에 공개하였으며, 98년에 [곽점초묘죽간]이 나왔기 때문에 둘은 시차적으로 거의 같다. 충분히 교차 검토가 가능했다.

이해했었던 것으로 보인다.

「⑤ '句(苟)又(有)衣{才匕}':하단 부분은 문자가 파손되었으나, 『郭店楚簡』을 참고하여 "見其敝; 人苟或言之, 必聞其聲; 苟或行之(번역문'생략')" 등 14자를 보충할 수 있다. 제21간 "{才匕}見丌成" 구절과 문장이 연결된다.」<상박(치의),p223~224>

-> 문장은 예기를 참고한 것으로, 이로 인해 字數도 16자다.

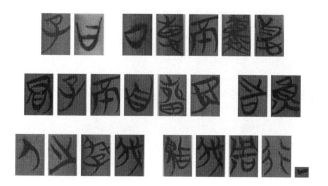

| 석문 및 번역

子曰 私惠丕褱德 君子丕自畱安 詩員 '人之{丑子}我, {見旨}我周行_'

⋮ 자왈 사혜비회덕 군자비자유안 시원 인지{차}아 {견}아주행_

공자가 말씀하셨다. "(군주가 신하에게 베푼) 지극히 개인적인, 즉 공무가 끼어들지 않은 人情 넘치는 은혜는 덕을 품기가 컸으니, (이로 인해) 군자는 편히 머물기가 저절로 커진다. 《시경》으로 더하자면, '지배층 사람이 (군주인) 나를 무한 신뢰하는 것은, 나의 周行[1]을 (일말의 의심도 없이) 뜻있고 아름답게 보기 때문이다.'와 같다."

| 참고 : 중국측 석문(해독) 및 번역

子曰: ム(私)惠不褱(懷)惠(德), 君子不自曾(留)安(焉). ≪岀(詩)≫員(云): 「人之肝(好)我, 眎我周行▪.」

────────

1   사전적 의미는 '두루 돌아다니면서 구경하며 노는 것'이나, 여기는 '정사를 위해 이곳 저곳을 돌아다니며 살피는 것'을 뜻한다.

공자가 말하였다. 사사로이 은혜를 베풀고 덕으로 돌아오지 않는다면 군자는 그 곳에 편안하게 머무르지 않는다. 《小雅·鹿鳴》에서 말하기를 "나를 좋아하는 사람은 나를 큰 길로 인도하네."라고 했다.[2]

| 고문자 해독 : 통합

⓵ 厶(私) : '사사로울 私'의 古字다. 자원은 '팔을 안으로 구부린 모양'이다.

⓶ {見旨} : '좌見우旨'꼴로, '뜻있게 또는 아름답게(旨) 볼(見) 견'으로 해독한다. 곽점은 旨, 통행본은 示다.

⓷ 裹 : 품을 회(곽점은 {衣馬土}다) / 畱 : 머무를 유(留의 本字)

⓸ {衣馬土} : 글자 꼴이, '옷 衣'자 속에 馬가 있고 아래에 土가 있다. 상박 글자를 고친 것이라 의미는 없다. 굳이 풀이하자면, '옷' 속에 '말'이 있으니 '우두머리를 보호하고 감싸다'는 의미고, 土가 있으니 '땅이나 나라 위'를 뜻한다. 문맥상 '끝까지 시행하는 땅(나라) 돈'으로 해석한다. 중국측은 '무너질 壞괴'로 석문하고, 懷의 가차자로 본다.

⓹ 조 : 원문은 두 字 모두 조로 쓰였고, 저자는 이 꼴을 공자의 원의로 본다.

| 해설

---

2 공자가 말하였다. 사사로이 은혜를 베풀거나, 덕이나 의리에 맞지 않는다면 군자는 그 곳에 편안하게 머무르지 않는다. 『詩經』에서 말하기를 "나를 좋아하는 사람은 나를 큰 길로 인도하네."라고 했다.(상박(치의),p228). 문장이 가장 짧은 상박 번역문이다. 곽점 번역문과 비교 예시로 넣었다.

상박의 뜻은 君主와 臣下의 관계는, 功績에 의한 은혜보다 조건이 붙지 않은 지극히 사사로운 은혜가 더 끈끈함을 말한다. 이는 君臣을 六親의 관계처럼 인간의 순수한 본성에 기반하고 있기 때문이다. 즉 그런 治를 하라는 말이다 (지금은 의문이다). 이는 곽점과 통행본으로 이어지면서 몇몇 한자가 바뀌어, 문장의 이해가 쉽지 않은 어려운 글이 되었다.

한편 중국측 해독을 따른 번역은 통행본과 유사하게 되었다. 私惠不懷德을 '사사로이 은혜를 베풀고 덕으로 돌아오지 않는다면'으로 번역한 것은 문맥상 번역이다. 惠를 '은혜를 베풀고'는 가능하나, 德을 '덕을 베풀다'로 하면 모를까 '덕으로 돌아오다'로 번역한 것은 무리다. 이체자로 해독한 '품을 懷'도 번역에 넣지 않았다.

人之好我를 '나를 좋아하는 사람은'으로, 旨我周行을 '나를 큰 길로 인도하네'로 번역한다. 앞은 之를 중심으로 문장을 바꾼 번역으로, 4자성어라면 몰라도 이어지는 문장이 있는 것은 위험한 번역이라 생각된다. 다음의 旨(인도하네)我(나를)周行(큰 길로)은 도저히 이해되지 않는 번역이다. 旨를 示자의 의미로 봤다(p273)고 해도 이런 번역은 나오기 어렵다. 또한, 周에도 '큰'이라는 뜻은 보이지 않는다.

▎곽점 이하 비교

곽점 치의

子曰 厶(私)惠丕{衣馬土}悳(德) 君子不自{宀留}女.《詩》員 人之好我, 旨我周行■

공자가 말씀하기를, (군주의 人情으로) 사사로이 은혜를 베풂이 덕을 보호하고 감싸는 땅으로 커지면, 군자는 스스로 얌전하게 집에 머물지 않는다.《시경》으로 더하면, 지배층 사람이 나를 좋아하는 것은, 내가 두루

行함을 아름다워함이다.

참고 : 중국측 석문(해독)

子曰: 厶(私)惠不{衣馬土}(懷)悳(德) 君子不自{宀留}(留)女<安(焉)>. 《寺(詩)》員(云): "人之好我, 旨我周行."

해설

바뀐 한자들로 인해, 뜻이 상박에 비해 바로 눈에 들어오지는 않지만, 어느 정도는 느낌이 있다. 하지만 중국측 석문·해독은 상박 해독문과 거의 같고, 번역 또한 비슷하다. 이는 예기와 같은 내용이다.

禮記 제22장

子曰 私惠不歸德 君子不自留焉 詩云 人之好我 示我周行

공자 가라사대, 사사로운 은혜가 덕으로 돌아오지 않으면, 군자는 스스로 머물지 않는다《시경》에 이르기를 '사람이 나를 좋아하는 것은, 내가 두루 나아감을 봄이다.'고 한다.

서문에서 말했듯, 최교수가 번역하지 못했거나, 잘못된 석문으로 번역이 틀어진 속담(격언) 몇 문장을 실었다. 속담은 짧막한 문장으로 이루어져, 한 자 혹은 두 자만 석문·해독이 틀어져도 번역하기 어렵다.

원문	(竹簡 73-74簡)	1
책 석문 번역	悲{艹乍}其所也 亡非是之弗也 (의미 확실하지 않음)	p479
저자 석문 번역	중국측과 동일 슬픔이 만들어져 싹 트는 그것의 위치다 함은, 비리를 잊어버림이 떨어진 것이 옳다 함이라.	

원문	(竹簡 75簡)	2
책 석문 번역	者(?)溢{罒下殳}不逮從一{彳人亍}(道). (의미 확실하지 않음)	p479
저자 석문 번역	{以勿又}{氵水谷}{罒下殳}不逮從一{彳人亍}. 갈리어 계층별로 틀어쥔 조화로운 사회가, 욕망이 물처럼 넘쳐나고 아래를 몽둥이로 길들이(는 사회로 되)면, 하나의 이정표를 따르도록 붙잡아 두지 못한다.	

고문자 해독

• {以勿又}▇ : 가지런히 갈리어 계층별로 틀어쥐다. 고문자가 {以勿亻}와 비교하여 받침 又만 다르다. 이런 경우, 중국측은 석문을 못한다. 그래서 者(?)로 표현했다. 하지만 古人은 글자를 풍부하고 다양하게 창조할 수 있었고, 실재 무궁무진하다.

• {氵水谷} : 욕망이 물처럼 넘쳐나서 흘러가다.

• {罒下殳} : 아래를 몽둥이로 길들이다.

어총2와 함께 번역하지 못한 문장이 있는 곳이다. 죽간이 파손되지 않았고, 古文이 중국측 방식으로 모두 석문·해독 되었음에도 최교수는 번역하지 못했다. 반면 저자의 방식으로는 번역이 되었다. 이 또한 '노목공문자사'편과 더불어 저자의 고문 석문방식이 옳다는 것을 증명하는 자료다.

원문	(竹簡 94簡)	3
책 석문 번역	備之胃(謂)聖, ……갖춘 것을 聖이라고 한다.	p480
저자 석문 번역	備之胃聖 미리 갖추는 것은, 말에 귀 기울여 다스리는 자(聖)를 소화했음이다.	

원문	(竹簡 97簡)	4
책 석문 번역	卽, {虘又}者也 節은 곧 文이라는 것이다.	p480
저자석문 번역	卽{虘又}{以勿伙}也 곧바로는 모짊을 틀어쥠이 넘쳐남이다 함이라.	

원문	(竹簡 제89簡)	5
책 석문 번역	多{丑子}者, 亡{丑子}者也. 아름다운 것이 너무 많으면, 아름다운 것이 없어진다.	p480
저자석문 번역	多{丑子}{以勿伙} 亡{丑子}{以勿伙}也. 무한신뢰가 넘쳐나게 많으면, 무한신뢰를 잃음도 풍성하다 함이라.	

해설

고문자가 석문 되어 최교수가 번역한 속담 중 일부다. 모두 하나의 문장인데도 번역이 매끄럽지 못하고 내용도 무엇을 말하는지 뜻이 충분하지 않다. 책 속에 번역된 다른 속담도 저자의 눈에는 의문스럽다. 이는 모두 중국측이 고문자를 잘못 석문하고 잘못 해독한 오류 때문이다. 語叢

편은 1,2,3,4로 나누어져 있으며 속담의 양 또한 상당하다. 그 옛날 어떤 속담들이 담겨 있을지 궁금하지만, 저자도 많이 번역하지는 못했다.

제 20 장

제 21 장

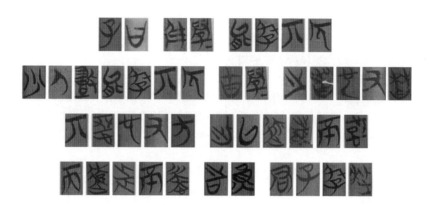

석문 및 번역

子曰 隹{尹子}_ 能{丑子}其匹 少人欵能{丑子}其匹 古(故){尹子}_ 之{友甘}也又{朩白} 其惡也又方 此以邇{以勿伀}丕惑 而遠{以勿伀}丕疑 詩員 '君子{丑子}{來攵}_'

:::
자왈 최{윤}_ 능{차}기필 소인애능{차}기필 고{윤}_ 지{구}야우{책} 기오야우방 차이이{자}비혹 이원{자}비의 시원 군자{차}{록}_
:::

공자가 말씀하셨다. "높이 올라 다스리는 분이여! 능히 당신의 짝을 무한신뢰하소서. (다만) 몇몇 지배층 사람은, 치(攴)는 다스림으로(欵), 능히 당신의 짝을 무한신뢰하소서. 까닭에 다스리는 분이여! (당신이 그들의) 달달한 벗이 되는 것이다 함은, (그들과) 거짓없는 진실(白)로 차조처럼 찰싹 달라붙어 늘 함께함(朩)을 틀어줌이며, 그들이 미워한다 함은 (人·民을 신분과 격식 또는 不信으로) 나누기(方)를 틀어줌입니다. 이 때문에 가깝게는 惑하는 마음이 커져도 넉넉해야 하고, 멀리도 의심스런 마음이 커져도 넉넉해야 합니다. (즉 언제나 다스리는 분은 진실한 마음으로 신하와 백성을 절대적으로 믿고 같이 가야 한다)《시경》으로 더해보면, '군자는 미래가 때려도 (즉, 잠시 나라가 어려움에 처했어도 臣民을) 무한 신뢰했다.'는 글이 있습니다. "

| 참고 : 중국측 석문(해독) 및 번역

子曰: 隹(唯)孝▪(君子)能肵(好)丌(其)匹, 少(小)人戠能肵(好)丌(其)匹. 【21】古(故)孝▪(君子)之睿(友)也又(有)誉, 丌(其)惡也又(有)方, 此吕(以)迡(邇)者不惑, 而遠者不惌(疑). 《古(詩)》員(云):「君子肵(好)埶▪.」

공자가 말하였다. 군자는 능히 친구를 좋아할 수 있지만, 소인은 어찌 그 친구를 좋아할 수 있겠는가? 그런고로 군자는 누구를 좋아함에도 준칙이 있으며 남을 싫어함에도 반드시 그 무리를 선택하는 도리가 있다. 그런 까닭에 군자 주위에 있는 인재들은 미혹되지 않으며, 멀리 있는 자들이 그를 의심하지 않는다. 《周南·關雎》에서 말하기를 「군자는 그의 친구를 좋아하네」라 했다.

| 고문자 해독 : 통합

Ⓞ 2곳에 있는 {尹子}_은 마침표(_)가 있다. 첫 번째 문장은 바로 다음 문장과 대구를 이루는 꼴로 되어, 마침표(_)가 없어야 하는 것처럼 보인다. 까닭에 더더욱 필사자가 이렇게 표점을 찍지 않았을까 생각한다. 두 번째 {尹子}자 앞의 古는 문맥상 故가 더 어울린다.

상박에서 {尹子}은 제15,16,17장과 이곳에 나오는데, 중국측은 저자와 달리 君子로 해독한다. 곽점과 예기가 君子로 나오기 때문이다. 하지만 생각해보라. 이것이 君子의 가차자라면 왜 굳이 상박의 다른 곳에 쓴 君子를 쓰지 않고 尹子를 썼겠는가?! 이는 왜곡밖에 없다. 당연히 곽점은 왜곡본이다. 중국측 해독은 틀리다.

① {友甘} : '상友하甘'꼴로, '달콤하고 달달한(甘) 벗(友) 구'로 해독한다. 의미상 '좋은 벗'을 뜻한다.

② {朮白} : '상朮朮(복수의 '차조 朮출')하白'꼴로, '거짓없는 진실로, 날이 새도록(白) 찰진 차조처럼 달라붙(朮朮)을 책'으로 해독한다. 의미상 '진실하게 또는 늘 함께 한다'는 뜻이다. 중국측은 {朮曰}로 석문했는데, 아마도 곽점에서 고문이 {ㅆ曰}꼴로 나오기 때문인 것 같다. 상박의 석문에 대한 설명이 없다.

③ {來攴} : '좌來우攴'꼴로, '미래(來)가 때릴(攴) 록'으로 해독한다. 의미상 '지금 어려운 상황으로 잠시 미래가 어두워 보인다'는 뜻한다. 중국측은 '상來卜하土'꼴로 석문 했는데, 원문을 보니, 장 마침표를 오해한 것이다.

④ 조(不) : 상박은 분명한 조다. 내용도 번역처럼 분명한 뜻이다. 不로 의심되는 세 곳 모두 조가 맞다. 不로 번역하면, '이 때문에 가까이는 넉넉히 (군주를) 의혹하지 않으면서, 멀리도 넉넉히 (군주의 나라를) 의심하지 않았음이라.'처럼 할 수 있다. 하지만 원의는 아니다.

⑤ {ㅆ曰} : '접어진(ㅆ) 말(曰) 왈'로 해독한다. '말이 접어져 있다, 말이 없다'의 뜻을 나타낸다. 중국측은 向으로 석문하고 '시골 鄕, 마을, 고을'로 해독한다. 이미 이와 유사한 고문자가 상박 제11장 말미에 나왔는데, 그곳에서는 지우고 이곳에서는 또 다른 고문자를 이것으로 고친 것은 왜곡의 의도 말고는 설명할 말이 없다. 즉 내용상 껄끄러운 문장을 고치다 보니, 한쪽에서 지운 것을 다른 쪽에서 올리는 것이다.

⑥ {麥戈} : 상박의 {來攴} 대신 쓰인 자다. '무력으로(戈) 매장하다(麥)' 쯤으로 해독된다. 그래도 상박의 {丑子}이 서술어로 쓰였다면 얼추 맞출 수 있으나, 好로 왜곡되어 문장으로 성립할 수 없다. 중국측은

{考戈}로 석문하고 '짝 逑'로 해독했다. 예기는 '원수, 동반자 仇'다.

⑦ 敫 : 다스릴 敫애, 칠 촉 / 劘 : 알맞을, 잘 어울릴, 밸 개 / 旹 : 어찌 기 (豈의 속자) / 雎 : 물수리 저 / 邇 : 가까울 이 / 逑 : 짝, 배우자, 모으다, 구할 구

⑧ 곽점의 중문부호(=)는 문맥상 있을 곳이 아닌 까닭에 오기다.

| 해설

이 문장의 핵심어는 모두 지금은 사라진 글자, 무한신뢰({丑子})와 넉넉함({以勿伇})이다. 이 주체는 군주며 그 대상은 臣으로 판단되지만 民까지도 가능하다. 물론 군주의 허심탄회한 마음, 즉 거짓없이 진실된 마음으로 신하를 한 몸처럼 아껴주는 마음이 전제되어야 한다. 역시 지금껏 보지 못한 공자의 마음이다.

한편, 중국측 석문·해독을 따른 최교수의 번역은 저자의 번역과 전혀 다른 내용이다. '적을 少'를 '작을 小'로 고쳐 小人으로 만들고, 이것을 君子와 對句되는 문장으로 사용했다. 하지만 군자만 친구를 좋아하고 소인은 친구를 좋아할 수 없다는 말은 논리를 떠나 상식적으로도 말이 될 수 없다. 물론 통행본이 小人이다.

| 곽점 이하 비교

곽점 치의

子曰 唯君子能好{凵又}(其)駓(匹) 少=人劘(豈)能好其駓 古君子之{友曰}也又{ㅆ曰} 其亞又方 此以邇者不{見或}(惑) 而遠者不{矣心}(疑) 《詩》員 "君子好{麥戈}■"

제 21 장

공자가 말씀하시길, "오직 군자는, 그의 짝을 서로 좋아한다. 반면 몇몇 지배층 사람은 능히 그의 짝으로 서로 좋게 잘 어울린다. 옛날 군자가 말 벗인 것이다 함은 말을 접어 침묵함을 가졌음이요, 그가 다음으로는 가지런히 갈려 나누어짐을 틀어줌이다. 이 때문에 가까운 자는 의혹하지 않았고, 멀리 있는 자는 의심하지 않았다. 《시경》으로 더해보면, '군자는 {麥戈}을 서로 좋아했다.'"({麥戈}의 뜻으로는 문장이 어렵다.)

참고 : 중국측 석문(해독)

子曰: 唯君子能好其馳(匹), 少(小)人剴(豈)能好其馳(匹). 古(故)君子之友也 又(有)向(鄉), 其亞(惡)又(有)方. 此以{後}(邇)者不{見或}(惑) 而遠者不{忄矣}(疑).《寺(詩)》員(云): "君子好{考戈}(述)."

해설

상박에 쓰인 중요한 한자가 곽점에서 唯,好,馳,{友曰},{씨曰},亞 등으로 바뀌었다. 그래서 석문한 대로 곽점은 번역이 어렵다. (까닭에 조도 不 로 할 수밖에 없다) 예를 들어, 상박의 '짝 匹'이 '말 살찔 馳필'로 되었는데, 문맥상 그 한자로는 도저히 번역될 수 없다. 왜곡본이기 때문에 어쩔 수 없는 것이다. 특히 곽점은 주체를 {尹子}에서 君子로 바꿔 공자가 썼던 주체를 알 수 없게 했다. 즉, 곽점 및 예기는 상박과 완전히 다른 문장이다. 물론 중국측 해독 문장은 상박부터도 마찬가지다.

최초의 공자 말씀은 은유적일지라도 문장이 명확했다. 진시황이 글자를 통일하기 전까지 전국시대는 合文으로 새로운 글자를 얼마든지 창조하여 사용할 수 있었다. 그리고 실제 사용했다. 당연히 이체자가 들어올 자리는 애초에 없었다. 주체를 어렵게 표현했지만, 내용도 어느 정도 자유로웠다. 이것이 1인 군주의 시대로 넘어가면서부터 군주와 '그 밖의'로 나뉘고, 절대 善인 군주에게 '잘하세요'라는 글은, 사용해서는 안 되는 역모급의 글이 되었다.

노자나 공자의 글은 그대로 내려올 수 없었다. 까닭에 고문이 석문대로 매끄럽게 번역이 되지 않거나, 오늘날 전해오는 경전의 번역이나 뜻이 분명히 드러나지 않는 것은 왜곡된 글이다. 다른 어떤 이유도 없다. 물론 이를 판단하기 위해서는 석문과 직역을 할 수 있어야 한다.

禮記 제20장

子曰 唯君子能好其正 小人毒其正 故君子之朋友有鄕 其惡有方 是故邇者不惑 而遠者不疑也 詩云 君子好仇.

공자 가라사대, 오직 군자만이 능히 그가 바름을 좋아하고, 소인은 그가 바름을 해로워한다. 까닭에 군자가 벗을 사귀는 것은 일정한 향음주례가 있으며, 그가 미워함에도 방향이 있다. 이런 까닭에 가까운 자는 미혹하지 않았고, 먼 자는 의심하지 않는다《시경》에 이르기를 '군자는 어질고 착한 동반자(원수)를 좋아한다.'고 했다.

쉬어가기 : 제21장의 끝자 釋文에 관하여

상박 제21장의 마지막 한 字와 다음 장의 시작인 '자왈' 원문 사진이다.

중국측은 마지막 字를 {鹫}으로 석문하고 '아직 잘 모르는 자'라고 했다.(상박(치의),p236) 최교수도 譯註說明에서 다음과 같이 설명한다. 「…'來'·'匕'와'土'로 이루어져 있다. …『上博楚簡』의 '來'자 부분은 '求'자를 잘못 쓴 것으로 보인다. '戟'과 '求'는 음이 서로 통하기 때문에 '逑'의 의미로 통가되어 사용된다.」(同,p237)

저자는 끝 자 {來攵}을 가지고 중국측이나 최교수가 이렇게 석문하는 것에 놀라웠다. 사실 실망도 했다. 해독은 둘째치고 양쪽 모두가 석문한 것 중에 土는 나올 수 없는 부수이기 때문이다. 즉, 그들이 土로 석문한 글자의 가장 끝에 있는 '가로(一) 획'은 '마침표(一)'다. 다른 곳과 달리 하필 이곳은 '칠 攵(攴)'밑에 마침표가 바로 있어, 마치 글자처럼 오해하게 만들어졌다. 하지만 치의를 읽을 만한 사람이면 이 정도는 알 것이라 크게 신경쓰지 않았을 것이다.

만약 양쪽의 주장처럼 글자 부수라면, 상박 치의 제23장 전체 중에 오직 이 장만 마침표(_)가 없는 꼴이다. (파손된 장 제외) 이는 지워졌거나 실수로 표시하지 않았거나인데, 지워진 흔적은 없어 보인다. 오직 하나 실수인데, 치의는 다음 漢字가 '자왈'로 시작하여 분장이 확실한 형태를 보이는 꼴이기 때문에 바보가 아니고서야 그럴 개연성도 희박하다. (복기로도 넣었을 것이다) 더 나아가, 최교수는, 예기로 글자를 연결시키고자, 來를 求의 오기로 본다. 마지막까지 예기다. 예기는 털어버리고 시작했으면 좋았을 것인데…, 왜 예기를 완벽한 문장이라고 보는지 저자는 이해가 가지 않는다. 이곳도 '군자는 그의 친구를 좋아하네'라는 글이 완벽하게 보이는가! 사기꾼은? 도둑놈은? 깡패는?

제 22 장

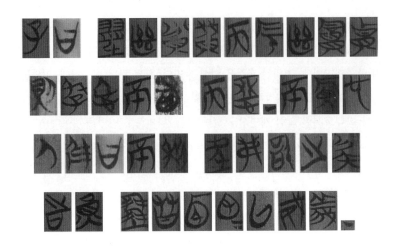

석문 및 번역

子曰 {羽坙}絶貧賤而{厂于}絶富貴 則{丑子}仁丕堅 而惡_丕{尾見}也 人
隹曰丕利 {虍壬}弗信之矣 詩員 ‘{朋土}{友甘}卣{口又}=以威義_’

> 자왈 {경}절빈천이{우}절부귀 즉{차}인비견 이오_ 비{치}야 인최왈비리 {호}불
> 신지의 시원 {붕}{구}유{우}=이위의_

공자가 말씀하였다. "물줄기처럼 곧게 쭉 날아오름은 貧賤을 끊고, (반
대로) 낭떠러지를 향해 감은 富貴를 끊음이다. 곧 어질 仁者를 무한신뢰
함은 견고함이 커지고, (반대로) 폭정과 억압으로 다스리는 惡은 낭떠러
지에 난 풀을 보는 것과 같이 위태로움이 커진다 함이라. (까닭에 군자의
덕을 갖춘) 지배층 사람이 높이 올라야 말하자면 이로움이 커짐이니, 호
전적인 장수(가 군주의 주변에서 높이 올라간다는 것)는 믿음이 떨어진
것이 아닌가? 《시경》으로 더해보면, '땅 위의 벗들과 달달한 벗이 (큰 술
통과 같은) 향락으로 빠져나오지 못하고 계속 틀어 쥐어져 갇히면 의로
움을 위협함으로써이다.'는 글이 있음이다."

子曰: 愍(輕)丝(絶)貧賤, 而丏(厚)丝(絶)瞻(富)貴, 則好慜(仁)不 【22】 臤(堅), 而亞_(惡惡)不貞也. 人住雖曰不利, 虗(吾)弗信之矣. ≪占(詩)≫員(云):「聖(朋)㞢(友)卣(攸)図=(攝, 攝)㠯(以)威義(儀)■.」

공자가 말하였다. 빈천한 친구와 절교하기를 쉽게 하고, 부귀한 친구와 절교하기를 쉽게 하지 못하는 것은 어진 이를 좋아하는 마음이 굳지 못하고 악을 미워하는 것이 뚜렷하지 않기 때문이다. 설사 어떤 이가 이익을 위한 것이 아니라고 말하여도 나는 그것을 믿지 못하겠다.《大雅·旣醉》에서 말하기를 "친구 사이가 굳건히 유지되는 것은 인격과 위엄이 함께 하기 때문이네"라 했다.

| 고문자 해독 : 통합

① {羽㢡} : '상羽하㢡'꼴이다. '물줄기처럼 곧게(㢡) 뻗어 날아오를(羽) 경'으로 해독한다. 중국측은 '가벼울 輕'이다.

② {厂于} : 글꼴이 '낭떠러지 厂'자 부수 안에 '향하여 갈 于'가 있는 꼴이며, '우'로 읽는다. 문맥상 부정의 의미로, '낭떠러지를 향하여 가다' 즉, '죽음을 향해 가다'는 뜻이다. 중국측은 {厈王}으로 석문하고 '(厚?)'로 해독했다. 곽점은 厚고, 예기는 重이다.

③ 臤(堅) : '굳을 견堅'이다. 고원문은 '어질 현(賢)'의 古字이면서, 堅과는 同字다.

④ 惡_ : 惡 밑에 마침표(_)가 있다. 문맥상 오기로, 빼야 한다. 곽점은 亞=며 통행본은 惡惡이다.

⑤ {丝匕}(絶) : 字形이 실(丝)을 비수(匕)로 끊는 꼴로, '끊을 絶'의 고자

다.

⑥ {畐貝}(富) : 재물(貝)이 가득할(畐) 부富의 고자다.

⑦ {厂毛見} : 글꼴이 '낭떠러지(厂엄)에 붙은 풀(毛)[=厇]을 볼(視) 치'
로 읽는다. 의미상 '위험하고 위태로운 모양'이다. 중국측은 석문은
같고, 해독은 없다.

⑧ {口又}= : 고문자는 口 안에 又가 있는 꼴이다. '틀어 쥐어져 갇힌. 또
는 갇힌 채 틀어 쥐어진'의 의미다. 중문부호가 있어, '잡혀 갇혀, 갇
힌 채 틀어 쥐어진'으로 해독한다. 문맥상 '빠져 나오지 못하고 계속
갇혀 있다'는 의미다. 중국측은 석문은 저자와 같고, 攝(굳건히 유지
하다)으로 해독했다.

⑨ 卣 : 술통 유/ 厇 : 칠, 펼칠 책 / 倗 : 부탁할 붕 / 聑 : 편안할 접

해설

문장은 '仁(者)을 가까이하고 전쟁광 또는 무력(폭력)을 멀리하라. 어짊
을 좋아하는 좋은 벗들을 멀리함은 정의를 위협하니 곧 죽음의 길이다.'
쯤으로 요약할 수 있겠다.

전체적으로, 노자나 공자의 경우, 폭정과 폭력으로 민생이 도탄에 빠졌
던 춘추말 전국초의 시대상을 반영한 듯, 백성의 말에 귀 기울여주고 그
들을 어여삐 여겨줄 것을 당부하는 글이다.

한편, 노자나 공자는 무력(폭력)을 다스림의 도구로 사용하는 것을 반대
할 뿐, 나라의 안녕과 평화를 위한 든든한 군대를 멀리하라는 것은 아니
다.

제 22 장

중국측 해석을 따른 번역은 상박의 내용과 전혀 동떨어져 있다. {虍壬}가 들어간 문장 하나만 보자. 저자의 상박은 {虍壬}弗信之矣고, 최교수는 吾弗信之矣다. 이를 저자는 '호전적인 장수는 믿음을 떨어버린 것이 아닌가?'로 최교수는 '나는 그것을 믿지 못하겠다'로 번역했다. '아닌가'란 의문조사 矣도, 弗(떨다)도, 之(것)도 원래의 훈을 쓰지 못했다. 이는 잘못된 해독 吾로 인해 발생한 것이다.

곽점 이하 비교

곽점 치의

子曰 {羽巠}{絲匕}(絶)貧戔(賤)而厚{絲匕}(絶){貝畐}(富)貴 則好{身心}(仁)不{臤石}(堅) 而亞=不{尾糸}也 人唯曰不利, {虍壬}弗信之矣《詩》員{倗土}(朋){友曰}卣{耴大}= 以{鬼心}義■

공자가 말씀하길, "물줄기처럼 곧게 쭉 날아오름은 貧賤을 끊고, 두터움은 富貴를 끊는다. 곧 어질 仁者를 좋아함은 견고함이 커지고, 而亞=不{尾糸}也 人唯曰不利 호전적인 장수는 믿음이 떨어진 것이 아닌가?《시경》으로 더해보면, '{倗土}(朋){友曰}卣{耴大}= 사람이 가야 할 바른 도리를 귀신같은 마음으로써 이다'는 글이다."

참고 : 중국측 석문(해독)

子曰: {羽巠}(輕){丝匕}(絶)貧戔(賤)而厚{丝匕}(絶){貝畐}(富)貴 則好{身心}(仁)不{臤石}(堅), 而亞(惡)亞(惡)不{糸尾}(著)也. 人唯(雖)曰不利, {虍壬}(吾)弗信之矣.《寺(詩)》員(云): "{倗土}(朋)友卣(攸){耴犬}(攝), {耴犬}(攝)以{忄畏}(畏)義(儀)."

해설

바뀐 한자들로 인해 석문한 고문자 번역이 어려운 부분은 한문 그대로 두었다. 이미 '갈기갈기 헤질 燹'과 '두터울 厚'부터 문장이 엇나가 있어, 뜻으로는 의미가 없다고 판단된다. 저자가 두 죽간을 석문 해 보니, 상박보다는 곽점이 훨씬 많이 보지 못한 고문자를 사용하고 있다. 왜곡본의 특징일 수 있겠다는 생각을 했다.

중국측은 해독 한자가 많다. 곽점은 석문만으로는 번역이 어려워 어쩔 수 없이 해독이 있어야 한다.

禮記 제21장

子曰 輕絶貧賤而重絶富貴 則好賢不堅 而惡惡不著也 人雖曰不利 吾不信也 詩云 朋友攸攝 攝以威儀

공자 가라사대, 빈천한 사람과 끊기를 가벼이 하며 부귀한 사람과 절교하는 것을 무겁게 여김은 곧 어진 사람을 좋아함이 견고하지 않고 惡을 미워함이 분명하지 않기 때문이다. 남들이 비록 이롭지 않다고 말해도 나는 믿지 않겠다 《시경》에 이르기를 '친구 사이로 오래도록 사귐은 위엄있고 당당한 몸가짐으로써 당기기 때문이다.'

해설

중국측의 죽간 석문 및 번역, 그리고 예기는 친구 사이를 논한 글로써는 좋은 내용이다. 하지만 공자의 말은 아니다. 치의 제23장 중 정치가 아닌 장은 없었다.
예기의 한자를 살펴보면 상박과 많이 다르다.

丕可爲卜{筮口}也 其古之遺言{人與止} 龜{卜巫口}猷弗智 而皇於人唬 詩

| 석문 및 번역

子曰 宋人又言曰 人而亡恒 丕可爲卜{筮口}也 其古之遺言{人與止} 龜
{卜巫口}猷弗智 而皇於人唬 詩員 '我龜旣猷 丕我告猷–'

> 자왈 송인우언왈 인이망항 비가위복{수}야 기고지유언{지} 구{무}유부지 이황
> 어인호 시원 아귀기염 비아고유_

공자가 말씀하셨다. "송나라 사람이 했던 말에 이르기를, '지배층 사람
이면서 영원성(진리)을 잊으면 점을 친 점대의 입(점괘)으로 할 가능성
이 커진다 함이라.'고 했다. 그것은 옛날에 사람과 함께 그쳐(묻혀) 말로
남겨진 것이다. (즉 실체가 없는 것이다. 까닭에) 거북이로 점을 친 무당
의 입은, 꾀를 내자면 안다고 하는 자를 떨쳤음이니, (곧 지혜가 없는 어
리석은 자일 뿐이니), 임금은 (점에 모든 걸 의지하는 그런) 사람에게 호
랑이 포효소리처럼 소리쳐 놀라게 해야 한다. 《시경》으로 더해보면, '나
는 거북이로 (점 보는 것에) 이미 신물이 났으니, 내가 직접 그린 그림을
아뢰기가 커졌네.'라 했다."

참고 : 중국측 석문(해독) 및 번역

子曰: 南人有言曰: 人而無恒, ▢▢▢▢▢▢▢▢ …… 【23】 員(云):「我龜既猒(厭), 不我告猷▢.」
* 파손문장 : 不可爲卜{筮口}也 其古之遺言{與止}? 龜{卜巫口}猷弗智 而皇於人虖? 寺
(상박(치의),p242,246) (※南은 宋의 오기다.)

공자가 말하였다. 송나라의 어떤 사람이 말하기를 "사람이 항상심이 없으면 복서(卜筮)할 것이 없다."고 했다. 이는 아마 예부터 전해 내려오는 말이 아니겠는가? 이러한 사람은 귀서(龜筮)도 알 수가 없는 것인데, 하물며 사람은 어찌하겠는가.《小雅·小旻》에서 말하기를 "거북이도 싫증이 나서 나에게 길흉을 알려 주지 않네"라고 했다.

고문자 해독 : 통합

⓪ 파손된 문장은 丕可爲卜{筮口}也. 其古之遺言{人與止} 龜{卜巫口} 猷弗智, 而皇於人虖 詩로 곽점에서 취해, 상박문장으로 고친 것이다.

① {亙貝} : '상亙하貝'꼴로, 문맥상 '영원히(亙) 재물 쌓을(貝) 해'로 해독한다. 중국측은 貝는 버리고 恒만 취하여 항상심으로 번역했다. 상박은 亙(恒)이다.

② {筮口} : '점대(筮)의 입(口) 수'다. 문맥상 '점쟁이의 입을 통한 계시'를 뜻해 '점괘'를 의미한다.

③ {人與止} : '상人중與하止'꼴로, '사람(人)과 함께(與) 그친,멈춘,묻힌, 끝난(止) 지'의 뜻이다.

④ {卜巫口} : 고문자가 '상卜중巫하口' 꼴로, '무'로 읽는다. 문맥상 '점을 친 무당의 입'으로 해독한다.

⑤ {卜猷} : '상卜하猷'꼴로, '점 치는 것에(卜) 물릴(猷) 염'으로 해독한다.

제 23 장

ⓖ猷 : 꾀, 계략, 책략, 전략, 그림을 그리다, 그린 그림을 뜻하는 '유'자
다.

해설

지금까지는 공자의 말을 전하는 것이었는데, 마지막 이 문장은 어떤 宋
人의 말을 공자가 인용한 것처럼 되어있다. 내용이 직접해도 별 탈이 없
을 이야기임에도 인용의 형태를 취한 것은, 당시 사회 분위기로는 직접
언급이 어려웠던 것이라 판단된다. 이 문장은 아마도 너무 점에 치우쳐,
참고용으로만 사용했어야 할 수단이 주가 되어, 정사를 점으로만 해결
하려는 세태를 경계하는 글로 해석된다.

상박과 곽점은 宋人이고 통행본은 南人인 것이 재미있다. 아마 글을 모
아 정리한 한나라의 필사가가 南人과 관계있는 자였던 것 같다. 역사
가는 사실 위에 서야 하는데, 깨우침의 글까지도 나라를 바꾸어야 했을
까?! 짠하고 안쓰럽기까지 하다. 전해지는 공자의 많은 글 중에 진짜는
몇이나 될까?

곽점 이하 비교

곽점 치의

子曰 宋人又言曰 人而亡{互貝} 不可爲卜{筮口}也 其古之遺言{人與止}
龜{卜巫口}猷弗智 而皇於人㑋《詩》員 ‘我龜旣{卜猷} 不我告猷▪’

공자가 말씀하시기를, "어떤 송인이 했던 말이, '지배층 사람이면서 영
원히 재물을 잊음은 점을 쳐 나온 점괘로 계시를 삼기가 불가하다 함이
라.'고 했었다. 그것은 옛날에 사람과 함께 끝나, 말로 남겨진 것이다.

(물어볼 필요도 없는 君子임에도 불구하고) 거북이로 점을 보는 무당의 입은, 꾀를 내자면, 지혜롭다 하는 자를 떨었으니. (즉 어리석은 자라 할 것이니) 임금은 (청빈한) 사람에게 놀라워야 한다. 《시경》으로 넓히자면, '내 거북이는 이미 물리도록 점을 쳐, 나에게 점괘를 고하지 않네.'"

참고 : 중국측 석문(해독)

子曰: 宋人又(有)言曰: 人而亡{瓦貝}(恒), 不可爲卜{筮曰}(筮)也. 其古之遺言{與止}(與)? 龜{卜巫口}(筮)猒(猶)弗智(知), 而皇(況)於人唬(乎)? 《寺(詩)》員(云): "我龜既猒(厭) 不我告猒."

해설

상박의 恒이 곽점에서 {瓦貝}로 바뀌면서, 조를 不로 읽을 수밖에 없다. 그러다 보니 뜻이 엉뚱한 방향으로 흘러버렸다. 상박은 점(占)으로 해결하는 것에 대한 폐단을 말하는 것인데, 곽점은 이미 첫 문장부터 청빈한 사람은 점 볼 필요도 없다는 방향으로 가버린 것이다. 결국, 이어지는 같은 한문 문장이라도 다르게 번역할 수밖에 없고, 그러다 보면, 문법도 벗어날 수밖에 없는 것이다.

곽점은 아마 어제도 오늘도 그리고 죽을 때까지 재물을 잊고 청빈한 사람으로 살아갈 수 있는 자라면, 묻지도 따지지도 말고 군주의 곁에 두라는 말로 고치려 한 것 같다.

통행본은 제25장이지만 상박과 곽점은 제23장으로 치의가 모두 끝났다. 그동안 불분명했던 치의의 내용이 명확하게 드러났다. 치의는 정치서다. 禮는 사회(질서)의 기본 덕목이며, 仁은 공직자의 기본 덕목이다. 정치술은 仁과 禮를 기반으로 군주의 德治를 주장하는 왕도정치다. 그 롤모델이 文王이다. 그 어디에도 백성을 억압적인 대상으로 그린 글은 없다. 도리어 억압의 대상은 신하들일 수는 있다. 그들 중 설익은 자들은 군주를 위협하기 때문이다.

제 23 장

죽간 치의는 章 단위로 끊어져 있지만, 내용은 체계적으로 이어져 있는 것 같다. 이는 좀 더 연구되어야 할 것이다.

마지막으로, 공자는 다스리는 자를 지칭한 글자를 다양하게 표현하고 있다. 까딱 잘못하다가는 군주의 이야기가 아닌 것처럼 빠질 내용도 있었다. 그 이유가 무엇이었을까? 답은 없으나 추측하자면, 공자시대에도 명확히 못된 군주를 들추어 까고 부수기는 어려운 시대 상황이지 않을까 하는 의구심이다. 즉, 모든 것을 정치적으로 해석하는 중국인들의 습성상 군주나 권력자에게 껄끄러운 문장을 명확히 드러내기는 어려웠을 것이다.

禮記 제25장

子曰 南人有言曰 人而無恒 不可以爲卜筮 古之遺言與 龜筮猶不能知也 而況於人乎 詩云 我龜旣厭 不我告猶 說命曰 爵無及惡德民 立而正事 純而祭祀 是爲不敬 事煩則亂 事神則難 易曰 不恒其德 或承之羞 恒其德偵 婦人吉 夫子凶

공자 가라사대, 남인이 말한 말이 있는데, 사람이 영원함이 없음과 같으면(而) 점을 침으로써는 不可하다. 옛날의 遺言인 것이다. 거북점으로도 오히려 능히 알지 못함이니, 하물며 사람에게서랴.《시경》에 이르기를 '내 거북도 이미 싫어해서 나에게 그림을 그려 告하지 않네.'라고 했고,《열명》에 가로되, '벼슬로 백성에게 惡德을 미침이 없게 하라. (그렇지 않으면) 일어나서 政事를 바르게 하고, 순수해서 (죽어달라) 제사 지낸다. 이는 不敬을 지음이다. 일이 번잡하면 곧 어지러워지고 귀신을 섬기면 곧 어려워진다,'《주역》에 이르기를, 영원하지 않은 그의 덕으로 혹 계승함은 부끄러운 것이니, 영원한 그의 덕으로 (백성을) 엿보아야 한다. 부인은 길하지만 남자는 흉하다.'

해설

상박과 곽점에 없는 열명과 주역의 문장이 들어와 있다. 내용은 중구난방으로 쓰여있어, 저자는 이해가 어렵다. 이런 문장으로 뜻을 해독하고 가르쳤다면 대단한 능력자다.

이미 서두에서 언급했듯이 예기는 그동안의 번역 형태를 벗어나, 최대한 漢文法에 맞추어 번역하려 했다. 그러다 보니, 이해가 되는 내용도 있고, 무슨 말인지 알 수 없는 문장도 꽤 있었다. 여러 이유로 기존의 글을 싣지 않았으니, 禮記도 비교해 읽어보면 좋을 것 같다.

노자가 正名論에 의한 道德의 정치를 주장했다면, 공자는 사회 질서 유지로 禮와 君子처럼 조상하는 입을 가진 仁者에서 德治를 찾고 있을 뿐, 궁극적으로 나라의 안정과 혼란 등 정치사회의 모든 원인을 꼭지인 侯王·君主에게 묻고 있다는 공통점이 있다. 반면, 상박 緇衣 어디에도 백성을 형벌로써 다스려야 한다는 것은 없다. 까닭에, 예기로 전해오는 치의는 공자 사후 군주의 딸랑이들에 의해 각색되어 공자의 입으로 포장된 것이다.

지금까지 상박, 곽점 그리고 예기의 치의 모두를 보았다. 최교수는 중국측의 석문·해독을 따라 번역한 까닭에 3개의 本은 기본적으로 내용이 같다고 했지만, 독자가 읽었듯이 저자의 번역은 서로 다른 글이었다.

> **쉬어가기 : '치의'에 인용된 책 이야기 (시경 제외)**
>
> 치의 제23장에서 인용된 책(편)명을 그대로 모은 것이다. 상박과 곽점은 거의 비슷하고, 예기는 君奭 하나만 같고 나머지는 모두 글자가 다르다. 이 중에는 의미가 비슷한 것도 있으나, (모범이 형벌로 변한 것처럼) 상당히 틀어진 제목도 있다. 시경도 대아, 소아 편명의 한자가 달랐다. 이는 공자가 인용한 책(편)또한, 내용이 변질됐을 수 있다는 것을 뜻한다.

장	상박	곽점	예기	설명
3	尹{言廾}(誥)	尹{言廾}(誥)	尹吉	尹誥는《尙書》篇名, 古文尙書
5	君{牙臼}(牙)	君{牙臼}(牙)	君雅	古文尙書
7	呂型	邵(呂)型	甫刑	今文尙書
10	君{?}(陳)	君迪(陳)	君陳	古文尙書
11	{屰屰}公之寡命	{?}公之寡命	葉公之顧命	逸周書
12	呂型	呂型	甫刑	今文尙書
13	康(誥),呂型	康(誥),呂型	康誥,甫刑	今文尙書
17	君奭	君奭	君奭	今文尙書
18	君迪(陳)	君迪(陳)	君陳	古文尙書

별지 1 : 緇衣 未 석문·해독 고원문 (곽점 제외)

장	죽간	古原文	저자 석문	중국측	설명
7	상박		{?頁}	遂	문맥으로 번역함. 곽점은 道, 예기는 遂
9	상박		{辶尹}	從(책)	통행본은 從, 중국측은 미정, 곽점은
12	상박		{小廾心}	愻心	통행본은 孫心, 문맥상 '평온한 마음'
19	상박		{??車}	미정	문맥으로 해석함. 곽점은 {曷攴}, 예기는 軏

1. 노자독법

弗을 '떨다'로 번역하지 않고 '오롯이'로 해독해 '있는 듯 없는 듯'처럼 해석한 것은 잘못이다.

ㄴ, 통행본은 깊이 있게 따지자면 여러 모순점이 드러난다. 그 중 특히, 형이상학에 대한 문장도 서로 맞지 않았다. 때마침 高明의 백서본을 접했는데, 제3장의 후미 문장이 통행본과 달리 쓰여 있어, 이에 해독을 달리했었다. 이는 저자가 총 81장으로 구성된 <노자>를 노자가 쓴 완벽한 문장으로 이해한 나머지, 전체를 통일시키려는 잘못에서 발생했다.

- 제4장 : 형이상학인 도를 묘사한 장으로 '알 수 있다'는 내용이다 (통행본)
- 제14장 : '통행본'은 不로 나와 형이상학인 도를 '알 수 없다'는 내용인데, '백서본'에서 弗로 나와 '오롯이'로 해독하여 제4장처럼 '알 수 있다'는 내용으로 고쳤다.

- 제3장 후미
  통행본 : 爲無爲 則無不治 (꾸밈에 꾸밈이 없으면, 곧 다스리지 못한 것이 없다)
  백서본 : 弗爲而已 則无不治矣(오롯이 꾸밈에서 그침과 같으면, 다스리지 못한 것이 없다.)
  ㄴ, 만약 백서본의 弗을 '떨다'로 번역하면, '꾸밈을 떨기에서 그치다'가 되어, 통행본과 반대의 문장이 된다.

사실 '곽점 노자'를 직접 만져보기 전까지는 통행본이 歪曲本일 수 있다는 생각을 하지 못했다. 특히 통행본 제1장은 노자에서도 문장이 백미에 속한다고 할 수 있는데, 제1장이 빠진 노자는 완벽한 노자가 될 수 없다고 豫定했던 것이다.

이것이 나오는 문장만 술어로 '떨다, 떨(리)어 없(애)다'로 읽어주면 백서 노자의 문장이 된다. 죄송할 따름이다.

백서본은 통행본과 유사하며 이체자가 많다. 당연히 내용에 논리적 모순성이 있을 수밖에 없다.

2. 초간노자와 그 밖의 노자

완벽했으면 좋았을 것이나, 글이 깊고 時空上의 차이로 고문을 푸는데 오류가 있었다. 많은 이해를 구한다.

쪽, 편	기존	정정	해설
6	{見北}	{見兆}(覢)	移記 오류
9	노자에 의해 창작된 글자(예:{虍壬}호,{龍心}용)	노자에 의해 창작된 글자(예:{龍心}용)	{虍壬}호는 춘추말, 전국시대에 널리 쓰였던 고문자
27	이 단어들은 오직 초간<노자>에만 나오는 글자인데	오늘날 전하지 않는 글자인데	上同의 이유로 고친다
6-5편	所{所之} 변화된 것인 바는	所{所止} 변화되어 (그곳에) 그친 바는	석문 오류
제13편	天道員員 하늘의 道는 둥글고 둥글어	天道員員 하늘의 道가 더하고 더해지면	번역 오류. 員은 '더하다'로 번역해야 함
제15-1편	以正之邦 (정벌처럼) 올곧게 뻗어가 바로잡음(정)으로써는 나무로 경계 삼은 봉토(나라)이고,	以正之邦 바름(正)으로써 나라인 것이요,	번역 및 해석 오류 첫 3개 문장은 노자의 정의
제22편	其甬丕{釆市} 그것은 슬갑(왕,제후의 무릎덮개)의 크기를 꿰어 흔들고,	其甬丕{釆市} 그것은 슬갑을 분별하기가 커지는 데(즉, 군주 변별력에)꿰어 쓴다.	釆 번역 누락

별지

제22편	大涅若中 其甬丕 {宀身} 크고 거침없는 흐름은 속(안)을 따르니, 그것은 집안의 몸(집주인)의 크기를 꿰어 흔든다	大涅若中 其甬丕窮 크게 넘쳐나는 흐름은 (군주의) 중심을 따르니, 그것은 막힘(끝, 폐망)이 커지는데 꿰어 쓴다.	석문, 번역 및 해석 오류. 앞문장과 대구로 부정적인 뜻. 大: 부사 및 형용사로, 현재 상태를 나타낸다 丕: 동사로, 크게하다. 커지다
263	[고문자 해독] 4	삭제	{宀身}는 窮의 古字 또는 이체자로 본다. 고문자 해독 오류

초간노자는 정치서다. 그러나 전개된 글들을 꼭 정치에 한정할 필요는 없다. 聖人의 경험(삶)과 先天地生의 형이상학도 있는 깨우침의 글이기 때문이다. 까닭에 우리들에게는 人本의 글로 더 소화되어야 한다고 생각한다. 노자가 별도의 책이나 언행으로서 전해졌는지는 모르겠으나, 깨침의 글로써 羽化登仙인 것은 노자 제25편만으로도 충분히 소화할 수 있는 내용이다. 즉, 전체를 읽고, 날개 달고 구름 위를 나는 신선이 되는 것은 각자의 소관이다.

본업에 적응도 못 하면서 엉뚱하게 돈 먹는 출판만 몇 번 했다. 책도 하필 經書인 '노자'에다가 해석 방향도 학계와 일치하지 않다 보니 비전공자의 출판물은 그냥 흔적으로 남았다. 그래서 책은 《초간노자와 그 밖의 노자》로 끝내고 싶었는데…

다행인지 불행인지, 중국의 經學者를 필두로 대한민국의 동양철학자 그리고 세상의 모든 동양철학자들이 '나 吾'로 해독한 고문자 ▓{虍壬}호를 저자만이 유일하게 '폭군, 호전적인 武將, 거짓 왕'으로 번역한 것에 대해 주변의 의구심이, 이 책까지 나오게 했다.

만약 저자가 '곽점초간'과 '상박(치의)'를 접하지 않았다면, 중국 經學者들이 해독한 –내용도 허접한– 노자 및 공자의 글귀들이, 지금까지 그리고 앞으로도 쭈~욱 마치 맥이라도 짚은 양 금과옥조로 침소봉대되어, 동양철학을 하는 몇몇 학자의 언변술로 과대포장되어 전해지고 있었을 것이다.

통행본 예기 '치의'편은 당연히 왕도정치를 상징하는 핵심어 '항백'편으로 전해졌어야 했는데, 딱 그 정도 왜곡되었다. 즉 군주의 정치론 '항백'은 백성과 신하의 충성론 '치의'로 바뀌었다.

군주에게 '쓴 약'은 대부분 사라지고, 군주에게 전하기 어려운 신하(공직자) 자신들의 불리한 문장도 고쳐졌다. 대신 '낫 놓고 기역 자도 모르는' 백성들에게는 법과 형벌로써 군주의 근엄함을 보여야 한다고 고쳤다. 이는 孔子의 말이 아니다. 그러나 이는 저자처럼 석문·번역했을 때의 경우다.

중국측은, 통행본을 노자·공자의 完全한 글로 보는 듯 - 발굴된 죽간의 편제나 문자가 통행본 '노자'나 '치의'와 다르다고 - 고문을 석문 후 이체자로 해독하는 번역 방식을 취하여 통행본에 맞추어 버렸다. 예를들어,

《초간노자와 그 밖의 노자》'제15편-1장'(통행본 제57장)에는 {虍壬}可以智其然也라는 문장이 있다. 새로운 한자는 그 뜻을 연구하면서, 당연히 저자는 석문한 그대로 고문을 번역했다. 반면, 중국측이나 그를 따른 우리의 학계는, 석문은 저자와 같으면서도 해독을 吾何以知其然也로 했다. 이 해독이 뜻하는 것은, 원래 글을 쓴 이는 吾何以知其然也로 쓸려고 했는데, 당시 쓰고자 하는 한자가 없거나(가차자), 쓰고자 하는 한자가 있어도 다른 글자를 대신 사용하는 시대적 특징(통가자), 그리고 같은 뜻의 다른 한자(이체자)를 사용하여 {虍壬}可以智其然也로 썼다는 말이다. (이 뜻을 한 번 더 음미해보자) 즉 가차자, 통가자, 이체자를 사용하여 원래의 한자와 다른 뜻(형태)의 한자로 표현했다는 것이다. 이게 말이 된다고 생각하는가?! 이는 상식적이지도, 논리적이지도, 객관적이지도 않다.

중국의 학자는 古人이 그렇게 쓰려 했다는 것을 어떻게 알았을까?! 답은 하나다. 그것은 지금까지 전해오는 통행본이 吾何以知其然哉로 쓰였기 때문이다. 그들이 말하는 음성학이니 가차자니 하는 것은 거짓이다. 속담과 격언처럼 독립된 짧은 문장으로 이루어진 語叢편에서 중국측 방식으로 석문·해독됐음에도 번역할 수 없는 문장이 나오는 것이나, 통행본과 전혀 다른 한자나 문장이 있는 경우 해독 한자를 통일하지 못하는 것 등이 그 증거다. 저자의 결론은,

이미 노자(초간노자)와 공자(이 책)에서 증명했듯이, 중국의 經書 글이 정치와 관련되었을 때는 왜곡이 많다. 반드시 있다. 따라서 최소한 노자와 공자의 고전 문장이 매끄럽지 않을 경우는 어딘가 감염되었음을 생각해야 한다.

중국측의 입장에서는 최소 戰國 말엽 이후의 노자나 공자의 사상이, 거짓이거나 최소 왜곡되었다는 것을 인정하기 어려울 수 있다. 통행본 노자나 공자의 사상으로 지금까지 2,000여 년이 넘도록 중국을 통일하고 세계에서 우쭐거려왔는데, 그러한 중국 사상사가 '진짜가 아니다'는 뜻이기 때문이다. 하지만 저자가 보기로는, 각론 부분이 왜곡된 것이지 노자나 공자 사상의 큰 틀은 유지되었다고 본다. 오히려 죽간이 발견되어 모순덩어리였던 사상이 티 없는 民本 사상으로 드러났다고 생각한다.

저자는 이체자와 왜곡본에 대해 시비를 분명히 하고, 예시와 논증도 올렸다. 직접 독자가 확인을 할 수 있도록 古文字도 올렸다. (異見이 없는 고자만 선명한 한자로 고쳤을 뿐, 외자나 중요 古字는 原字 그대로 두었다) 이후, 논리를 결한, 뚱딴지같은 글이나 물타기 같은 책이 세상에 나오지 않았으면 한다. 학파도 없고, 파벌도 없이 혼자서 이런 결론에 도달하였기에 집단으로 독자를 현혹하는 것도 없었으면 한다. 나아가 후학은 출발선을 잘 잡아, 석문과 직역의 능력을 발휘하여, 글자를 완벽하게 번역해 죽간의 바른 내용을 독자에게 전달하는 학자로 거듭났으면 한다.

이 글에서 논증하지 못한 채 주장을 편 - 正名論은 공자의 정치철학이라기보다는 노자의 정치철학이다. 합체문자를 나타내는 부호는 없다. 깊게 논하지 못한 공자의 정치론, 공자가 우두머리를 나타내는 뜻으로 사용한 고문자와 그들 간의 계급성, 마지막으로 공직자(신하)관 등 - 글도 지혜로운 자에 의해, 다하지 못한 古文과 함께, 명확히 증명되기를 희망한다.

혹 책이 세상에 이슈화되면, 기우이기를 바라지만 중국측 有權者의 일방적인 힘에 의해 앞으로 출토되는 죽간은 경우에 따라 드러나지 못하거나 손을 탄 채 나올 수도 있다. 人·民을 짐승처럼 길들이고 통제하는 중국은 역사적으로 집권자들의 恥部는 많은 왜곡을 일삼아 왔고, 지금도 진행 중이기 때문이다.

후기

빼앗은 땅과 거짓 역사·문화로 무엇을 할 수 있을지 모르겠으나, 빤한 거짓말을 낯빛도 흐리지 않고 두 눈 치켜뜬 채 뻔뻔히 외쳐대는 행태를 보면, 한족 지식인의 기질로 체질화된 것 같다. (저자의 말은 일반화가 아닌 확률이다) 까닭에 폭군에게 '쓰디쓴' 글을, 사실대로 드러내는 연구발표를 할 수 있는지가 의문이다. 이는 광개토대왕비를 고치고 유물을 묻고 캐내는 일본인과도 유사한 피다. 유독 중국과 일본은 역사 왜곡이 심한데, 이는 오랜 삶(생존)에서 온 그들만의 기질 같다.

하지만 늦었다. '곽점' 13,000여 자와 '상박' 35,000여 자 등등 이미 충분한 수량의 죽간이 출간되었기에, 나온 자료의 분석만으로도 증명과 일반화가 가능할 것이다. 다만, 죽간의 석문·해독 그리고 한글로의 번역과 해석은 많은 인내와 연구가 필요한, 결코 만만한 작업은 아니다.

저자는 죽간본《초간노자와 그 밖의 노자》·《공자의 정치론 항백》 2권으로 학계에 역할은 했다고 본다. 이제는 노년의 과업인 손주의 좋은 벗으로 살면서, 이것저것 하고픈 것도 찾아보고 싶다. 물론 배운 게 도둑질이라고, 비교적 고문자가 선명한 어총편은 계속 잡아갈 것이다. 내용이 속담이나 격언이라 당시의 짧은 글 내용이 무엇일지 궁금하기 때문이다. 또, 못다 한 이야기 자료가 많아 시간이 나면 강의 파일을 만드는 것도 해 보려 한다. 대상을 상상하고 깊이를 생각하고 내용을 편집하는 것, 그리고 전달하는 모습을 상상하는 것도 좋은 소일거리일 것이기 때문이다. 모두 나에게 적격이지 싶다.

출판하지 않겠다는 약속을 한두 번 어긴 것이 아님에도 아무 말 없이 이번 책도 허락해준 부인과 삶의 동아줄이 되어준 준·제니의 엄마, 예은이 엄마 그리고 미래의 아빠에게 한없는 고마움을 남긴다.

2021년 10월

一老 정대철

공자의 정치론 항백

상박항백·치의·곽점초간

1판 1쇄 발행 2021년 12월 10일

지은이 정대철

편집 홍새솔

펴낸곳 하움출판사
펴낸이 문현광

주소 전라북도 군산시 수송로 315 하움출판사
이메일 haum1000@naver.com 홈페이지 haum.kr

ISBN 979-11-6440-881-8 (13150)

좋은 책을 만들겠습니다.
하움출판사는 독자 여러분의 의견에 항상 귀 기울이고 있습니다.

파본은 구입처에서 교환해 드립니다.
이 책은 저작권법에 따라 보호받는 저작물이므로 무단전재와 무단복제를 금지하며,
이 책 내용의 전부 또는 일부를 이용하려면 반드시 저작권자의 서면동의를 받아야 합니다.